제2판

동화구연론

나정심 · 김소희 · 장지영 · 이화영 · 방은주 · 김동규

창지사

머리말

새로운 시작은 늘 두렵지만 성장으로 나아감에 가슴이 설레고 두근거립니다. 이 책의 저자들 모두 오랜 시간 동안 동화구연가로 활동하면서 더 나은 동화구연 전문가가 되고자 함께 애쓰고 있습니다. 저자들은 동화구연가로서 유아부터 어르신까지 다양한 연령층의 학습자들을 만나며 동화가 주는 힘을 경험하였습니다. 이러한 현장 경험을 함께 나누고, 동화와 동화구연에 대한 이론적 지식들을 공부하면서 동화구연전문가로 성장하고 있음에 가슴이 두근거렸습니다. 이에 동화구연전문가로 성장해 온 과정을 교재로 출간하여 보다 많은 이들과 공유하고자 합니다.

본 교재는 동화구연과 관련된 아동문학의 기초적인 이해와 현장에서 필요한 동화구연의 지도 및 교육 방법에 이르기까지 동화구연의 전 과정을 폭넓게 다루면서도 핵심적인 부분을 중심으로 이해를 돕는 문제를 넣어 집필하였습니다.

저자들은 독자 여러분이 『동화구연론』을 디딤돌 삼아 동화구연전문가로 나아가길 바랍니다.

동화구연전문가는 마음의 귀로 듣는 사람입니다. 다른 사람을 이해하고 있는 그대로를 인정하기 위해 상대방의 말을 경청하도록 노력해야 할 것입니다. 동화구연전문가는 상대방의 반응을 살피기 위해 몸을 기울이고 눈을 마주치며 공감적 경청을 합니다.

동화구연전문가는 마음의 표정을 나누는 사람입니다. 상대방의 이야기 그 자체뿐만 아니라 상대방의 마음까지 이해하기 위해 노력해야 할 것입니다. 동화구연전문가는 상대방과 마음을 나누기 위해 몸짓언어와 표정으로 소통합니다.

동화구연전문가는 마음의 소리로 말하는 사람입니다. 다양한 상황과 감정을 표현하기 위해 마음을 다해 노력해야 할 것입니다. 동화구연전문가는 다양한 소리로 상황의 이해를 도우며 진심으로 이야기합니다.

동화구연전문가는 이야기로 사람과 사람을 잇는 소통의 전문가입니다.

이 책이 나오기까지 함께 노력해 주신 한국언어능력평가원 동화구연지도사 1급 강사님들에게 감사드립니다.

2024년 8월
저자 일동

차 례

CHAPTER 6 | 개작의 이해 · 221

CHAPTER 7 | 교수매체의 이해 · 249

CHAPTER 01

동화구연의 이해

1. 스토리텔링의 정의
2. 구연(storytelling)의 정의
3. 동화구연(story telling)
4. 동화구연의 역사
5. 동화구연의 교육적 가치
6. 동화구연전문가

1장 동화구연의 이해 :: 문제

아이들은 누구나 이야기를 좋아한다. 마음껏 펼쳐지는 상상 속의 세계에 대한 이야기를 들으면서 기쁨과 슬픔, 모험 가득한 환상의 세계를 체험하며 자란다. 그리고 자신이 경험하지 못하는 또 다른 세계를 엿보기도 한다. 이러한 이야기 문학이 바로 동화구연이다. 동화구연 프로그램은 그 대상이 아동에서부터 전 연령에 이르기까지 활동 영역이 넓어졌으며, 이 시대에 필요한 교육으로 그 활용성과 효과성 또한 높아졌다.

동화구연에서 동화는 삶의 이야기를 쉽고 단순명료한 내용으로 만들며 구연은 삶에 대한 내용을 감정으로 표현하는 것으로 재미와 공감의 과정을 통해 감동을 주는 간접 경험을 제공한다. 따라서 동화구연은 이야기(story)를 전달하는 과정으로 구연(telling)이라는 방법을 통해 언어의 의미를 자기 삶의 경험과 연관 지어 표현하는 삶의 표현이라 할 수 있다. 동화구연은 구연자와 청자의 인생을 비추어 보는 과정으로 이는 개인의 삶 속에서 겪는 갈등 해결 과정과 연결되어 있다. 결국 동화구연은 인간이 올바르게 살아가기 위해 알아야 하는 보편적인 지혜를 생활과 인생에 영향을 주는 이야기 문학으로 풀어 가는 인문교육 방법이다.

이에 본 장에서는 동화구연전문가로 입문하는 이들을 위하여 스토리텔링, 구연, 그리고 동화구연의 의미에 대해 정리하였으며 동화구연전문가로서의 활동에 대한 이해를 돕고 발전할 수 있도록 그 방향을 제시하고자 한다.

1 스토리텔링의 정의

오늘날 스토리텔링이 여러 분야에서 각광을 받고 있는 이유는 세계에 대한 이해와 인간의 삶에 대한 이해를 담고 있기 때문이다. 스토리텔링의 사전적 의미를 중심으로 살펴보면 다음과 같다.

첫째, 전통적인 의미로는 '이야기하기', 구어로는 '거짓말하기'를 뜻한다. 이는 스토리텔링을 '이야기를 들려주는 활동', '이야기가 담화로 변하는 과정'으로 본다. 그러므로 스토리텔링은 스토리를 통해 사람과 사물의 본질을 전달하고 그 과정에서 창조적인 활동을 수반하여 이야기를 전달하는 방법에 초점을 두어 감정을 살려 생동감 있게 이야기를 들려주는 것을 의미한다.

둘째, 유아교육과 관련하여 어린이들에게 이야기를 들려주거나 읽어 주는 교육행위를 말한다. 스토리텔링은 이야기(story)와 말하기(telling)로서 이야기가 담화로 변하는 과정에서 구연자와 청자가 상호 소통할 수 있도록 이야기를 들려주는 활동을 의미한다(송정란, 2006; 유정애, 2002).

셋째, 최근의 문화현상을 다루는 서적과 디지털 시대의 게임이나 영화 등을 설명하는 것으로 컴퓨터와 정보통신기술의 발달에 의한 디지털 스토리텔링을 말한다. 스토리텔링이 디지털매체를 만나면서 인간이 이야기를 듣고 표현하는 방식을 바꾸어 놓았으며 스토리텔링(story + tell + ing)의 개념이 과거보다 확장된 것으로 보아야 한다.

스토리텔링이라는 용어는 구전 시대, 문자 시대, 디지털 시대 등의 시대에 따라 넓은 개념으로 변화되어 오면서 사회 분야별로 다르게 사용되어지고 있다. 스토리텔링에서 이야기(story)가 성립되려면 인물, 사건, 배경의 세 가지 요소를 갖추어야하며 누가, 언제, 어디서, 무엇을, 하였다는 내용이 포함되어야 한다. 그리고 구연자와 청자가 같은 맥락 속에서 현재 상황을 공유하며 상호작용하는 소통이라는 의미를 공통으로 내포하고 있어야 한다.

동화구연은 동화(이야기)라는 매체를 이용하여 구연으로 감동을 주어 청자와 구연자가 서로 소통하는 스토리텔링(story + telling)과 청자와 구연자가 스토리를 새로이 구성하고 만들어 가는 과정이 포함되는 스토리텔링(story + tell + ing)의 의미를 모두 포함한다. 또한 구연(storytelling)은 생동감 있게 이야기를 들려주는 방법을 의미한다.

동화구연과 스토리텔링을 같은 의미로 사용하기는 하나 특별히 구분하여 사용할 경우에는 동화구연은 story + telling으로, 구연은 storytelling으로, 그리고 디지털 스토리텔링은 story + tell + ing으로 그 용어를 구분하여 정리하고자 한다.

2 구연(storytelling)의 정의

이야기를 전달하는 가장 효과적인 방법인 이야기 들려주기(storytelling)는 '구연(口演)하기'라고도 하는데 이것은 이야기를 말로 들려주는 방법(채종옥, 이경화, 김소양, 2006)을 말한다. 즉 구연은 이야기를 전달할 때 가장 기본이 되는 입말을 전달하는 방법으로 '입으로 연기한다.'라는 뜻을 가진다.

구연은 미국에서는 스토리텔링(storytelling)이라 하고 일본에서는 하나시가다(話(し)方, 이야기법)라고 부르고 있으며, 이야기를 들려주는 구연이라는 방법으로 책의 내용이나 사건을 전달하여 구연자와 청자의 정서적 공감대를 형성함에 있어 중요한 역할을 하고 있다.

'구연'이란 문서에 의하지 아니하고 입으로 말하는 것을 뜻하며, 어떤 사연이나 이야기를 연출하듯이 표현하는 것으로써 oral narration, oral interpretation이라고 한다(박춘식, 1993). 유창근(2005) 역시 구연은 글로써 전달되는 것이 아니라 말로써 의사가 전달되는 것으로 어떤 사연이나 이야기를 연출하듯이 표현하는 것을 말한다.

정기철(2001)은 구연의 여러 가지 효과를 다음과 같이 말하고 있다.

① 구연자는 글을 읽고 이해한 것을 적극적으로 표현할 수 있고, 구연을 듣는 청자는 상상력을 발휘하며 즐겁게 내용을 접할 수 있다.

② 구연은 입체적인 표현과 이해가 가능하다. 구연자는 대화 부분과 해설 부분을 구별하여 구연할 뿐만 아니라 주제와 내용에 따라 분위기를 살려 입체적으로 표현할 수 있으며 청자는 그 내용을 쉽게 이해할 수 있다.

③ 구연은 자기가 표현하고자 하는 내용을 매체를 사용하면 더욱더 효과적으로 표현할 수 있고 청자는 그 매체를 통해 내용을 정확하게 이해할 수 있다.

④ 구연자와 청자, 또는 듣는 사람들끼리 자유롭고 즉각적인 반응을 보이고 그 반응을 확인할 수 있기 때문에 서로의 교감을 극대화할 수 있어 원만한 인간관계를 가질 수 있다.

⑤ 구연을 통해 의미 전달을 하므로 낱말의 힘, 또는 낱말이 지니고 있는 오묘한 감정, 정서(어감)를 이해하고 기를 수 있다.

⑥ 구연은 문학성뿐만 아니라 예술성까지 받아들일 수 있는 종합적인 활동이다. 구연을 통해 흥미를 자연스럽게 유발할 수 있고 종합적인 감각 또한 기를 수 있다.

⑦ 구연은 공개된 활동이므로 글의 선정에서 읽기 활동, 표현 방법 등 관련된 모든 것을 대중적으로 계획하고 수행한다. 따라서 구연은 건전한 내용 선정과 건전한 활동을 자연스럽게 확보할 수 있다.

⑧ 구연에 참여하는 세대들 간의 자연스러운 이해는 물론 갈등도 해소할 수 있다.

동화구연의 구연의 효과를 높이기 위해 사용하는 도구들에 따라 구연의 종류를 구분하면 다음과 같다.

1) 구연동화(일반구연)

구연동화는 순수구연 또는 일반구연이라 불리고 있으며 가장 오래된 전달 방식의 스토리텔링(storytelling)이다. 구연동화는 매체를 사용하지 않고 구연자의 말과 표정, 그리고 제스처만으로 이루어지기 때문에 구연자와 청자 사이의 상호작용이 친밀하게 이루어진다. 이때 이야기를 전달함에 있어 구연자의 구연 능력과 기술이 매우 중요한 요소가 되므로 구연하기 전 많은 연습과 준비가 필요하다. 구연자는 청자의 얼굴을 마주 보고 음성을 자연스럽고 명확하게 표현하고 성대모사 등 다양한 음색을 이용하여 생동감 있게 전달하며 동화 내용에 맞도록 자신의 신체를 이용한 표정과 몸짓 등을 사용한다.

구연자에게 구연동화는 리듬을 감각적으로 살리는 표현 중심으로 이루어지므로 구연 연습 과정에서 동심의 세계로 돌아가 순수한 마음을 표현하는 즐거움을 경험하며 성대모사를 통하여 또 다른 삶을 살아 봄으로써 대리 만족을 느낀다. 또한 동화 속 다양한 주인공의 역할을 구연해 보는 것은 자신에게 숨겨진 끼를 끌어내어 발현할 수 있는 놀이처럼 즐거움을 준다. 이처럼 구연동화는 동화 속 이야기를 마치 자신의 것으로 투영하여 스스로를 되돌아보는 반성의 기회가 되며 무엇이 올바른 삶인지에 대한 방향을 제시한다.

구연동화는 이야기 문학의 대표적인 방법으로 구연자가 전달하고자 하는 내용을 다양한 표현언어를 사용하여 청자에게 전달해 주는 구연 방법이다. 이를 통해 내용의 이해뿐만 아니라 자신을 이해하고 표현하는 방법을 익힐 수 있다.

2) 음악을 이용한 구연

음악을 이용한 구연은 음악동화, 음률동화, 노래동화, 그리고 리듬동화라고도 한다. 구연을 할 때 녹음기 또는 오디오를 이용하여 구연의 효과를 높이는 것으로 내용에 맞는 배경 음악을 들려주거나 절정, 결말에서 분위기를 강조하는 효과음으로 사용한다. 그리고 가사(동화)와 선율(음률)의 만남으로 스토리 전개가 되는 대화에 리듬을 넣어 내용을 전달하는 구연 방식이다.

음악을 이용한 구연에 사용하는 동화로는 동화시, 손유희 동화, 그리고 동화 내용의 일부분에 사용하는 경우가 많다. 음악을 이용한 구연의 특징은 동화의 내용에 선율을 가미하여 전달함으로써 일반구연보다는 쉽게 내용을 익힐 수 있고 즐거움을 주어 학습동기 유발에 효과적이다.

음악을 이용한 구연의 교육적 효과는 음률에 의해 바른 음정과 정확한 발음을 배울 수 있어 성취감과 독립심을 키울 수 있으며 발표력, 집중력, 자신감을 향상시킬 수 있다. 또한 풍부한 감성과 긍정적으로 사고하는 태도를 가질 수 있어 정서교육과 올바른 인격 형성에도 도움을 준다.

3) 그림을 이용한 구연

그림을 이용한 구연은 인물이나 배경 그림을 이용하여 구연함으로써 그 내용을 잘 이해할 수 있도록 하는 것으로 교육 현장뿐만 아니라 일상생활 속에서도 가장 많이 사용하고 있는 구연 방법이다.

그림을 이용한 구연의 종류에는 낱장씩 그림 읽어 주기와 파워포인트를 이용한 빛그림 읽어 주기와 그림책 읽어 주기 등이 있으며 그중 그림책 읽어 주기가 가장 동화에 쉽게 접할 수 있는 방법이다. 이에 그림책을 이용한 구연 방법을 살펴보고자 한다.

그림책이란 글과 그림이 함께 어우러져서 이야기를 전달하는 책이다. 그림책은 그림으로만 이야기를 전달하는 것이 아니라 글과 그림이 상호작용하여 이야기를 전달하는 구조를 가지고 있다. 구연자가 그림책을 이용하여 구연하면 청자는 글과 그림만 보는 것이 아니라 구연자의 모습까지도 포함하여 문학작품을 감상한다. 그러므로 그림책을 읽어 주는 것은 글을 읽고 그림을 보는 단순한 의미를 넘어 구연자와 청자의 상상과 추론을 더해 자기 자신만의 느낌으로 해석하는 것이라 할 수 있다.

읽어 주는 책인 그림책의 제1의 독자는 바로 구연자이다. 구연자는 그림을 이용하여 청자가 그림을 보며 이야기를 실감 나게 이미지화할 수 있도록 돕는다. 그림책에 나오는 문장을 그대로 읽어 주는 것보다는 청자의 흥미나 발달 수준에 맞게 그림의 내용을 개작한 후 읽어 주는 것이 효과적이다. 이때 청자는 상상력 또한 마음껏 발휘하여 다양하게 해석하므로 구연자의 역할이 매우 중요하다 하겠다.

청자는 제2의 독자이다. 청자는 그림을 이용한 구연을 통해 그림책이 주는 철학에 구연자가 주는 철학이 더해져 보다 큰 감동으로 문학을 깊이 있게 감상한다. 이렇게 청자가 그림책을 접하는 경험은 문학적 감상 태도를 키워 스스로 이야기를 찾아 읽는 제2의 독자가 되는 적극적인 방법이 될 수 있다.

4) 사물을 이용한 구연

사물을 이용한 구연은 사물을 활용하면서 구연을 하는 것으로 청자의 연령, 대상의 특성이나 장소에 따라 그 효과를 높이기 위해 사용한다. 구연 시 다양한 매체를 활용하는데 매체의 종류로는 실물을 이용한 구연, 찰흙을 이용한 구연, 인형을 이용한 구연, 그리고 종이접기를 이용한 구연 등 사물의 종류에 따라 다양하다.

사물을 이용한 구연을 할 때는 등장인물의 특성을 잘 살려 인형을 만들거나 작품의 분위기에 맞는 소품을 이용한다. 특히 청자가 감상표현의 방법으로 구연을 할 때는 자신이 직접 만든 소품을 사용하는 경우에 창의적인 표현력을 자극하여 자연스러운 표현 활동으로 이끌 수 있다. 그 밖에 실물뿐만 아니라 공동작품을 이용하여 구연의 효과를 높일 수도 있다.

교육의 현장에서는 감각적이고 직접적인 경험이 모든 개념 형성의 기초가 되므로 청자들이 경험할 수 있도록 사물을 이용한 구연의 효과를 높이는 방법을 꾸준히 연구해야 한다.

3 동화구연(story telling)

1) 동화구연의 정의

동화구연이란 동화라는 문학작품을 독자에게 전달하는 수단이며 그 방법으로 이야기를 입으로 재미있게 들려주는 행위라고 할 수 있다(박경옥, 2005). 여러 학자들이 동화구연을 정의한 것을 살펴보면 다음과 같다.

엄기원(1997)은 '동화구연이란 입에서 나오는 말로 연출한다는 한자 말로서 입으로 재미있게 들려주는 동화'라고 정의하였고, 김원기(1998)는 '일정한 도구를 사용하지 않고 동화구연자와 동화를 듣는 청자와의 대화에 의해서 이야기가 전개되며, 동화를 발표하는 구연자의 음성, 몸짓, 표정 등에 의해서 동화의 내용이 더욱 흥미 있게 전달되는 것'이라고 정의하였다. 장영주(1998)는 '입으로 들려주는 이야기로 청자에 다가가는 소리와 표현의 연기로 구연 자체가 변화된 모습을 보여 주어야 한다.'라고 정의하였다(이은경, 2002).

위 학자들의 정의를 종합해 보면 동화구연은 구연동화(storytelling)처럼 어떠한 매체의 도움 없이 표정, 몸짓, 그리고 억양의 변화로 동화의 내용을 전하는 음성언어의 변화가 중심이 되는 것임을 알 수 있다.

그러나 김은심, 박성혜, 정미정(2004)은 어린이를 위한 동화구연은 비언어적(표정, 동작, 매체)인 표현의 도움을 받아서 언어적인 표현에 의하여 이야기를 전달하는 것으로 정의하였고, 이규원(2001)은 '동화구연이란 동화라는 총체적인 문학을 목소리로 구연한다는 포괄적인 뜻으로 서로 마주 보고 이야기 속의 주인공이 되어 감동을 주고받는 교육이다.'라고 정의하였다.

나정심(2010)은 '동화구연이란 동화라는 문학을 상대방의 수준에 맞게 들려주는 마주이야기이다.'라고 정의한다. 여기서 마주이야기는 순우리말로, 마주 대하여 이야기를 주고받는 대화라는 사전적 해석임과 동시에 이야기의 기본이 되는 태도를 말한다. 또한 동화구연의 세 가지 요소인 구연자, 청자, 내용을 뜻하고 있다. 그러므로 동화구연(story + telling)은 청자의 수준에 따라 내용을 개작하거나 다양한 매체를 활용하여 구연하는 것이며 구연자가 전하고자 하는 의미 있는 이야기를 청자와 끊임없이 대화하는 것이라 할 수 있다.

동화구연과 구연동화의 차이점을 살펴보면, 유창근(2005)은 '동화구연'은 동화를 연기 형식으로 옮기는 과정의 행위 그 자체를 말하며, '구연동화'는 입체적인 연기로 연출되는 형식의 동화나 대본 자체를 말하는 것이라고 하였다. 동화구연이란 동화라는 총체적인 문학을 목소리로 구연한다는 포괄적인 뜻이며 '청자를 상대로 들려주는 동화'로 동화를 들려주기 위해 구연을 한다는 것이다. 구연동화란 구연자가 청자에게 필요한 부분 동화를 선택하여 구연으로 들려주는 것을 의미하며 '구연하기 위해 쓰인 동화'로 구연이 목적으로 된 문장동화에 속한다고 볼 수 있다(김금례, 2003).

따라서 동화구연은 구연자가 청자에게 내용을 전달하는 대화 방식이며 구연자는 청자의 수준에 맞도록 동화의 내용을 개작하거나 다양한 매체를 활용하여 구연하는 것을 말한다.

2) 동화구연의 요소

동화구연의 세 요소는 구연자(화자, 구연가), 청자(듣는 이), 구연할 내용(동화)이다. 이 세 요소가 영향을 주고받으면서 서로 소통하는 과정이 동화구연이다.

(1) 구연자(화자)

구연자란 동화를 들려주는 자를 말한다. 구연자는 동화를 듣는 청자에 대한 사랑을 가지고 청자의 특성과 수준에 맞도록 동화를 선택할 수 있어야 하고, 선택한 동화의 내용을 이해하고 전달, 표현하는 능력이 있어야 한다.

(2) 청자(듣는 이)

동화를 듣는 사람을 일컫는다. 청자는 구연자가 들려주는 동화에 주의를 집중할 수 있는 집중력과 바르게 듣는 태도를 갖추어야 한다. 구연자는 청자의 연령과 발달적 특성, 듣기 경험의 정도와 사회 문화적·물리적 환경 등 청자의 태도에 영향을 끼칠 수 있는 요소가 무엇인지 파악하여 구연하여야 한다.

(3) 구연할 내용(동화)

문학의 모든 장르가 구연할 내용이 될 수 있다. 구연할 내용의 선택은 청자가 쉽게 공감할 수 있는 것으로 하며 청자의 수준에 맞도록 개작하여 구연하여야 한다.

4 동화구연의 역사

동화구연은 신화나 전설, 민담, 그리고 우화 등이 입에서 입으로 전해져 내려오는 구비문학으로부터 이루어진 전승문학이라 할 수 있다. 역사가 시작되면서부터 이야기는 시작이 되었고 끊임없이 이야기를 듣고 들려주는 과정에서 제스처와 내용이 변하고 환경에 따라 이야기의 해석이 달라져 왔다. 이러한 자연스러운 흐름에 따라 동화구연도 문학의 발전과 함께 구연동화(storytelling)에서 동화구연(story + telling)으로, 그리고 최근의 스토리텔링(story + tell + ing)으로 변화되어 왔다.

우리나라 동화구연의 역사를 살펴보면 노변동화, 주일학교동화, 유치원동화, 소파 방정환의 동화구연 활동, 라디오방송동화, TV·인터넷동화, 미디어동화 등으로 발전되었다.

1) 노변동화

한 가지 내용의 이야기가 몇백 년을 거쳐 전해 내려온다는 것은 그 이야기를 꾸준히 전해 주던 누군가가 있었다는 것을 의미한다. 동화구연의 효시를 누가, 언제, 어디서라고 단정 지은 사람은 없다. 하지만 가정에서 할머니와 할아버지 또는 이웃 형님이 누군가에게 이야기를 들려주었으며 그 이야기가 비형식적으로 전해져 오게 된 동화가 무릎동화 또는 노변동화(爐邊童話)이다. 노변동화는 어느 마을에서 옛이야기를 잘하기로 소문난 사람에 의해 널리 퍼지게 되었을 것이다. 그들은 이야기를 청자의 구미에 맞도록 더욱 흥미롭게 개작을 하며 들려주거나 약간의 제스처(손짓, 몸짓)를 써서 그 재미를 더했을 것이다.

조선 시대에는 소설을 그 누구보다 재미있게 낭독하는 일을 업으로 삼는 전기수라는 직업이 생겨나고, 서민소설이 발달하였으나 인쇄술이 발전하지 못하여 책을 읽지 못하는 청자들을 위해 재미있는 이야기를 제공하는 그들로 인해 노변동화는 다양하고 풍성해졌다. 이처럼 이야기의 시작은 알 수 없으나 할머니, 전기수, 그리고 수많은 사람들에 의해 전해져 오는 노변동화는 오늘날 동화구연의 뿌리가 되었고 앞으로도 계속 이어질 것이다.

2) 주일학교동화

우리나라에 기독교가 유입되면서 주일학교가 생기나기 시작하였고, 선교사들은 아동들에게 노래와 성경 이야기를 들려주었다. 그 과정에서 선교사들은 구연을 하며 약간의 제스처를 하고 음성을 변조하였으며, 줄거리가 크게 훼손되지 않는 범위 내에서 개작을 하며 이야기를 들려주었다.

주일학교에서 들려주었던 성경동화와 그 밖의 외국동화를 통해 그 시대의 아동들은 문학적 감동을 받았고 더불어 그들의 인격 형성에도 도움이 되었으리라 추측된다. 우리나라 최초의 동화구연 이론서인 『신선동화법』(1934)은 강병주 목사의 필기로 된 것으로 주일학교 교사 양성을 위한 교재로 사용되었다. 기독교의 유입을 시작으로 주일학교에서 동화를 구연하기 시작하였고 그것은 지금까지도 계속 진행되고 있다.

3) 유치원동화

기독교의 유입은 주일학교뿐만 아니라 유치원교육기관의 설립으로 이어졌다. 우리나라의 초창기 유치원은 경성유치원(1913)이 개원을 하면서 이화유치원(1914), 중앙유치원(1916)의 순으로 생겨났다. 그 외에도 학교와 교회 부설 유치원들이 설립되었으나 아쉽게도 그 혜택은 소수의 특권층 자녀들만이 누릴 수 있었다. 이들 유치원의 교육 내용은 수, 창가, 동화, 그리고 유희 등이 주를 이루었으며 아직 한글을 읽지 못하는 유아들을 위해 선생님들은 동화를 들려주며 동화구연가의 역할을 하였다. 따라서 유치원교육이 시작되면서 형식적인 교육의 틀 안에서 동화구연이 이루어진 것은 이 시기부터라 할 수 있다. 그 근거로는 1924년 숭의여학교 보육과가 설치되어 그 교육 과정에 동화법이 포함되었는데 이는 유치원 교사가 될 학생들에게 동화구연법을 지도하고 이를 중요하게 여겼다는 것에서 찾을 수 있다. 그리고 1954년 이화유치원이 발간한 『옥토끼』(1954) 어린이동화집은 교사들에 의해 만들어졌는데, 이는 유아들에게 들려줄 이야기가 필요하다는 절실함에서 이루어진 결과물이었고 유아들에게 동화를 들려주는 많은 노력이 있었음을 보여 준다 하겠다.

4) 소파 방정환의 동화구연 활동

소파 방정환은 1923년에 '색동회'를 창립하여 우리나라의 동화구연 발전에 큰 획을 그었다. 그는 아동문화운동가인 동시에 동화작가이며, 최고의 동화구연가로 전국 방방곡곡에 이름을 떨쳤다. 그리고 '어린이'라는 명칭을 최초로 만들었고, '어린이날'을 제정(1922년 5월 1일) 하였으며, 나라가 잘살려면 미래를 이끌어 갈 아동들에게 동화를 많이 들려주어야 한다고 강조하였다. 더 나아가 그는 전국을 돌며 동화구연대회를 열었고 그 자리에서 직접 동화를 구연하였다. 매회 동화구연대회를 개최하여 동화에 대한 사람들의 관심을 높이도록 함과 더불어 구연의 방법도 모색하였다.

소파 방정환이 1921년에 발간한 세계명작동화집인 『사랑의 선물』은 '안데르센 동화', '그림동화', '아라비안나이트' 등 세계명작동화를 번안하여 만든 동화집으로 그가 생전에 발간한 유일한 단행본이다(이규원, 2001).

5) 라디오방송동화

몸짓 없이 구연자의 목소리 연기로만 동화를 들려주는 라디오방송동화는 음성의 고저강약으로 이야기의 분위기와 감정을 전달하였다. 1927년 2월 16일 첫 방송을 시작한 경성방송국에서는 따로 어린이 시간을 마련하여 동화구연을 통해 많은 어린이들을 즐겁게 해 주었다. 당시의 동화구연자는 아동문학과 관련이 있거나 아동문학운동을 하는 아동문학가로 방정환, 고한승, 진장섭, 정홍교, 연성흠, 장무소, 이정호, 윤석중, 최인화, 정규환, 전상진, 김복진, 이순이, 홍인순 등이 구연자로 참석하였다(이송은, 2004).

6) 미디어동화

1960년대 이후 TV 방송을 통하여 동화나 동극이 활성화되었다. TV동화는 듣는 동화구연에서 보고 듣는 동화구연으로 확장되었으며 동화를 청각뿐 아니라 시각적으로 표현할 수 있게 하였다. 이는 극화 활동이나 인형극 분야의 발전에도 영향을 미쳤다(류혜원, 2016). 최근에는 동화와 동극이 다양한 통신기술과 미디어의 기술 발달로 인터넷동화로까지 급속도로 발전하고 있다.

7) 동화구연전문가의 활동

동화구연은 다양한 분야에서 발전하고 있다. 동화구연이 발전하면서 동화구연을 전문으로 연구하는 '동화구연자'와 '동화구연지도사' 등이 등장하였고, 인형극이나 동극 등의 다양한 분야로 그 활동 영역이 넓어졌다. 또한 1972년 기독교방송국과 색동회의 공동 주최로 개최된 '제1회 어린이 동화구연대회'와 1976년 색동회의 주체로 '제1회 전국 어머니 동화구연대회'의 개최는 동화구연의 발전에 큰 역할을 하였다.

현재는 대상에 따라 어린이 동화구연대회, 실버대회, 어머니대회, 선생님 동화구연대회가 정기적으로 개최되고 있으며, 대학생 동화구연대회, 통일의 꿈을 펼치는 동화구연대회, 말사랑·글사랑 동화구연대회, 옛이야기 대회, 이주여성 동화구연대회 등 다양한 동화구연대회가 개최되고 있다.

이처럼 동화구연전문가의 활동은 1990년대부터 평생학습 활성화 차원에서 민간 자격증 발급 제도로 동화구연지도자 과정이 개설되고 동화구연지도사라는 자격증 발급과 함께 활동이 활발하게 진행되었다. 동화구연전문가는 동화를 목소리로 연기한다는 점에서 성우나 연극배우와 공통점을 가지고 있지만 이야기의 흐름을 이끌어 나가야 하기 때문에 총연출의 역할을 함께해야 한다. 또한 동화구연 수업을 계획, 실행, 평가하여 교육적 효과를 높일 수 있도록 해야 하는 교사 역할이 무엇보다 중요하다. 이처럼 교사의 역할과 예술가적인 실력을 동시에 지녀야 하는 동화구연전문가는 학습자의 특성에 대한 이해와 동화에 대한 전문적인 지식뿐만 아니라 여러 문학작품을 통해 동화구연전문가 자신의 시야를 넓혀 문학에 대한 관심과 질을 높여야 한다. 또한 아동의 발달에 적합한 문학의 선택 및 접근 방법에 대해서도 많은 연구와 노력이 필요하다(나정심, 김정남, 홍길회, 2013).

5 동화구연의 교육적 가치

동화구연(story telling) 수업은 문학적 태도를 함양시키는 수업으로 학습자들은 구연자가 들려주는 구연(storytelling)을 통해 문학작품을 재미있게 상상하면서 이해·감상하므로 효과적인 이해언어 지도 방법이라 할 수 있다. 또한 구연 지도 방법은 문학작품을 이해한 내용을 표현할 수 있도록 하는 표현언어 지도 방법이다.

동화구연을 배우는 학습자들은 구연을 하기 위해서 감상을 통해 작품을 이해하고, 구연 준비 과정으로 등장인물의 성격, 배경의 분위기, 사건 진행 과정 등에 대한 분석한 후, 구연으로 표현한다. 이처럼 동화구연은 학습자들에게 구연을 위한 준비 과정에서 감상과 표현 활동을 통해 문학적 사고를 키우는 교육적 효과가 나타난다.

김자연(2003)은 동화구연은 듣는 이들에게 문학에 대한 관심을 촉진시키고 그들의 아름다운 정서와 상상력 함양에 기여할 수 있다고 하였다. 또한 다양한 동화를 듣는 과정에서 자연스럽게 삶의 지혜를 터득하게 되어 이해력이 확대될 수 있다고 하였다.

이송은(2005)은 동화구연은 글자를 모르는 유아가 문학의 심미적 감상에 발을 들여 놓는 최초의 문학 형태이며, 문학예술적 측면, 이야기에 집중하며 상상하고 생각하는 힘을 기르는 사고력 측면, 이야기 감의 발달과 어휘의 확장, 표현력 증가 등 언어교육적 측면, 이야기의 감동을 통한 정서 순화 등 정서적 측면, 이야기를 통해서 사람과 사물에 대한 지식과 이해를 넓혀 가는 정보적 측면, 선악의 구별 등 그 사회의 가치를 내재화시켜 가는 도덕적 측면, 상대방의 말을 경청하는 태도를 키우는 의사소통 예절 측면, 구연자와 청자 간의 교감을 통한 인간관계적 측면 등이 동화구연의 교육적 효과라고 하였다(박경희, 2016, 재인용).

박화목(1990)은 동화구연을 통해 구연자와 청자 사이에 원만한 인간관계와 따스한 친밀감이 형성되며, 동화를 수용하고 그 예술성에서 오는 즐거움을 맛보게 할 뿐만 아니라 상상력, 사고 능력을 길러 주며 바른 언어 습득에 도움을 주는 교육적 가치가 있다고 말한다.

지미자(2006)가 말하는 동화구연의 가치를 정리해 보면 다음과 같다.

첫째, 언어발달 면에서는 바른 말, 고운 말, 표준어를 쓰게 되며, 정확한 발음, 발표력을 키워 주고, 어휘력과 어감을 풍부히 하여 언어의 힘을 기르게 한다.

둘째, 정서발달에서는 다른 사람의 입장을 이해하는 수용 능력과 원만한 인간관계, 자신감을 키워 주며, 감동적인 이야기를 통해 아름답고 순수한 마음을 갖게 된다. 또 슬픔, 화냄, 두려움, 의심들의 부정적 느낌을 분출·정화시켜 주고 사랑, 기쁨, 인내, 감사, 용기 등 긍정적이고 아름다운 느낌을 소유하여 행복감을 갖도록 한다. 정의와 불의를 분별하고 바른 가치관을 갖고 감수성 발달과 정서 순화에 도움이 된다. 바른 생활습관을 자연스럽게 형성하며, 자연을 사랑하고 정신세계가 넓어진다.

셋째, 지적인 면에서는 상상력, 사고력, 창조력, 문제해결 능력을 키워 주며, 문학을 자연스럽게 접하게 해 준다. 많은 이야기 책을 읽어 독서하는 힘을 기르게 한다.

넷째, 동화 속 요소 면에서 꿈은 추리력과 상상력을, 예술적 감성과 자기감정 조절력과 표현력 언어는 어휘력과 언어 표현력을, 소리 형태는 음악적 감성과 청음 감각을, 인물은 인간관계 능력과 도덕성을 키워 준다. 또 사건들은 영상 사고력과 논리적 사고력을, 삶의 방식은 문제해결력과 삶의 지혜를 얻게 한다.

다섯째, 동화구연 활동은 언어교육뿐만 아니라 통합교육에 도움을 준다. 듣기, 말하기, 읽기, 쓰기 네 가지 영역을 통합하여 교육하는 데 효과적이다.

동화구연은 문학작품을 효과적으로 학습자와 소통하게 하는 방법이며 구연은 문학예술을 감상·표현하는 방법이다. 동화구연의 교육적 효과는 동화(story)가

주는 효과, 구연(telling)이 주는 효과, 그리고 동화구연을 통한 효과로 아래 그림과 같이 표현할 수 있다.

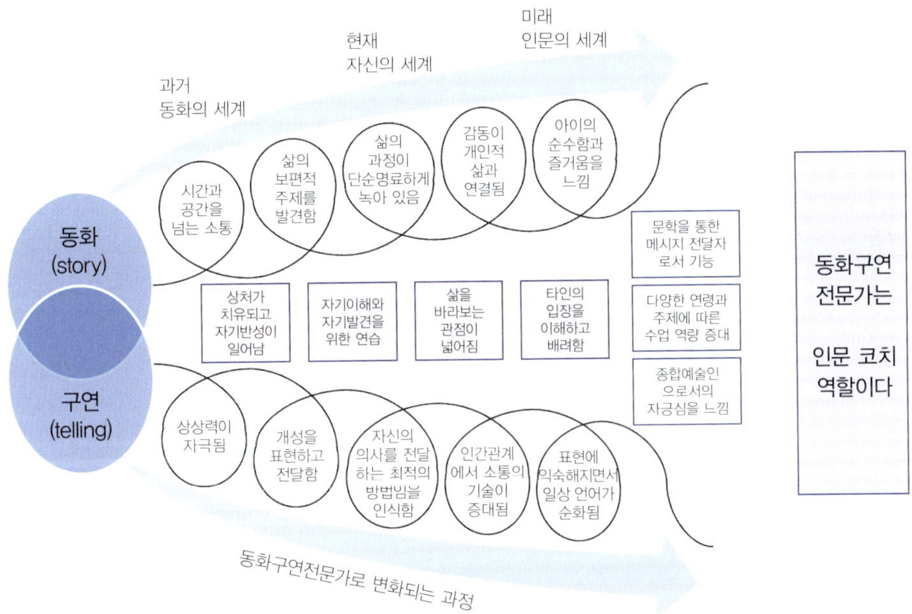

[그림 1-1] 동화구연전문가들이 경험한 동화구연의 본질적 의미의 일반적 구조

출처: 나정심(2018).

6 동화구연전문가

일반적으로 동화구연전문가라고 함은 동화구연지도사 민간 자격증을 취득한 자로서 동화구연 지도 및 동화구연 활동과 관련하여 동화구연 수업을 개인 및 그룹, 유치원, 어린이집, 문화센터, 복지관, 주민자치센터, 도서관, 초등학교 방과 후

강사 등으로 활동하고 있는 이들을 말한다(나정심, 2003).

동화구연전문가는 문학과 구연에 대한 흥미와 관심을 갖고 교육과 연습을 통해 충분한 구연 실력을 갖추어야 한다. 따라서 일반적인 교사가 갖추어야 할 자질뿐만 아니라 동화구연 능력, 동화구연 지식, 문학교육의 내용 선정과 조직, 교수 방법, 교수학습 계획, 자료 제작 및 활용 방법의 능력을 갖추어야 한다(이현주, 2015).

동화구연전문가는 구연 능력도 필요하지만 듣기, 말하기, 읽기, 쓰기, 사고하기를 통합적으로 교육하기 위한 다양한 교수전략을 사용할 줄 알아야 한다. 특히 동화구연전문가는 청자에 대한 사랑의 마음과 동화세계의 열린 마음의 연구 자세를 가지고 이야기 속의 사상을 들려주기 위한 열정과 노력이 필요하다.

2020년 1월 1일 기준 한국직업능력개발원에 등록되어 동화구연전문가로서 인정하는 '동화구연'이라는 명칭으로 발급되고 있는 자격증의 수는 239개이며, 동화구연 관련 자격증을 발급하고 있는 기관은 217개이다. 자격증 발급기관에 따라 자격검정의 평가 기준이 다르고, 동화구연지도사, 동화구연지도자, 동화구연자, 구연동화지도사, 스토리텔링지도사, 다문화동화구연지도사, 유머동화구연지도사 등 그 명칭도 다양하다. 동화구연지도사 자격을 부여하는 많은 기관 중에서 자격증 발급 인원이 꾸준하고, 동화구연대회의 개최, 자격을 취득한 동화구연전문가들을 위한 연수, 그리고 동화구연전문가로서의 봉사 활동 등을 활발하게 진행하고, 저자들이 속해 있는 한국언어능력평가원의 기준으로 자격검정에 대하여 소개 하고자 한다.

한국언어능력평가원(www.동화구연.kr)은 연 2회 정기 자격검정과 단체 수시검정으로 평가 기준에 의해 동화구연지도사 자격증을 발급하고 있다. 한국언어능력평가원에서 정의하는 동화구연지도사는 아동문학을 효과적이고 입체적인 음성언어로 전달하여 어린이들에게 문학적 감동과 즐거움을 줌과 동시에 통합적인 학습으로 연계할 수 있는 전문가를 말한다. 동화구연지도사 검정 기준은 [표 1-1]과 같이 중급 수준 3급, 상급 수준 2급, 그리고 최상급 수준 1급으로 구분된다.

[표 1-1] 한국언어능력평가원의 동화구연지도사 검정 기준

등급	주요 직무 내용 수준	검정 기준
1급	아동문학의 교육 관련 이론 및 자료의 활용에 대한 능력, 학습자의 문학 지도를 위한 전문적 소양을 갖추고 동화구연의 실력뿐만 아니라 전문 인력을 양성할 수 있는 아동교육 현장 전문가의 최상급 수준	• 아동문학의 교육 관련 이론에 대한 이해 여부(이론) • 동화구연지도사로서의 자질에 대한 평가(이론, 면접, 연수) • 교수-지도 방법에 대한 이해 여부 평가(이론, 실기) • 문학에 대한 이해 여부 평가(이론, 실기) • 동화구연에 대한 실력 평가(이론, 실기) • 교수매체 제작 능력 평가(실기)
2급	아동문학과 아동발달에 대한 지식과 아동발달에 적합한 문학의 교수-지도 능력을 갖추고 동화구연 실력을 인정받아 아동을 지도할 수 있는 아동교육 현장 전문가의 상급 수준	• 아동문학과 아동발달에 대한 이해 여부(이론) • 문학의 교수-지도 방법에 대한 평가(이론, 실기) • 동화구연에 대한 실력 평가(이론, 실기) • 동화구연지도사로서의 자질에 대한 평가(이론, 연수)
3급	아동의 문학 지도에 적합한 동화구연가로서 아동교육 현장 전문가의 중급 수준	• 동화구연에 대한 실력 평가(실기) • 동화구연지도사로서의 자질에 대한 평가(연수)

한국언어능력평가원의 동화구연지도사 1급 자격 응시 조건은 동화구연대회의 경험이 있는 자로서 어린이를 대상으로 한 교육 경력이 7년 이상이거나, 성인을 대상으로 한 교육 경력이 3년 이상이 되는 자여야 한다. 검정 평가에 있어 구연 실력은 대회 입상을 통해 인정되므로 동화구연 수업의 지도 가능 여부를 집중 평가한다. 교수매체를 활용한 구연과 수업 계획안을 제출하고, 마지막으로 면접고사를 진행함으로써 동화구연전문가로서의 자질에 대해 평가한다.

1장 동화구연의 이해 :: 문제

1장 동화구연의 이해	2. 구연의 정의	1) 구연동화

문제1) 구연의 조건에 맞지 않는 것은?
① 애정을 갖고 구연한다.
② 자신감을 가지고 구연한다.
③ 독특한 개성을 표현한다.
④ 어떠한 동화라도 항상 명쾌하게 구연한다.

문제2) 구연동화에 필요한 기본 요소가 아닌 것은?
① 구연 내용 ② 청자 ③ 구연자 ④ 조부모

문제3) 구연동화에 대한 설명이다 틀린 것은?
① 순수하게 구연만으로 이루어지기 때문에 집중도가 떨어진다.
② 일반구연 또는 순수구연이라고도 한다.
③ 가장 오래된 전달 방법으로 구연자의 말과 표정, 제스처로 이루어진다.
④ 듣는 이와의 친밀한 상호작용이 이루어지는 구연 방법이다.

문제4) 구연동화의 교육적 효과로 틀린 것은?
① 구연가 자신이 동화의 동심의 세계로 돌아가서 순수한 마음으로 표현하게 된다.
② 성대모사는 다른 삶을 살아 보는 것으로 놀이로 즐거움만 준다.
③ 동화 속의 다양한 주인공 역할을 하여 구연하는 것은 상대방을 이해하게 된다.
④ 이야기 속에 투영되어서 자신을 돌아보게 된다.

문제5) 다음 동화구연의 정의에서 구연동화에 관한 정의는?
① 일정한 도구를 사용하지 않고 동화구연자와 청자 간 대화에 의한 이야기
② 총체적인 문학인 동화를 구연한다는 포괄적인 뜻
③ 문학을 상대방의 수준에 맞게 들려주는 마주이야기
④ 청자의 수준에 맞도록 동화 내용의 개작과 다양한 매체를 사용하여 구연

정답	1. ④ 2. ④ 3. ① 4. ② 5. ①

1장 동화구연의 이해	2. 구연의 정의	2) 음악을 이용한 구연

문제1) 음악을 이용한 구연의 설명이 아닌 것은?
① 노래동화, 음률동화, 음악동화, 리듬동화라고도 한다.
② 녹음기나 오디오를 이용하여 구연의 효과를 높이는 형태이다.
③ 구연하는 내용과 상관없이 음악으로 배경 음악을 넣어 주면 된다.
④ 구연에서 분위기를 강조하는 효과음으로 사용할 수 있다.

문제2) 음악을 이용한 구연의 실제가 아닌 것은?
① 연주를 위한 리듬동화 ② 도입을 위한 리듬동화
③ 발성과 발음을 위한 음악동화 ④ 역할 표현을 위한 음악동화

문제3) 음악을 이용한 구연에 대한 교육적 효과로 설명이 바른 것은?
① 정서교육과 올바른 인격 형성에는 다른 구연 방법보다는 영향을 덜 미친다.
② 음률을 통한 발성을 자연스럽게 표현할 수 있다.
③ 노래를 못하는 이는 할 수 없는 구연이다.
④ 가창력을 풍부하게 해 주므로 노래를 잘 부를 수 있게 한다.

문제4) 다음에서 음악을 이용한 구연 방법에 대한 바른 설명은?
① 가장 일반적으로 많이 사용하는 구연 방법이다.
② 수업에 활용할 수 있는 방법이 적다.
③ 음악을 이용하기 때문에 산만해질 수 있다.
④ 음률을 통한 표현은 여러 영역에서 활용이 가능하다.

문제5) 다음 보기에서 음악을 이용한 구연에 대한 설명으로 가장 가까운 것은?
① 음정을 가지고 구연하기에 풍부한 감성 표현과 동기 유발에 도움이 된다.
② 배경을 보면서 구연을 하기 때문에 등장인물에 대한 이해가 쉽다.
③ 자신이 매체라고 생각하고 구연 방법에 최선을 다해 노력해야 한다.
④ 매체를 이용하여 구연하기 때문에 내용 이해가 쉽게 전달된다.

정답	1. ③ 2. ① 3. ② 4. ④ 5. ①

1장 동화구연의 이해	2. 구연의 정의	3) 그림을 이용한 구연

문제1) 그림을 이용한 구연에 대한 설명으로 바른 것은?
① 그림이 중심이기 때문에 구연은 하지 않아도 괜찮다.
② 그림과 글을 쓴 작가의 철학이 있기 때문에 구연하는 이는 그대로 구연한다.
③ 그림 상황에 맞는 구연으로 듣는 이가 감동을 받을 수 있도록 구연한다.
④ 구연가는 그림보다는 글을 바르게 구연할 수 있어야 한다.

문제2) 다음은 어떤 구연에 대한 정의인가?

〈보기〉 동화의 배경이나 인물 등을 전체 상황의 그림을 통해 보여 주면서 그림과 함께 구연하는 동화구연이다.

① 그림을 이용한 구연 ② 사물을 이용한 구연 ③ 구연동화 ④ 음악동화

문제3) 그림을 이용한 구연가의 태도로 바른 것은?
① 듣는 이의 흥미에 따라서 구연할 수 있는 임기응변 능력이 있어야 한다.
② 글의 부족한 부분을 그림에서 의미를 찾아 표현할 수 있어야 한다.
③ 그림을 이용한 구연은 연습이 없어도 괜찮기 때문에 가장 많이 사용된다.
④ 제1의 독자는 청자이기 때문에 청자가 요구한 것을 구연해 주어야 한다.

문제4) 다음 중 그림을 이용한 구연이라고 하기에 맞지 않는 것은?
① 낱장씩 그림동화 ② 슬라이드 동화 ③ TV동화 ④ 종이인형을 이용한 동화

문제5) 그림을 이용한 구연으로 바르지 못한 것은?
① 구연가는 그림책의 글 지문을 그대로 읽어 주는 것보다 청자의 흥미나 발달 수준에 따라 읽어 주는 것이 효과적이다.
② 그림책이 가장 좋은 그림을 이용한 구연이므로 그림책으로 진행하여야 한다.
③ 그림은 글의 의미를 더욱 명료하게 해 주거나 글로는 부족한 부분을 채워 주고 있다.
④ 구연가는 그림을 보면서 의미를 풍성하게 만들면서 구연할 수 있어야 한다.

정답	1. ③ 2. ① 3. ② 4. ④ 5. ②

1장 동화구연의 이해	2. 구연의 정의	4) 사물을 이용한 구연

문제1) 다음 중 사물을 이용한 구연으로 적합한 매체가 아닌 것은?
① 완구인형 ② 그림책 ③ 종이접기한 인형 ④ 실물을 이용한 구연

문제2) 사물을 이용한 구연에 대한 설명으로 틀린 것은?
① 교사가 직접 만든 것만을 이용하여 구연하는 것을 말한다.
② 매체의 종류에 따라 사물을 이용한 구연의 이름이 다르게 표현된다.
③ 청자의 연령과 특성, 장소에 따라 매체의 종류를 다르게 표현하여야 한다.
④ 구연의 효과를 높이기 위해 사용하는 구연 방법이다.

문제3) 사물을 이용하는 구연의 특성에 대한 설명이 아닌 것은?
① 수업 진행 중에 아동들이 만든 자료를 활용한 자료는 구연의 효과를 높일 수 있다.
② 주변에서 얻을 수 있는 다양한 사물을 이용하여 구연할 수 있다.
③ 가장 좋은 것은 실물이기 때문에 실물을 이용한 구연이 좋다.
④ 다양한 소품이라도 작품의 분위기에 맞는 소품을 활용해야 한다.

문제4) 사물을 이용한 구연의 교육적 효과가 아닌 것은?
① 직접적이고 간접적인 감각 경험을 통해 구연하기 때문에 개념 이해에 효과적이다.
② 등장인물의 역할인 인형은 유아들에게는 살아 있는 친구가 되어서 의사소통의 효과가 있다.
③ 아동들이 직접 만든 소품을 활용하여 구연하기 때문에 즐거운 구연 시간이 된다.
④ 사물을 이용한 구연은 아동들의 호기심을 자극에 좋기 때문에 매시간 새로운 매체를 보여 주어야 한다.

문제5) 사물을 이용한 구연을 할 때의 주의할 점은?
① 구연가의 말과 표정, 제스처가 구연이 중심이 되어야 한다.
② 아동에게 역할극을 하도록 하기 위해서 사용하는 구연이 되어야 한다.
③ 사물들에게 의인화시켜 구연을 함으로써 등장인물에 대한 이해가 쉽게 한다.
④ 사물을 이용한 구연은 아동들에게만 적용되는 구연이다.

정답	1. ② 2. ① 3. ③ 4. ④ 5. ③

1장 동화구연의 이해	3. 동화구연의 정의	

문제1) 동화구연을 바르게 설명하지 않은 것은?
① 재미있고 교훈적인 내용의 동화를 구연을 통해 감동 있게 전달하는 예술 행위이다.
② 총체적인 문학인 동화를 구연한다는 포괄적인 뜻이다.
③ 동화에 담겨 있는 이야기를 아름다운 목소리만 전달하는 것이다.
④ 동화구연은 서로 마주 보고 이야기 속의 주인공이 되어 감동을 주고받는 교육이다.

문제2) 동화구연의 세 가지 요소로 바른 것은?
① 구연자, 청자, 내용　　② 청자, 무대, 내용
③ 내용, 청자, 배우　　④ 무대, 청자, 구연자

문제3) 동화구연의 정의로 좁은 의미의 동화구연에 대한 것은 어느 것인가?
① 총체적인 문학을 목소리로 구연한다는 포괄적인 뜻으로 서로 마주 보고 주인공이 되어 감동을 주고받는 교육이다.
② 일정한 도구를 사용하지 않고 구연자와 청자와의 대화에 의해서 이야기가 전개되며, 구연자의 음성, 몸짓, 표정 등에 의해서 흥미 있게 전달하는 것이다.
③ 문학을 상대방의 수준에 맞게 들려주는 마주이야기이다.
④ 청자의 수준에 따라 개작과 매체를 사용하여 구연자가 전하고자 하는 의미 있는 이야기를 대화하는 것이다.

문제4) 동화구연과 구연동화의 차이점을 바르게 설명하지 않는 것은?
① '동화구연'은 동화를 연기형식으로 옮기는 과정의 행위 그 자체를 말한다.
② '구연동화'는 입체적으로 연기로 연출되는 형식의 동화나 대본 자체를 말한다.
③ 동화구연이란 구연동화, 사물을 이용한 구연, 그림을 이용한 구연 등 모든 동화를 목소리로 구연한다는 포괄적인 뜻이다.
④ 구연동화란 '청자를 상대로 들려주는 동화'로 다양한 방법으로 동화를 들려주기 위해 구연을 한다는 뜻이다.

문제5) 동화구연의 교육적 효과로 맞는 것은?
① 동화구연을 잘하면 다른 사람들 말을 잘 흉내 낼 수 있다.
② 발음 교정, 발표력 향상에 도움이 되므로 아동들만 배우는 것이다.
③ 동화구연을 잘하면 외국어도 잘할 수 있게 된다.
④ 동화구연은 아동문학 교육에 있어서 문학적 감동과 반응을 유발시켜 주는 교육 방법이다.

정답	1. ③ 2. ① 3. ② 4. ④ 5. ④

1장 동화구연의 이해	4. 동화구연의 역사	

문제1) 동화구연의 시작은 언제부터로 보아야 하는가?
① 노변동화 ② 방정환 선생님의 색동회 창립 ③ 유치원동화 ④ 단체들의 활동

문제2) 노변동화에 관한 설명 중 적합한 것은?
① 무릎동화라고도 하며 할머니나 어머니의 무릎을 베고 들었다는 뜻에서 칭해졌다.
② 유치원의 설립과 더불어 유아의 언어 교육적 기능과 정서적 기능, 사고력 향상 기능 등을 목적으로 유치원에서 들려주는 동화를 말한다.
③ 라디오 방송을 통하여 동화구연을 들려주는 것을 말하며 동화구연의 보급에 많은 영향을 주었다.
④ 기독교의 선교 활동의 일환으로 유년 주일학교에서 성경 내용을 가미한 동화를 들려주는 동화구연을 말한다.

문제3) 동화구연의 발전이 시대적으로 순서가 맞는 것은?
① 노변동화 → 유치원동화 → 라디오동화 → 색동회
② 무릎동화 → 주일학교동화 → 유치원동화 → 색동회 → 라디오동화
③ 색동회 → 라디오동화 → 유치원동화 → 동화구연 난제
④ 주일학교동화 → 색동회 → 유치원동화 → 라디오동화

문제4) 소파 방정환 선생님에 대한 설명으로 틀린 것은?
① 세계명작동화를 번안하여 만든 동화집은 『사랑의 선물』이다.
② '어린이'라는 명칭을 만들었고 '어린이날'을 제정하였다.
③ 동화구연대회를 개최하였으나 구연가는 아니였다.
④ 미래를 이끌어 갈 아동에게 동화를 많이 들려주어야 한다고 강조하기도 하였다.

문제5) 동화구연의 발전 과정에 대한 설명으로 바른 것은?
① 유치원의 교육 내용은 동화, 유희, 수, 창가 등이 주를 이루었으나 유치원 선생님들은 동화구연가의 역할은 하지 못했다.
② 형식적인 교육의 틀에서 동화구연이 이루어진 것은 주일학교동화부터이다.
③ 유치원교사 동화구연대회는 유치원동화의 시작과 함께 진행되었다.
④ 우리나라 최초의 동화구연의 이론서인 『신선동화법』은 주일학교 교사 양성 과정 교재로 사용되었다.

정답	1. ① 2. ① 3. ② 4. ③ 5. ④

1장 동화구연의 이해	5. 동화구연의 교육적 가치	

문제1) 동화구연의 교육적 의미와 관계가 먼 것은?
① 언어발달과 지능발달에 중요한 역할을 한다.
② 바른말 고운 말을 쓰게 되며 발음이 정확해진다.
③ 말하기에 있어서 뛰어난 화술가가 된다.
④ 문학작품을 이해, 감상하는데 효과가 있다.

문제2) 올바른 구연자의 자세로 맞는 것은?
① 구연자은 아름다운 목소리의 소유자이어야만 한다.
② 구연자가 구연을 함에 있어 언어습관은 개성적이기 때문에 고치려고 애쓰지 않아도 된다.
③ 구연할 때와 장소를 생각하고 계절과 듣는 아동의 수준에 맞는 동화를 준비한다.
④ 즉흥적으로 이야기를 꾸며나가면 더욱 재미있기 때문에 미리 연습할 필요는 없다.

문제3) 동화구연의 교육적 가치에 대한 설명으로 바르지 못한 것은?
① 듣는 이에게 문학에 대한 관심을 촉진 시켜주어 글을 잘 쓰게 된다.
② 듣는 이에게 아름다운 정서와 상상력 함양에 기여한다.
③ 듣는 과정에서 자연스럽게 삶의 지혜를 터득하게 된다.
④ 삶에 대한 이해력이 확대 될 수 있다.

문제4) 동화구연의 가치에서 가장 언어발달 면에 대한 설명으로 바른 것은?
① 다른 사람의 입장을 이해하고 슬픔, 화냄, 두려움, 의심들의 부정적인 느낌을 정화시켜준다.
② 사고력, 창조력, 문제해결능력을 키워준다.
③ 추리력과 상상력 등 예술적 감성과 자기 감정조절력이 생긴다.
④ 바른말 고운 말을 쓰게 되며 정확한 발음과 발표력을 키워준다.

문제5) 동화구연의 효과로 바르지 못한 것은?
① 동화구연활동은 언어교육뿐만 아니라 통합교육에 도움을 준다.
② 듣기, 말하기, 읽기, 쓰기의 의사소통기술을 증진시켜준다.
③ 언어교육은 흥미 속에서 흡수되기 때문에 언어교육에만 도움이 된다.
④ 원만한 인간관계와 따스한 친밀감 형성에 도움이 된다.

정답	1. ③ 2. ③ 3. ① 4. ④ 5. ③

1장 동화구연의 이해	6. 동화구연전문가	

문제1) 동화구연전문가로써의 알아야 할 분야가 아닌 것은?
① 아동문학의 이해 ② 아동발달의 특징이해
③ 다양한 교수매체에 대한 이해 ④ 수강생 개인의 사생활

문제2) 다음은 동화구연전문가가 준비해야 하는 사항이다. 바르지 못한 것은?
① 듣기, 말하기, 읽기, 쓰기, 사고하기를 통합하는 교수전략을 사용할 줄 알아야 한다.
② 동화구연 활동은 다른 영역과의 통합적 접근보다는 개성 있는 수업을 준비해야 한다.
③ 동화구연 활동에 적합한 환경과 분위기를 구성해 주어야 한다.
④ 다양한 교수전략을 알고 있어야 한다.

문제3) 동화구연전문가가 갖추어야 할 자세는?
① 동화구연전문가는 탁월한 구연능력에 가장 우선이다.
② 이야기를 들려주기에 대한 구연가의 열정과 노력만이 필요하다.
③ 동화의 세계에 열린 마음으로 함께 하는 자세가 갖추어져 있어야 한다.
④ 아름다운 목소리를 가장중요하다.

문제4) 동화구연전문가에 대한 설명으로 바르지 않은 것은?
① 동화구연전문가는 문학에 대한 이해와 학습자들의 변화와 욕구에 관심을 가져야 한다.
② 동화구연전문가는 충분한 구연실력을 갖추어야 한다.
③ 동화구연 교육 내용선정과 조직, 교수방법 등에 대한 능력을 갖추어야 한다.
④ 동화구연전문가는 일반적인 교사가 갖추어야 할 자질은 가질 필요가 없다.

문제5) 동화구연전문가들의 활동영역에 관한 설명으로 바른 것은?
① 동화구연전문가는 예술인이기 때문에 개성이 강조되며 구연의 영역만 해야 한다.
② 동화구연전문가는 아동만을 지도하는 봉사자이다.
③ 동화구연전문가는 문학이라는 프로그램을 진행할 수 있는 독서치료사이다.
④ 동화구연전문가는 청자에 대한 사랑하는 마음을 기본적으로 갖고 그들에게 맞는 문학을 선택하고 계획 지도할 수 있도록 다양한 활동영역을 할 수 있어야 한다.

정답	1. ④ 2. ② 3. ③ 4. ④ 5. ④

CHAPTER 02

아동문학의 이해

최근 발행되는 아동문학을 살펴보면 모든 연령이 함께 볼 수 있는 이야기로 구성되어져 있어 그 대상이 점차 확대됨을 알 수 있다. 아동문학은 일반문학이 갖춘 문학성을 바탕으로 하면서 아동을 대상으로 쓴 문학작품이다. 또한 일반문학의 보편적인 주제와 마찬가지로 아동문학 역시 인간의 올바른 삶을 주제로 하고 있다. 따라서 아동문학은 문학성을 바탕으로 하여 동심을 기초로 만들어진 문학작품으로 누구라도 그 대상이 될 수 있다. 그러므로 본 교재에서 다루는 아동문학작품 역시 아동에만 국한되어 있지 않다는 것이다.

아동문학을 접하면서 아동은 자기인식 능력이 촉진되고 감정이입을 경험하게 되면서 타인의 생각이나 표현이 나와 다르다는 것을 이해하게 되어 자신의 정서를 조절하는 정서지능을 발달시킨다. 특히 등장인물의 의도, 바람, 믿음, 감정 등의 마음현상에 근거하여 등장인물의 행위를 예측할 수 있고 이야기가 전개되는 동안 예측한 내용을 확인할 수도 있다. 즉 아동문학을 경험하는 과정에서 다양한 인물을 접하면서 정서지능의 발달과 마음현상에 대한 이해를 토대로 자기중심성에서 벗어나 사회적 존재로 성장 할 수 있게 된다.

이러한 마음현상을 이해할 수 있는 마음이론(theory of mind)의 교육 사전적 정의는 '신념, 의도, 바람, 이해 등과 같은 정신적 상태가 자신 또는 상대방의 행동에 영향을 미친다는 것을 이해하는 능력'이다. 즉 타인의 감정을 무의식적으로 알아 내는 능력으로 의식적인 판단 이전에 느낌으로 타인의 감정과 의도를 알아차리는 능력이라 할 수 있다. 마음이론이 발달된 사람은 타인의 마음 상태를 인지하고 이해하는 공감 능력이 우수한 반면, 마음이론이 부족한 사람은 타인의 입장을 이해하기보다는 자신의 시각에서 상황을 해석함으로써 사회적 상호작용을 하는 데 어려움을 보인다. 본 장에서는 정서지능 및 마음이론의 발달을 증진시킬 수 있는 아동문학의 이해를 돕고자 한다.

1 아동문학의 정의

문학이란 인간이 살아가는 삶의 이야기를 글로 표현한 예술작품이자 인간의 삶을 안정되고 풍요롭게 만들어 주는 안식처라 할 수 있다. 특히 아동기의 좋은 문학적 경험은 아동의 집중력과 심미적인 감상 능력을 기를 수 있고 간접 경험을 통해 공감 능력 및 상상력을 기를 수 있을 뿐만 아니라 다양한 꿈을 키울 수 있어 아동의 삶에서 매우 중요하다. 이러한 문학은 남녀노소 누구나 즐길 수 있으나, 대상별로 구분해 보자면 성인문학, 청소년문학, 아동문학으로 분류할 수 있다. 이 중 아동문학(Children's literature)은 아동을 독자로 한 문학으로 동요, 동시, 동화, 아동소설, 아동극 등의 모든 장르를 지칭한다(강문희, 이혜상, 1997).
아동문학의 정의를 살펴보면 다음과 같다.

이재철(2003)은 "아동문학이란 작가가 아동이나 동심을 가진 성인에게 읽히기 위해 쓴 모든 작품으로 문학의 본질에 바탕을 두면서 아동을 위해(목적·대상), 어린이가 함께 갖는(공유), 어린이가 골라 읽어 온 또는 골라 읽어 갈(선택·계승) 특수문학이다."라고 하며 작품의 문학적 가치를 통해 아동이 건전한 사회적 인간으로 성장하는 것을 목적으로 삼으며, 성인이 독자인 아동의 발달 단계에 알맞게 창조한 문학으로 정의하였다. 박민수(1998)는 "인간이 동심의 고향으로 돌아가기 위하여 창조한 문학이다."라고 하였고, 니콜라예바(Nikolajeva, 1996)는 "아동문학은 탁월한 예술성과 문학성을 갖춤으로써 아동들이 즐거움을 찾을 수 있는 것이다."라고 하면서 아동문학을 통해 교육적 가치와 즐거움, 심미감이 공존하면서 아동(亞童)의 동심(童心)을 충족시켜 나간다는 점을 언급하였다.

이처럼 아동문학은 아동뿐만 아니라 동심의 세계를 그리워하는 모든 이를 위해서 쓴 특수문학으로 내용적인 면에서 아동이 성장하는 데 있어서 유용한 것들이고, 형식적인 면에서 문학적이고 예술적인 부분을 만족시켜 준다. 따라서 아동에게 있어 아동문학은 읽는 문학뿐만 아니라 듣는 문학, 보는 문학, 들려주는 이야기 문학으로 성장하여야 한다.

2 아동문학의 특성

1) 예술성

언어를 통해 느껴지는 감동은 잘 짜여진 구성에 의해 예술성으로 나타난다. 그러므로 문학에서의 예술성이란 언어의 예술성으로 문학성을 의미하고 상상력을 통해서 감동을 줄 수 있으므로 예술성이 있는 문학작품은 생명력이 길다. 야콥슨(Roman Jakobson)은 "문학은 선택된 아름다운 언어로 구성되어 있기 때문에 어렸을 때부터 아름답고 풍부한 언어를 배우고 경험하게 함으로써 모국어의 아름다움을 깨달을 뿐 아니라 아름다운 심성을 기를 수 있다(이규원, 2002)."라고 하면서 문학작품을 통해 간접적인 경험을 하게 되는 독자에게 문학적 표현을 바탕으로 진실로 다가가 감동을 유발할 수 있도록 하여야 한다고 하였다. 또한 괴테(Johann Wolfgang von Goethe)는 "문학은 우리에게 가르치지 않는다. 다만 감동을 주어 변화시킬 뿐이다."라고 하면서 문학성으로 인한 감동이 카타르시스(catharsis)를 유발시켜 스스로 변하고자 하는 의지를 형성하는 것이 진정한 교육으로서의 예술성이라고 하였다.

2) 흥미성

아동은 호기심이 강하다. 이러한 호기심은 아동의 흥미를 자아낸다. 호기심이 활발한 아동은 무언가에 관심을 두거나 새로운 것이 있으면 흥미를 느끼고 주의 집중하게 된다. 아동에게 있어서 주의 집중은 교육적으로도 중요한 부분으로 세심하고 다양한 전략을 세울 필요가 있는데, 이때 중요하게 고려해야 하는 것이 흥미성이다.

흥미성은 무엇인가 즐겁고 재미있다는 생각을 갖게 하는 것이다. 아동은 책을 읽고 난 후 "재미있어요."라고 표현한다. 그 책이 유익한지 그렇지 않은지에 관해 교육적으로 생각하기보다는 재미있으면 좋은 책으로 자주 선택하여 읽고 재미가 없으면 선택하지 않는다. 이처럼 흥미성은 책 읽기의 순환 모형(선택 → 읽기 → 반응 → 선택 → 읽기 → 반응) 중 '반응'에 영향을 미치는 강력한 변인으로, 흥미를 가졌을 때 책 읽기의 실제적인 활동인 '읽기'가 진행됨을 알 수 있다. 즉 흥미성은 문학 활동을 할 수 있는 동기 부여의 요인이기 때문에 아동문학에 있어서 중요한 특성이라 할 수 있다.

루켄스(R. J. Lukens)는 "문학 활동의 첫 번째 동기는 즐거움을 얻기 위한 것이다."라고 하였다. 아동문학에서 흥미성이 중요한 이유는 아동은 흥미가 없는 것에는 관심이 없어 아동의 흥미를 자극시키지 못하면 아무런 효과를 기대할 수 없다고 해도 과언이 아니기 때문이다. 그렇다고 저속한 흥미나 공허한 흥미를 일으켜서는 안 된다. 흥미에도 개인차가 있으므로 아동의 발달 특성과 개인차를 고려한 다양한 문학작품을 경험하면서 흥미를 느끼고 즐거움을 얻을 수 있도록 하여야 한다.

3) 단계성

단계성은 아동문학의 특수성을 나타내는 특성이다. 아동은 연령별로 그 차이가 매우 크며 신체적, 정신적, 사회적 측면의 변화에서 개인차가 크다. 특히 유아기에는 자신의 입장에서만 생각하는 자기중심적인 사고를 지니다가 아동기를 지나면서 다양한 사고의 변화와 함께 단계적으로 성장발달해 가며 점차 타인의 입장에서 생각하게 되는 탈(脫)중심화가 이루어진다. 즉 아동기는 전반적으로 발달 수준이 미성숙한 단계이며 언어 능력이나 사고의 수준 또한 취약한 상태이기 때문에 이러한 발달 단계를 고려하여 적절한 문학작품을 제공하여야 한다.

이렇듯 아동은 연령별로 그 차이가 매우 크므로 아동문학에서의 단계성은 매우 중요하게 고려되어져야 할 것이다.

4) 교육성

아동문학은 올바른 인성 개발은 물론 건전한 가치관 형성에 도움을 주고 삶의 진정한 의미를 부여하기 때문에 반드시 교육적인 측면을 고려하여야 한다. 그렇다고 하여 교육적인 부분만을 너무 강조하거나 훈화적인 작품이 되어서는 안 된다.

이재철(1971)은 "아동문학의 궁극적 목표는 육체적, 정신적 그리고 사회적으로 미성숙된 아동을 건전한 사회적 인간으로 성장시키려는 데 있다."라고 하였다. 건전한 사회적 인간으로 성장시키는 아동문학의 목표와 교육이 추구하는 목표의 방향이 일치한다는 것을 알 수 있다. 이처럼 아동문학은 성장기 아동의 정서와 심성의 순화에 영향을 끼치는 인성교육의 장으로써 교육적 효용 가치가 높다. 훌륭한 문학은 교육적인 면과 도덕적인 면이 결합되어져야 하는데 아동은 성장발달하는 시기인 만큼 문학을 통해 자연스럽게 교육하여야 한다.

5) 단순명쾌성

아동문학의 구성을 보면 복잡하지 않고 이야기의 결말 부분 또한 애매하지 않다. 아동의 발달 특성에 적합한 주제, 구성, 등장인물, 사건이 복잡하거나 애매모호하거나 추상적이지 않고 단순하고 명쾌하다.

단순성이란 아동이 그림책을 볼 때 이해하기 쉽도록 이야기 구성이나 전개되어지는 상황이나 비유적인 설명 등이 복잡하지 않은 것을 말한다. 명쾌성이란 뚜렷하게 무언가가 도드라져 보이는 것을 말한다. 따라서 단순명쾌성은 내용이나 주제 등이 아동들의 진솔한 마음처럼 뚜렷하고 확실하게 드러나 보여야 한다. 그러므로 아동문학은 이야기가 단순하면서도 무엇을 말하는지 확실하게 표출되어서 아동이 스스로 판단하고 해결점을 찾을 수 있도록 하여야 한다. 또한 사건 진행이 명확하고 확실한 해결 실마리가 드러나며, 사건의 결말 구조 또한 명쾌하게 마무리되어야 한다.

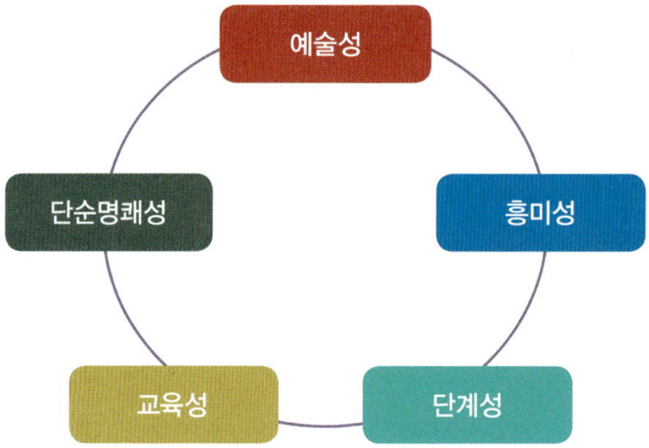

[그림 2-1] 아동문학의 특징

아동문학교육의 목적은 아동의 성장 과정에서 문학작품을 이해하고 감상하는 능력과 태도가 함께 성장하도록 도와주는 것이다. 하지만 문학을 이해하고 감상하는 능력과 태도는 저절로 성장하는 것이 아니라 준비된 환경, 자료, 경험에 의하여 길러지는 것이다. 그러므로 아동의 발달 특성을 고려하여 최대의 교육 효과를 가져오기 위해서는 아동문학 활동을 통한 미적이고 창의적인 경험을 통해 심미적 능력과 창의성의 발달을 도모할 뿐만 아니라, 분리된 단편적인 지식이 아닌 실생활과 관련된 지식을 통합적으로 습득함으로써 전인적이고 통합적인 발달이 이루어질 수 있도록 노력해야 할 것이다. 문학작품 속에서 기쁨을 경험하였다면 아동은 더 많은 문학작품을 원할 것이기 때문이다. 성장하는 과정에서 문학을 이해하고 감상하는 능력과 태도를 바탕으로 감동을 경험하지 못하면 성인이 되어서도 문학을 통해 감동을 경험하기 힘들 것이다. 그러므로 어린 시절의 문학적인 경험은 성장과 병행하여 이루어져야 할 중요한 과업이라 하겠다.

3 아동문학의 분류

일반적으로 아동문학을 분류할 때 문학의 주요 장르를 중심으로 분류한 이재철(1992)의 분류를 사용하고 있다. 아동문학을 탈장르적으로 접근하는 방법도 있는데, 이 분류는 아동문학교육자들이 접근하는 방법이다. 대표적으로 제임스 스미스(James Smith, 1977)의 분류가 있는데 이는 아동문학의 장르를 대단히 폭넓고 개괄적으로 분류하고 있다.

[표 2-1] 이재철 아동문학 분류

<table>
<tr><td rowspan="5">시
(서정시)</td><td rowspan="2">동요</td><td>전래동요</td><td rowspan="5"></td></tr>
<tr><td>창작동요</td></tr>
<tr><td rowspan="3">동시</td><td>정형시</td></tr>
<tr><td>자유시</td></tr>
<tr><td>산문시</td></tr>
<tr><td rowspan="6">소설
(서사시)</td><td rowspan="3">동화</td><td>전래동화</td><td></td></tr>
<tr><td rowspan="2">창작동화</td><td>생활동화</td></tr>
<tr><td>환상동화</td></tr>
<tr><td rowspan="3">아동소설</td><td>개작소설</td><td rowspan="3"></td></tr>
<tr><td>창작소설</td></tr>
<tr><td>실화소설</td></tr>
<tr><td rowspan="3">희곡
(극시)</td><td rowspan="2">아동극</td><td>생활극</td><td rowspan="3"></td></tr>
<tr><td>동화극</td></tr>
<tr><td>아동
시나리오</td><td></td></tr>
</table>

[표 2-2] 제임스 스미스 아동문학 분류

<table>
<tr><td rowspan="2">그림책</td><td>그림 이야기책</td></tr>
<tr><td>삽화가 그려진 책</td></tr>
<tr><td>마더구스</td><td></td></tr>
<tr><td>동물 이야기</td><td></td></tr>
<tr><td>유머 이야기</td><td></td></tr>
<tr><td>시</td><td></td></tr>
<tr><td rowspan="5">전래동화</td><td>신화</td></tr>
<tr><td>전설</td></tr>
<tr><td>서사시</td></tr>
<tr><td>요정들의 이야기</td></tr>
<tr><td>발라드나 동화시</td></tr>
<tr><td>모험담</td><td></td></tr>
<tr><td>신비한 이야기</td><td></td></tr>
<tr><td>사랑 이야기</td><td></td></tr>
<tr><td>환상적 동화</td><td></td></tr>
<tr><td>사실적 동화</td><td></td></tr>
<tr><td rowspan="2">논픽션</td><td>전기</td></tr>
<tr><td>정보를 주는 책</td></tr>
</table>

4 동화의 정의

동화하면 재미있는 이야기가 먼저 떠오른다. 이야기(story)의 사전적 의미는 '어떤 사물이나 사실, 현상에 대하여 일정한 줄거리를 가지고 하는 말이나 글' 또는 '어떤 사실에 관하여, 또는 있지 않은 일을 사실처럼 꾸며 재미있게 하는 말'이다. 즉 이야기란 말하는 사람의 의도에 따라 나오는 것으로서 전달하고자 하는 의도가 들어 있음을 알 수 있다.

이야기의 세 가지 유형으로는 개인적 이야기, 상상의 이야기, 지식을 근거로 하는 이야기가 있다. 개인적 이야기는 자신의 경험을 바탕으로 하는 이야기이고 상상의 이야기는 가상적이고 허구적 상황에 인물을 등장시켜 꾸미는 이야기이며 지식을 근거로 하는 이야기는 사물과 자연 현상의 객관적 사실에 관한 지식을 토대로 하는 이야기이다. 이러한 이야기를 글로 나타낸 것이 문학이며 아동과 아동을 사랑하는 동심을 가진 이들에게 읽힐 것을 목적으로 만들어진 것이 동화이다. 동화(children's story)의 사전적 의미는 '동심을 기초로 하여 어린이를 상대로 들려주거나 읽히기 위해 만들어진 이야기'로 학자들이 주장한 동화의 개념을 정리하면 다음과 같다.

방정환(1925)은 '동화(童話)에서 동(童)은 아동이란 동이요, 화(話)는 대화의 화인즉, 아동동화라고 할 것입니다. 그러나 아동 이상의 사람이 많이 읽거나 듣거나 하는 경우에라도 그것이 아동을 상대로 하는 것이 아니면 안 된다.'라고 하였다. 김동리(1962)는 '시적 환상과 초자연적인 모든 공상을 자유자재로 그릴 수 있는 것은 동화의 세계요, 현실 속에서 울고 웃고 싸우며 일하며 자라나고 있는 소년·소녀의 이야기는 소년·소녀의 세계이다.'라고 설명하였다. 이원수(1970)는 '순수한 동화는 사실적인 소설과는 다른, 공상적인 이야기를 말한다. 현대 동화에는 현실적인 이야기가 공상적인 이야기와 서로 결합된 것이 많지만 그래도 판타지(fantasy)

가 있는 것, 공상적인 것, 초자연적인 이야기가 있는 것을 동화라 규정한다.'라고 정의하였다. 석용원(1989)은 '어린이에게 들려주기 위해서 하는 이야기를 동화라 한다.'라고 하였다. 박화목(1993)은 '서민 계층에서 자연 발생하여 구전되어 내려오는 민담, 더 근원으로 올라가서 신화, 전설, 우화 등 이른바 설화문화에서 성인 대상으로 발달된 것은 소설이고, 어린이를 대상으로 발달된 것은 동화이다.'라고 정의하였다. 결국 넓은 의미에서 본 동화는 신화, 전설, 민담, 우화, 그림동화, 아동소설 등 다양한 종류들을 포함한다. 뿐만 아니라 프뢰벨(Friedrich Wilhelm August Fröbel)은 "어린아이가 동화 한 편을 읽는 것은 보물을 얻는 것과 같다."라고 하였고, 실러(Friedrich Schiller)는 "실제 인생에서 배운 것보다 어릴 때 들은 동화 속에서 더 깊은 의미를 찾았다."라고 하며 동화의 가치를 강조하였다.

본 교재에서는 동화에 대한 해석을 다음과 같이 새롭게 해 보고자 한다.

동화는 문학이다. 문학(文學)에서의 '文'은 글월 문으로 무늬, 채색을 뜻하고, '學'은 배울 학으로 배우다, 학문, 문학을 뜻하는 것이다. 문학은 정서나 사상을 상상의 힘을 빌려서 문자로 나타낸 예술이나 작품을 나타낸다. 즉 문학은 인간의 무늬를 그려 나가는 과정이라 할 수 있다. 동화(童話)에서의 '童'은 아이 동으로 열댓 살이 되는 어린아이, 어리다, 어리석다라는 뜻이고, '話'는 말할 화로 이야기한다는 뜻으로 일반적으로 생각하는 동화(童話)는 아동을 위한 내용, 동심을 가진 어른들을 위한 내용을 뜻한다. 이때 동심을 가진 어른이란 아이의 마음을 가진 어른으로서 아이처럼 순수하고 맑은 마음을 가졌다는 뜻으로 마음의 움직임을 의미한다. 즉 동심(童心)에서 말하는 순수함은 '나이가 어리다'라는 해석보다는 바르게 살아가기 위한 마음의 움직임으로 해석할 수 있다. 또한 누구나가 쉽게 알아 볼 수 있는 보편적인 지혜의 의미가 포함되어 있다고 하겠다. 그러므로 동화는 아동뿐만 아니라 누구에게나 자신의 삶을 바르게 살아가게 하는 삶의 보편적인 지혜가 담긴 보물창고인 것이다. 이로써 동화는 바르게 살아가는 인간다움과 인간 간의 관계, 세상과의 관계를 위한 지혜의 내용으로 인간이 살아가기 위한 무늬를 그리는 인문(人文)의 뜻과 같음을 알 수 있다(나정심, 2017). 이때 인문(人文)이라 함은 문학을 통해 인간이 바르게 살아갈 수 있도록 변화하는 것으로 문학을 통해 간접적인 방식으로 인간을 이해함으로써 자기를 인식하고 검토하며 반성하는 과정이라 할 수 있다. 즉 문학을 통해 인간이 바르게 살아갈 수 있는 변화를 경험하듯이 동화를 통해 보편적인 지혜를 바탕으로 아이나 어른이나 자신의 삶의 무늬를 만들어 가는 것이라 하겠다.

5 동화의 장르

아동문학에서 동화의 장르로 전래동화와 창작동화인 환상동화, 생활동화와 논픽션(상상적 허구가 아닌 사실에 근거하여 쓰임)에 해당하는 지식정보동화와 새로이 문학작품의 한 형식이 된 패러디동화에 대해 살펴보고자 한다.

1) 전래동화

전래동화는 설화, 전설, 민담, 우화 등의 구비문학의 내용으로 작자 미상이 대부분이며 기록문학 이전부터 입에서 입으로 구연되어지는 말로 된 문학을 아동을 대상으로 기록으로 남긴 것이다. 여러 사람들에 의해 전해 내려오면서 지역마다 조금씩 다른 특색을 나타내기도 하지만 우리 민족의 삶, 전통, 사상 등을 고스란히 담고 있는 민중적이며 민족적인 문학이다.

이러한 전래동화의 특징을 살펴보면 다음과 같다.

첫째, 뛰어난 환상성이 있다. 현실적인 인물이나 공간, 상황 등을 그대로 표현하지 않고 초능력, 초시간적, 초공간적인 마술적 표현을 통해 무한한 환상의 세계를 경험할 수 있다.

둘째, 등장인물을 선인과 악인이라는 극단적인 대비를 통해 권선징악(勸善懲惡)의 주제를 잘 표현하고 있다. 착하고 여린 주인공과 주인공을 괴롭히는 못된 등장인물에 의해서 갈등이 생기고 그 갈등이 해소되는 극적인 구조를 통해 착한 사람과 선한 행동은 복을 받고 나쁜 사람과 못된 행동은 벌을 받는다는 교훈을 아이들도 쉽게 이해할 수 있도록 한다.

셋째, 등장인물이나 배경 등이 구체적이지 않다. 주인공이나 등장인물의 생김새, 성격, 나이 등을 알 수 있는 구체적인 정보가 없을 뿐만 아니라, 이야기가 일어나고 있는 배경에 대한 구체적인 설명도 없다.

넷째, 민담, 전설, 신화, 우화들 중에서 아이들이 흥미를 느낄 만한 내용으로 각색한 줄거리 중심의 이야기이다. 사건이 시작되어 갈등이 고조되고 마무리되는 기승전결의 구조가 단순하고 구체적이지 않은 줄거리 중심의 흐름으로 진행된다.

다섯째, 시작과 끝을 알리는 일정한 형식이 있다. 전래동화는 대부분 "옛날 옛날 어느 마을에…"로 시작하여 "…행복하게 살았답니다."의 행복한 결말로 마무리되는 형식을 취하고 있다.

이렇듯 전래동화는 우리의 삶, 전통, 사상이 고스란히 담겨 있는 이야기로써 우리 민족의 자긍심을 기를 수 있고 바람직한 주인공의 동일시를 통해 선악의 판단과 변별력을 기를 수 있을 뿐만 아니라 현실과 환상의 세계를 넘나들면서 불가능한 일도 가능하게 하는 다양한 상황을 통해 모험심과 용기를 기를 수 있으며 긍정적이고 행복한 결말을 통해 정서 순화 및 긍정적인 가치관 형성의 교육적 가치를 가진다.

2) 환상동화

환상(fantasy, 幻想)의 사전적 의미는 '현실적인 기초나 가능성이 없는 헛된 생각이나 공상'이다. 하지만 환상동화에서의 환상은 헛된 생각이나 공상과는 다르다. 다시 말해 환상동화는 초현실적인 등장인물, 배경, 상황 등에서 이루어지는 상상의 이야기로 아동은 이를 통해 무한한 상상의 세계를 간접 경험할 수 있는 것이다. 이러한 환상동화의 특징을 살펴보면 다음과 같다.

첫째, 초현실적인 시간과 공간을 배경으로 하고 있지만 현실의 어느 시점이나 장소와 논리적으로 연결되어 있다.

둘째, 등장인물이 시간과 공간을 초월한 다양한 경험을 간접 경험함으로써 현실에서는 불가능한 것들에 대한 대리 만족과 카타르시스를 느낀다.

셋째, 초현실적인 상상의 세계와 아동이 처한 현실의 세계를 넘나들면서 상상과 현실을 구분할 수 있게 된다.

환상동화는 초현실적인 다양한 내용을 통해 풍부한 상상력과 창의성을 기를 수 있고 등장인물의 다양하고 기발한 문제해결 과정을 통해 적극적이고 긍정적인 태도를 기를 수 있으며 다양한 등장인물의 경험을 통해 삶의 지혜와 의미를 발견하면서 자신의 일상을 소중히 느낄 수 있다.

3) 생활동화

생활동화는 그림책의 주 대상이 되는 아동의 주변에 있을 법한 인물이나 일상생활에서 일어날 것 같은 상황, 사건 등을 중심으로 이루어진 이야기로 사실동화, 현실동화라고도 한다. 즉 아동 자신의 성장, 가족, 친구, 학교, 선생님, 지역사회, 문화, 환경 등의 현실적인 문제를 다양하게 다루고 있을 뿐만 아니라, 아동의 일상생활에서 일어날 수 있는 희로애락(喜怒哀樂)의 다양한 상황을 사실적으로 다루고 있으므로 아동의 입장에서는 더욱 친숙하게 느껴질 수 있다.

이러한 생활동화의 특징을 살펴보면 다음과 같다.

첫째, 시간적, 공간적 배경은 상상의 세계가 아닌 현실의 세계에서 아동이 주로 생활하는 공간에서 이루어진다.

둘째, 주인공이나 등장인물 또한 아동이 일상생활에서 친하게 지내거나 갈등을 일으킬 수 있는 현실적인 인물을 통해 이야기가 전개된다.

셋째, 기본 생활습관, 친구와의 관계, 예절 등의 사회적 기술뿐만 아니라 일상생활과 관련된 상황을 통한 문제해결 과정이 나타난다.

생활동화는 아동 자신의 일상생활을 돌아보면서 다양한 문제해결과 관련된 사회적 기술을 얻을 수 있을 뿐만 아니라 등장인물의 문제 및 갈등 상황의 해결을 통해 심리적 안정감을 가질 수 있다. 또한 자신이 처한 상황이 누구나 겪고 있는 보편적인 상황임을 이해하면서 해결해 나가려는 용기를 갖게 되며 주변에서 일어나고 있는 환경 오염, 아동 학대, 폭력, 전쟁과 난민 등 다양한 사회 문제에 관심을 가질 수 있도록 한다.

4) 지식정보동화

지식정보동화는 논픽션(nonfiction)에 해당하는 것으로 지식이나 정보를 전달하기 위하여 아동의 발달 단계 및 이해 수준을 고려하여 적절한 그림과 글로 구성되어진 이야기이다. 지식이나 정보 전달이 목적이기는 하나 문학성을 기초로 하여야 한다. 아동이 일상생활에서 접할 수 있는 환경, 자연재해, 다문화, 인체, 동식물 등 아동이 관심 있는 분야의 다양한 최신의 지식과 정보를 제공하여야 한다.

이러한 지식정보동화가 갖추어야 할 조건은 다음과 같다.

첫째, 정확한 지식과 정보를 제공하여야 한다.

둘째, 지식과 정보는 최근의 것인지 확인하여 제공하여야 한다.

셋째, 객관적으로 검증된 절차를 거쳐야 한다.

넷째, 인종, 성, 종교, 연령 등에 편견이나 고정 관념을 갖고 있지 않아야 한다.
다섯째, 제공되는 대상의 이해 수준을 고려하여 적합한 방법으로 제시하여야 한다.

지식정보동화는 체계적인 지식과 정보를 적절한 방식으로 제공해 줄 뿐만 아니라 지적 호기심과 인지적 욕구를 안전하고 편리하게 충족시킬 수 있고 사회·정서적 발달, 언어에 대한 이해 및 학습을 촉진시켜 주며 현실적인 지식과 정보를 통해 문학적 상상력, 창의성, 인간과 사물에 대한 이해와 통찰력을 키워 준다.

5) 패러디동화

패러디동화는 기존의 익숙한 동화를 새로운 관점에서 생각해 보고자 개작한 동화이다. 하지만 기존 동화에서의 순수하고 행복한 결말에 익숙한 아동은 패러디동화의 새로운 시도에 혼란을 느낄 수도 있음을 이해하여야 할 것이다.
이러한 패러디동화의 특징을 살펴보면 다음과 같다.

첫째, 기존의 동화에서 가질 수 있는 편견이나 고정 관념을 새로운 시각으로 보는 기회를 제공한다.
둘째, 모방과 창조의 다양한 재구성 과정을 제공한다.
셋째, 주인공을 괴롭히는 등장인물의 반전을 통한 재미와 유머 등의 즐거움을 제공한다.

패러디동화는 다른 사람의 입장에서 생각해 볼 수 있는 조망수용 능력을 기를 수 있다. 또한 기존의 동화를 새로운 시각으로 보는 과정에서 비판적 사고력을 기르며 다양한 내용으로 재구성된 새로운 동화를 접하면서 상상력, 창의력, 확산적 사고를 통해 다양하고 창의적인 활동으로 연계할 수 있다.

6 그림책의 이해

1) 그림책의 정의

그림책은 글과 그림이 결합하여 이야기를 엮어 내는 책이다. 20세기에 들어 '그림책은 어린이의 책'이라는 개념이 당연해지면서, 그림책은 지식이나 이야기를 그림으로 전하는 어린이책의 대명사가 되었다. 이는 그림책이 글과 그림, 즉 시각적 표현을 통해 어린이에게 내용을 전달하는 미디어(매체)가 되었음을 의미한다(신명호, 2009). 하지만 아동을 위한 그림책은 아동이 혼자서 읽는 책이 아니라 성인이 아동에게 읽어 주는 책이자 귀로 듣는 책이며, 그림을 보고 내용을 이해하는 책이다. 즉 그림책은 성인이 1차적인 독자가 되어 먼저 감동을 받고 그 이해와 감동을 아동에게 전달하면, 아동은 2차적인 독자가 되어 감동을 받은 후, 아동 스스로 3차적인 독자가 되어 다시 읽어 보는 책인 것이다. 다시 말하면, 그림책은 화자가 읽어서 들려주는 이야기를 청자는 귀로 들어서 언어의 소리에 의지하고, 그림을 보면서 언어의 이미지에 의존하면서 언어의 세계에 들어가는 독특한 매체인 것이다(신명호, 1993). 그러므로 그림책은 그림으로 내용을 표현하여 직감적 이해와 감각적인 감성을 더한 시각적 형태의 전달매체인 것이다. 특히 유리 슐레비츠(Uri Shulevitz)는 "어린이에게 최고의 예술품을 보여 주자."라며 신념을 가지고 책의 품격을 낮추지 말 것을 주장하면서 그림책이 하나의 예술품을 감상하는 느낌의 책이 되어야 함을 강조하였다.

2) 그림책의 종류

아동이 처음으로 접하는 매체 중 하나인 그림책은 다양하게 분류될 수 있는데 본 장에서는 내용에 따른 분류와 그림의 비중에 따른 분류, 책의 형태에 따른 분류로 나누어 살펴보고자 한다.

(1) 내용에 따른 분류

동화의 장르에 따라 옛이야기 그림책, 환상 그림책, 생활 그림책, 정보지식 그림책, 패러디 그림책으로 분류하였다.

① 옛이야기 그림책

『호박씨를 먹이면』
김해원 글. 김창희 그림.
하루놀(스푼북). 2019.

『바위로 이 잡기』
송아주 글. 박규빈 그림.
하루놀(스푼북). 2018.

『팥이 영감과 우르르 산토끼』
박재철 글 · 그림.
길벗어린이. 2018.

② 환상 그림책

『바다와 하늘에서 만나다』
테리 팬, 에릭 팬 글 · 그림.
북금곰. 2018.

『오싹오싹 팬티!』
에런 레이놀즈 글.
피터 브라운 그림.
토토북. 2018.

『아빠와 함께 산책』
볼프 에를부르흐 글 · 그림.
길벗어린이. 2017.

③ 생활 그림책

『틀리면 어떡해?』
김영진 글 · 그림.
길벗어린이. 2019.

『아빠와 토요일』
최혜진 글 · 그림.
한림출판사. 2018.

『친구가 미운 날』
가사이 마리 글.
기타무라 유가 그림.
책읽는곰. 2018.

④ 지식정보 그림책

『일 년에 하루, 밤에 피는 꽃』
라라 호손 글 · 그림.
웅진주니어. 2019.

『물의 공주』
수전 베르데 글.
피터 H. 레이놀즈 그림.
크레용하우스. 2017.

『보물섬 독도네 가족들』
심수진 글. 김영곤 그림.
연두세상. 2018.

⑤ 패러디 그림책

『백설공주와 일흔일곱 난쟁이』
다비드 칼리 글.
라파엘르 바르바네그르 그림.
아르볼. 2017.

『팥빙수의 전설』
이지은 글 · 그림.
웅진주니어. 2019.

(2) 그림의 비중에 따른 분류

그림의 비중에 따라 그림 이야기책과 글자 없는 그림책으로 나눌 수 있다. 그림 이야기책은 다시 글과 그림의 비중이 비슷한 그림책과 그림의 비중이 더 큰 그림책으로 분류할 수 있다.

① 그림 이야기책

그림 이야기책은 글과 그림이 상호작용하면서 이야기를 엮어 가는 그림책이다. 글과 그림의 비중이 비슷한 그림책은 내용이 풍부하고 글이 어느 정도의 길이감이 있어서 글의 내용을 이해할 수 있는 연령의 아동에게 적합하다. 반면 그림의 비중이 더 큰 그림책은 길이감이 있는 글이나 긴 문장을 이해하기 어려운 비교적 어린 연령의 영유아에게 적합하다. 이때 그림은 글과 상호 보완하여 단어를 확장하고 명료화할 뿐 아니라, 단어의 자리를 차지하기도 한다. 즉 글의 도움을 받으면서 그림이 이야기를 전달하는 데 큰 역할을 하고 있어 그림 이야기책은 글과 그림 모두를 읽을 수 있는 그림책이다.

「안녕, 나의 등대」
소피 블랙홀 글 · 그림.
비룡소. 2019.

「대단한 수염」
심보영 글 · 그림.
시공주니어. 2018.

글과 그림의 비중이 비슷한 그림책

「아빠와 나」
오호선 글. 정진호 그림.
길벗어린이. 2019.

「멸치 챔피언」
이경국 글 · 그림.
고래뱃속. 2018.

그림 비중이 더 큰 그림책

② 글자 없는 그림책

글자 없는 그림책은 그림으로만 이야기를 엮어 가는 그림책이다. 글자 없는 그림책의 경우 그림을 보여 주지 않고 이야기만 들려주었을 때 이야기의 의미를 명확히 이해하기 힘들다. 글이 없다고 하여 글을 모르는 영유아를 대상으로 한다기보다는 그림으로만 이야기를 전개해 나가고 있기 때문에 다양한 연령의 대상이 상상력을 바탕으로 다양하고 창의적인 해석을 하며 볼 수 있는 그림책이다.

『눈사람 아저씨』
레이먼드 브리그스 글 · 그림.
마루벌. 2007.

『쩌저적』
이서우 글 · 그림.
북극곰. 2018.

(3) 책의 형태에 따른 분류

책의 크기에 따라 빅북(big book), 입체감에 따라 플랩북(flap book)과 팝업 그림책(pop-up book)등으로 나눌 수 있다. 빅북은 일반 그림책보다 2~3배 크게 만들어진 그림책이고, 플랩북은 열어 보고 들춰 볼 수 있는 작은 창들이 있는 그림책이며, 팝업 그림책은 책장을 펼치면 그림이 입체로 튀어나오듯이 펼쳐지는 흥미로운 그림책이다.

『벌은 무슨 일을 해요?』 케이티 데이니스 글. 크리스틴 핌 그림. 어스본코리아. 2018.

플랩북(flap book)

『아래에 무엇이 있을까요?』 클라이드 기퍼드 글. 케이트 매클렐런드 그림. 보림. 2017.

팝업 그림책(pop-up book)

3) 그림책 읽어 주기의 효과

그림책은 예술성 함양과 건전한 상상력의 발달뿐만 아니라, 도덕의식을 고취시켜 스스로 바른 판단을 할 수 있도록 하며 언어발달의 촉진제로서 아동에게 무한한 감동을 준다. 그림책은 작가와 일러스트레이터의 철학에 의해 만들어지지만 내용의 전달은 1차 독자인 구연자 또는 성인이나 교사의 마음이 담긴 말소리에 의해 이루어진다. 그중 그림책 읽어 주기, 이야기 들려주기를 통하여 내용을 이미지화하여 감동을 주고받을 수 있는 구연자의 역할은 아주 중요하다.

그림책은 읽어 주는 책이라는 면에서 그림을 이용한 구연으로 동화구연의 한 영역을 차지하고 있다. 동화구연은 시각과 청각이 함께 어우러지기 때문에 흥미와 상상력을 불러일으킨다. 즉 동화구연의 청각적 효과를 통해 아동은 그림의 장면을 입체적이고 생생하게 연상하며 내용을 이해하기 때문에 메시지 전달이 오래 지속된다. 이렇듯 동화구연은 하나의 연극작품을 감상하는 것처럼 그림책을 상상하고 해석할 수 있도록 안내하여 청자의 상상력을 자극하는 효과가 크다.

그러므로 동화구연전문가는 많은 사람들이 그림책의 매력에 빠질 수 있도록 다음과 같은 노력을 해야 할 것이다.

첫째, 그림책에 대한 기본적인 이해가 있어야 한다.
둘째, 그림책에 대한 지식을 갖추어야 한다.
셋째, 개별 그림책의 특징에 집중하면서 감상하는 태도를 길러야 한다.

아동에게 발달적으로 적합한 그림책을 찾는 것도 중요하지만 각 그림책이 지닌 특징에 집중하면서 감상하는 것이 좋다는 것이다. 그림책을 보면서 어떤 느낌, 어떤 생각이 떠오르는지, 그리고 왜 그런 생각들이 떠올랐는지를 살피면서 그림책과 자신이 나누는 대화에 마음을 기울이며 보는 것이 중요할 것이다.

듣는 책이자 그림을 읽는 책인 그림책의 내용을 효과적으로 전달하는 방법에는 그림책 읽어 주기와 이야기 들려주기가 있다. 이야기 들려주기는 5장 구연 방법에서 다루기로 하고 본 장에서는 그림책 읽어 주기의 방법을 살펴보고자 한다.

그림책 읽어 주기는 듣고 있는 아동 자신의 경험을 회상하거나 아름다운 환상의 세계로 빠져들게 할 수 있으므로 아동의 성장에 매우 중요하다. 그림책 이론가 마쓰이 다다시(松居直, 1996)는 "조그만 씨앗이 어린이의 마음속에 남아 그것이 긴 세월을 거쳐 여러 가지 체험과 사색을 통하여 싹트고 발전 성장하는 것이다."라고 하며 그림책 읽어 주기의 중요성을 이야기하고 있다.

그림책 읽어 주기의 교육적 의의를 살펴보면 다음과 같다.

첫째, 그림책을 보고 들으면서 다양한 정서적 경험을 통해 공감 능력을 키울 수 있다. 아동은 어른이 읽어 주는 그림책을 듣고 보면서 그림책의 내용을 이해하고 기쁨을 느낀다. 이때 구연자는 그림책을 읽어 주면서 내용 전달뿐만 아니라 정서적인 공감을 함께하기 때문에 정서적 반응을 더 잘 유도할 수 있어 책을 사랑하고 즐길 줄 아는 아동으로 성장할 수 있게 돕는다.

둘째, 구연자(화자)가 그림책을 실감 나게 읽어 줌으로써 청자의 이해력을 높일 수 있다. 인간의 언어발달은 듣기, 말하기, 읽기, 쓰기의 순서로 이루어지는데 인간 전 생애 중 듣기가 60~70%를 차지한다. 따라서 아동은 읽어 주는 그림책의 내용을 들으면서 듣기, 말하기, 읽기, 쓰기의 언어발달을 증진시킬 뿐만 아니라 가장 중요한 듣기 능력을 향상시켜 나가게 된다. 쉬케단츠(Judith A Schickedanz, 1986)는 좋은 그림책을 통해 즐거운 경험을 많이 한 아동은 즐기면서 자연스럽게 글자를 깨우칠 수 있다고 하였다.

셋째, 다양한 그림책을 경험하면서 풍부한 상상력을 기를 뿐만 아니라 현실 세계에 대한 이해를 돕는다. 그림책 읽어 주기는 그림과 글과 실감나는 구연을 통해 상상력을 풍부하게 해줄 뿐만 아니라 현실 세계에 대한 직관을 기르게 함으로써 현실 세계에 대한 이해를 통해 아동의 창조적인 활동의 원천이 된다.

넷째, 읽어 주는 그림책의 그림과 문장을 통해 정서적으로 안정감을 느낀다. 주인공이 처한 상황에 감정이입을 하고, 문제해결의 실마리를 얻거나 해결해 가는 과정에서 등장인물의 표정과 몸짓을 보면서 정서적 공감이 이루어져 카르타르시스를 느끼게 된다.

다섯째, 문제 상황을 객관적으로 보는 경험을 통해 자신이 직면한 문제들을 더 잘 이해할 수 있게 된다. 아동은 책 속에서 자신과 비슷한 문제에 부딪친 주인공이 문제를 해결해 가는 과정을 간접 경험함으로써 자신의 생활에 적용할 수 있게 된다.

여섯째, 그림책을 읽어 주는 사람이나 듣는 사람이 각기 다른 역할을 해 봄으로써 도덕적 기준과 태도를 발견할 수 있다.

일곱째, 다양한 간접 경험을 통해 다른 사람에 대한 지식을 얻을 수 있다. 즉 그림책에 등장하는 많은 인물을 통해 아동은 자신과 다른 사람들의 삶을 이해할 수 있게 된다.

이러한 교육적 의의가 있는 그림책 읽어 주기의 1차 독자인 성인은 작가와 일러스트레이터의 철학뿐만 아니라 상대방의 마음을 이해할 수 있는 능력인 마음이론이 발달하여야 할 것이다. 왜냐하면 그림책을 읽어 주는 1차적인 독자(구연자)의 마음이론 수준이 높아져야 청자인 아동의 마음이론 수준도 높아질 수 있기 때문이다. 그림책이라는 예술작품은 어떻게 느끼고 어떻게 해석하느냐에 따라 다양하게 감상할 수 있으므로 아동에게 다양한 그림책을 읽어 주는 경험을 제공하여야 할 것이다.

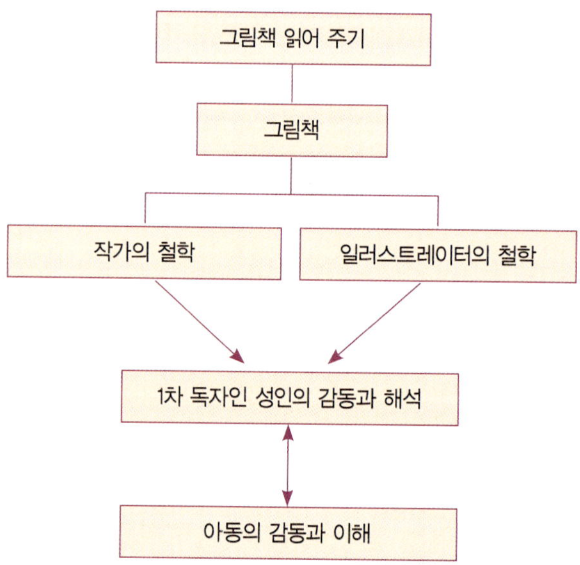

[그림 2-2] 그림책 읽어 주기의 효과

2장 아동문학의 이해 :: 문제

2장 아동문학의 이해	1. 아동문학의 정의	

문제1) 아동문학의 정의로 바른 것은?
① 아동뿐만 아니라 동심의 세계를 그리워하는 모든 이를 위해 쓴 작품이다.
② 성인문학에 비해 짧게 구성된 작품이다.
③ 영유아를 대상으로 하는 작품이다.
④ 삶에서 이룰 수 없는 일을 문학 속에서 즐기고 상상하기 위해 만든 작품이다.

문제2) 아동문학의 본질적 특성에 해당하는 것은?
① 도덕적인 사상전달 ② 인간에 대한 탐구
③ 유창한 언어표현 ④ 현실적인 문제 해결 제시

문제3) 다음 중 아동문학에 대한 설명으로 바르지 않은 것은?
① 아동이라는 한정적인 대상을 위해 쓴 특수문학이다.
② 아동이 성장하는 데 있어서 유용한 내용을 담고 있다.
③ 형식적인 면에서 문학적이고, 예술적인 부분을 만족시켜준다.
④ 인간에 대한 탐색을 통해 삶의 지혜와 의미를 발견할 수 있다.

문제4) 다음 중 아동에게 좋은 문학 경험이 아닌 것은?
① 아동의 집중력을 길러준다.
② 아동의 심미적인 감상능력이 향상된다.
③ 상상하고 꿈꿀 수 있는 공상가로 성장할 수 있도록 돕는다.
④ 간접경험을 통해 공감 능력이 향상된다.

문제5) 아동문학과 관련된 내용으로 바른 것은?
① 영유아기라는 특정 발달단계를 대상으로 하는 언어의 예술이다.
② 작품 특성상 대상을 출생에서 8세까지로 제한하는 특수한 문학이다.
③ 문학의 보편적 특성과 조건을 지닌 특수한 문학이다.
④ 학습을 위한 정보를 제공하는 내용은 삼가야 한다.

정답	1. ① 2. ② 3. ① 4. ③ 5. ③

2장 아동문학의 이해	2. 아동문학의 특성	1) 예술성

문제1) 다음 보기의 글은 누가 한 말인가?

〈보기〉 문학은 우리를 가르치지 않는다. 다만 감동을 주어 변화시킬 뿐이다.

① 야콥슨 ② 괴테 ③ 프뢰벨 ④ 피아제

문제2) 다음 중 아동이 정서적인 감동을 발견하는 상황이 아닌 것은?
① 문학작품으로부터 재미를 발견할 때
② 문학작품으로부터 지식을 발견할 때
③ 문학작품으로부터 아름다움을 발견할 때
④ 문학작품을 통해 감사와 기쁨과 존중과 사랑이 넘치는 세계를 발견할 때

문제3) 아동문학의 특성이 바르게 짝지어진 것은?
① 예술성, 특수성 ② 교육성, 복잡성
③ 단순명쾌성, 교육성 ④ 단계성, 창의성

문제4) 아동문학의 특성 중 예술성에 대한 설명으로 잘못된 것은?
① 예술성은 언어의 예술성으로 문학성을 의미한다.
② 아동문학의 예술성은 문학의 생명력이라고 할 수 있다.
③ 문학작품은 예술이기 때문에 상상력을 통해서 감동을 줄 수 있다.
④ 아동문학은 교육성이 드러나게 강조되는 것이 중요하다.

문제5) 다음 ______에 들어갈 알맞은 말은 무엇인가?

〈보기〉
아동문학에서는 예술성을 중요시한다. 예술성이란 문학성이라는 말과 같다. 즉, ______이(가) 있어야 하는 것이다. ______은(는) 잘 짜여진 구성에 의하여 아름답게 승화된 예술성으로 우러나올 수 있다.

① 감동 ② 흥미 ③ 교훈 ④ 아름다움

정답	1. ② 2. ② 3. ③ 4. ④ 5. ①

2장 아동문학의 이해	2. 아동문학의 특성	2) 흥미성

문제1) 아동문학의 흥미성에 대한 설명으로 바른 것은?
① 호기심이 강한 시기이므로 흥미를 끌 수 있는 요소가 있어야 한다.
② 주의 집중을 위해서는 교육적인 부분이 중요한 요소가 된다.
③ 흥미성은 문학적인 특성과 상관없는 개인적인 요소이다.
④ 아동은 유익한 책에 대한 선별을 잘한다.

문제2) 아동문학의 특성으로 옳은 것은?
① 아동이 좋아하는 언어만 사용하여 흥미성을 주어야 한다.
② 아동의 발달 단계가 모두 다르므로 단계성은 상관없다.
③ 아무리 좋은 내용도 아동이 흥미를 느끼지 못하면 효과를 볼 수 없다.
④ 아동은 호기심이 많기 때문에 복잡한 문장을 좋아한다.

문제3) 다음이 설명하고 있는 아동문학의 특성은?

〈보기〉 루켄스는 문학 활동의 첫 번째 동기는 즐거움을 얻기 위한 것이라고 하였다.

① 예술성　② 흥미성　③ 교육성　④ 단순명쾌성

문제4) 아동발달 특성상 아동은 책을 어떻게 선택하는가?
① 아동은 지식적인 면이 많은 책을 선택한다.
② 어른들이 선택한 책을 선호하여 읽는다.
③ 흥미성에는 개인차가 없기에 통일된 책을 주어도 괜찮다.
④ 흥미롭게 느껴지는 책을 선택한다.

문제5) 아동문학에서 흥미성을 고려해야 하는 사항으로 보기 어려운 것은?
① 아동문학 활동을 이끄는 첫 번째 요인이 바로 흥미성이다.
② 아동의 흥미를 자극시키지 못하면 아무런 효과도 기대할 수 없다.
③ 아동은 반복적으로 자극을 주면 흥미가 생기므로 반복적으로 접하게 한다.
④ 흥미에도 개인차가 있으므로 개인차를 고려하여 문학작품을 제공한다.

정답	1. ① 2. ③ 3. ② 4. ④ 5. ③

2장 아동문학의 이해	2. 아동문학의 특성	3) 단계성

문제1) 아동문학의 단계성에 대한 설명으로 바른 것은?
① 아동은 발달적 차이가 크므로 발달 단계를 고려한 문학작품을 제공하여야 한다.
② 아동의 단계성은 나이에 따라 보편적으로 같기 때문에 개인차가 없다.
③ 아동문학은 누구나 읽는 책이기 때문에 단계성이 중요하지 않다.
④ 신체적 크기에 따라 단계를 나타내는 것을 아동문학의 단계성이라고 한다.

문제2) 아동문학의 특성으로 바른 것은?
① 예술성 - 이야기의 구조가 추상적이지 않아야 한다.
② 단계성 – 독자들의 연령과 발달 특성에 대한 정보가 있어야 한다.
③ 흥미성 – 아동이 희망하는 것만을 선택해 주면 된다.
④ 교육성 – 아동에게는 교훈적인 문학작품만을 제공해야 한다.

문제3) 아동문학의 특성 중 단계성의 내용으로 보기 어려운 것은?
① 아동문학의 특수성을 나타내는 특징이다.
② 발달단계를 고려하여 적절한 문학작품을 제공하여야 한다.
③ 아동기의 정서적 안정을 위해 행복한 내용의 작품 위주로 제공하는 것이 좋다.
④ 아동은 연령별 차이가 크므로 매우 중요하게 고려해야 할 특징이다.

문제4) 다음 보기에서 설명하고 있는 아동문학의 특성은?

〈보기〉 동화는 각기 다른 연령층을 대상으로, 어린이의 성장발달에 맞게 제공되어야 한다.

① 예술성 ② 단계성 ③ 흥미성 ④ 교육성

문제5) 아동문학의 발달적 특성에 따른 책의 선택으로 바른 것은?
① 출판사에서 제공되는 연령별 선정 도서를 기준으로 선택한다.
② 아동에게 적합한 문학작품을 선정하기 위해서는 발달 단계의 특성만 이해하면 된다.
③ 발달 단계는 개인적인 요구보다는 보편적인 발달 단계로 책을 선정하라는 것이다.
④ 아동의 요구와 개인의 취향 등을 고려하여 선택한다.

정답	1. ① 2. ② 3. ③ 4. ② 5. ④

2장 아동문학의 이해	2. 아동문학의 특성	4) 교육성

문제1) 동화를 통한 아동문학의 교육성을 바르게 설명한 것은?
① 오직 어른들이 생각하는 올바른 어린이형을 만들도록 한다.
② 어린이의 욕구보다 현실 생활에 잘 적응할 수 있는 어린이형을 만들도록 한다.
③ 아동발달에 적합한 교육적인 내용을 동화를 통해 자연스럽게 제공한다.
④ 지시 또는 명령형의 교육 방법을 제시하여 그대로 따르도록 한다.

문제2) 아동문학의 교육성에 대한 설명으로 틀린 것은?
① 아동의 바른 성장을 위해 훈화적인 면이 잘 드러나는 작품이 좋다.
② 아동문학은 예술적이며 교육적인 것과 도덕적인 면이 결합되어야 한다.
③ 교육성은 문학을 통해 자연스럽게 교육이 되어져야 한다.
④ 올바른 인성 및 건전한 가치관 형성을 돕기 위하여 고려하여야 한다.

문제3) 다음은 문학의 교육적 기능을 구체적으로 제시 한 것이다. 틀린 내용은?
① 건전한 사회적 인간으로의 성장
② 언어 및 의사소통 능력의 촉진
③ 인간에 대한 탐색을 통한 삶의 지혜와 의미 발견
④ 교육적이고 훈화적인 내용 강조

문제4) 다음 보기에서 설명하고 있는 아동문학의 특성은?

〈보기〉 이재철은 아동문학의 궁극적 목표는 육체적, 정신적 그리고 사회적으로 미성숙된 아동들을 건전한 사회적 인간으로 성장시키려는 데 있다고 하였다.

① 예술성 ② 교육성 ③ 단계성 ④ 단순명쾌성

문제5) 아동문학의 특성 중 교육성에 대한 설명은?
① 상상력을 통해서 감동을 줄 수 있다.
② 즐겁고 재미있다는 생각을 갖게 하는 것이다.
③ 삶의 진정한 의미를 부여하는데 도움을 제공한다.
④ 내용이나 주제 등이 뚜렷하고 확실하게 드러나 보여야 한다.

정답	1. ③ 2. ① 3. ④ 4. ② 5. ③

2장 아동문학의 이해	2. 아동문학의 특성	5) 단순명쾌성

문제1) 다음 중 아동문학의 특성에 해당하는 것은?
① 유창성 ② 도덕성 ③ 사실구체성 ④ 단순명쾌성

문제2) 단순명쾌성에 대한 설명과 거리가 먼 것은?
① 명확한 사건 진행 ② 확실한 해결 실마리
③ 추상적인 언어 ④ 복잡하지 않은 이야기

문제3) 아동문학의 특성 중 단순명쾌성에 대한 설명으로 적절한 것은?
① 인물의 복잡한 심리적 묘사가 중요하다.
② 배경 서술이 막연하고 일반적이다.
③ 내용이나 주제가 뚜렷하고 확실하게 드러난다.
④ 삶의 실제성보다 비현실적 환상성이 중요하다.

문제4) 아동문학의 특징 중 단순명쾌성에 대한 설명으로 바른 것은?
① 아동문학은 주제, 구성, 인물, 사건이 복잡하지 않고 확실하게 드러나야 한다.
② 아동문학 작품은 아동의 사고력과 인지발달의 특성에 따라 선택하여야 한다.
③ 교육적인 면과 도덕적인 면이 잘 결합 되어야 한다.
④ 상상력을 통해 감동을 줄 수 있어야 한다.

문제5) 아동문학에서 말하는 단순명쾌성에 대한 설명으로 틀린 것은?
① 문학 속의 이야기 구성이나 전개가 복잡하지 않아야 한다.
② 아동은 미숙하므로 쉽게 이해할 수 있도록 무조건 쉬워야 한다.
③ 문학 속에 비유적인 설명이 복잡하지 않고 단순하여야 한다.
④ 이야기의 결말이 아동들에게 애매하지 않아야 한다.

정답	1. ④ 2. ③ 3. ③ 4. ① 5. ②

2장 아동문학의 이해	3. 아동문학의 분류	

문제1) 다음 중 아동문학의 장르에 관한 설명이 아닌 것은?
① 동시에는 정형시, 자유시, 산문시, 동화시가 있다.
② 유아문학의 장르는 아동문학의 장르와 연관성이 있다.
③ 시대적, 사회적 배경에 따라 생성, 분화, 변화되는 유동성이 있다.
④ 동화는 동요, 동시, 논픽션, 희곡을 다 포함하여 표현하는 장르이다.

문제2) 이재철 분류에 대한 내용으로 거리가 먼 것은?
① 동화는 전래동화, 생활동화로 분류하고 생활동화는 다시 창작동화와 환상동화로 분류하고 있다.
② 시는 동요와 동시로 나뉘는데 동요는 전래동요와 창작동요로 분류하고 있다.
③ 희곡은 아동극과 아동 시나리오로 분류하고 있다.
④ 3분법으로 시, 소설, 희곡으로 분류하고 있다.

문제3) 아동문학의 분류에 대한 설명이라고 할 수 없는 것은?
① 작가의 경험을 바탕으로 창작한 동화는 창작동화로 분류한다.
② 글자의 의미를 알고 읽을 수 있는 수준에 따라 분류한다.
③ 작가 미상이 많은 구비문학은 전래동화, 전래동요로 분류한다.
④ 문학의 주요 장르를 중심으로 분류할 수 있다.

문제4) 민담 그림책에 대한 설명으로 바르지 않은 것은?
① 구체적인 시간과 장소가 없다.
② 흥미 중심이므로, 진실성은 문제 되지 않는다.
③ 이재철의 분류에서 전래동화로 분류할 수 있다.
④ 일상적이거나 운명을 개척해 나가는 인물이 등장한다.

문제5) 이재철의 분류로 바른 것은?
① 동요 – 전래동요, 생활동요　② 동시 – 창작시, 정형시, 산문시
③ 동화 – 전래동화, 창작동화　④ 창작동화 – 환상동화, 전래동화

정답	1. ④ 2. ① 3. ② 4. ② 5. ③

2장 아동문학의 이해	4. 동화의 정의	

문제1) 동화에 대한 설명으로 적절하지 않은 것은?
① 좁은 의미로는 어린이를 위한 이야기라고 할 수 있다.
② 환상동화는 시간과 공간을 초월하는 이야기로 뛰어난 상상력과 즐거움을 제공한다.
③ 동화는 근본적으로 인간의 심오한 내면을 형상화하여 올바른 가치관을 고취시키므로 엄숙해야 한다.
④ 동화를 많이 읽으면 풍부한 언어구사력으로 문장에 대한 이해도를 높일 수 있다.

문제2) 이야기에 대한 설명으로 바르지 못한 것은?
① 이야기의 진실성을 위해 자신의 경험을 언급하지 않도록 한다.
② 이야기는 말하는 사람의 뜻을 전달하고자 하는 의도가 담겨 있다.
③ 지식을 근거로 하는 이야기라도 흥미 유발을 위해 허구적인 상황을 설정하는 것은 가능하다.
④ 개인적 이야기, 상상의 이야기, 지식을 근거로 하는 이야기가 있다.

문제3) 동화의 목적과 효용에 대해 잘못 설명한 것은?
① 자신의 처지에 대해서 생각할 수 있는 기회를 제공한다.
② 창의력을 고양 시켜주나 상상력은 점점 제한된다.
③ 읽고, 쓰고, 말하는 능력이 향상된다.
④ 타인에 대한 조망능력이 향상된다.

문제4) 어린이가 동화를 읽음으로써 거치는 과정과 거리가 먼 것은?
① 초월적 상상력을 가진다. ② 비판적 상상력을 가진다.
③ 인식적 상상력을 가진다. ④ 부정적 상상력을 가진다.

문제5) 최근 동화를 바라보는 시각에 대한 설명으로 틀린 것은?
① 동화는 아동뿐만 아니라 누구에게나 인간 삶을 바르게 살아가게 하는 삶의 보편적 지혜가 담긴 보물창고이다.
② 동화는 인간다움과 인간 간의 관계, 세상과의 관계를 위한 지혜의 내용으로 인간이 살아가기 위한 무늬를 그리는 인문이다.
③ 동화는 동(童, 아이 동), 화(話, 말씀 화)로 아이들을 위한 내용으로만 되어 있는 문학작품을 뜻한다.
④ 동화는 보편적인 지혜를 바탕으로 아이나 어른이나 자신의 삶의 무늬를 만들어 가는 과정이다.

정답	1. ③ 2. ① 3. ② 4. ④ 5. ③

2장 아동문학의 이해	5. 동화의 장르	1) 전래동화 2) 환상동화

문제1) 전래동화에 대한 설명 중 맞지 않는 것은?
① 상상을 초월한 재미있고 신나는 이야기가 많다.
② 전래동화에는 민담, 전설, 신화, 우화 등이 있다.
③ 지은이가 확실치 않으며 입에서 입으로 구전되어 온 것이다.
④ 어린이들 일상생활에서 일어나는 일이나 환상적인 이야기, 시대의 흐름이 투영된 이야기가 많다.

문제2) 전래동화의 특성에 대한 설명이다. 맞지 않은 것은?
① 내용이 시간과 장소의 구애를 받지 않는다.
② 줄거리가 중심이다.
③ 등장인물이 개성적이다.
④ 문장이 시적 · 서정적이라기보다는 산문적이고 서사적이다.

문제3) 다음 중 환상동화에 해당되는 작품은?
① 헨젤과 그레텔 ② 신데렐라 ③ 콩쥐팥쥐 ④ 이상한 나라의 엘리스

문제4) 판타지의 특징으로 적절치 못 한 것은?
① 말하고 생각하는 동물들이 등장한다.
② 악에 대항하는 선의 전투가 펼쳐진다.
③ 자유 자제로 시간 여행을 할 수 있다.
④ 시간 여행을 마치고 현실 세계로 돌아오지 못한다.

문제5) 동화의 종류 중에서 어린이에게 상상력과 호기심을 만족시키고 환상성이나 권선징악의 결말이 어린이의 무의식에 작용하여 삶의 가치관을 심어 주는 동화는?
① 전래동화 ② 공상 · 과학동화 ③ 창작동화 ④ 상상동화

정답	1. ④ 2. ③ 3. ④ 4. ④ 5. ①

2장 아동문학의 이해	5. 동화의 장르	3) 생활동화 4) 지식정보책 5) 패러디동화

문제1) 환경오염, 아동 학대, 폭력, 전쟁과 난민 등 사회문제에 관심을 가질 수 있도록 하는 데 가장 적합한 아동문학의 장르는?

① 전래동화 ② 환상동화 ③ 생활동화 ④ 지식정보동화

문제2) 동생이 생길 때나 이사를 할 때 겪는 정서적 갈등 문제를 해결하는 데 도움이 되는 동화의 장르는?

① 환상동화 ② 생활동화 ③ 전래동화 ④ 전기

문제3) 지식정보동화를 유아문학의 장르에 포함시킨 이유와 거리가 먼 것은?

① 예술성 ② 환상적인 요소 ③ 신속한 정보 ④ 발달에 적합한 내용

문제4) 유아를 위한 지식정보동화가 갖추어야 할 조건으로 바르지 못한 것은?

① 정확한 사실과 정보를 제공하여야 한다.
② 최신의 정보를 담고 있어야 한다.
③ 환상적인 요소가 가미될 수 있다.
④ 인종이나 문화에 대한 작가의 생각을 담아야 한다.

문제5) 다음 중 패러디 동화의 특징으로 보기 어려운 것은?

① 모방과 창조의 재구성 과정을 제공한다.
② 등장인물의 반전을 통해 재미와 유머 등의 즐거움을 제공한다.
③ 주인공과 주인공을 괴롭히는 등장인물의 입장이 바뀌는 것으로 내용이 제한적이다.
④ 기존 동화에서 가질 수 있는 편견이나 고정관념을 새로운 시각으로 바라본다.

정답	1. ③ 2. ② 3. ② 4. ④ 5. ③

2장 아동문학의 이해	6. 그림책의 이해	1) 그림책의 정의

문제1) 다음 중 그림책의 종류에 대한 내용으로 틀린 것은?
① 그림 이야기책은 일러스트레이션으로만 이야기를 엮어 나간다.
② 그림책은 글과 그림이 결합하여 이야기를 엮어내는 책이다.
③ 그림책은 글자 없는 그림책과 그림 이야기책을 모두 포함한다.
④ 그림책은 문해력이 발달되지 않은 유아들이 흥미를 가지고 볼 수 있는 매체이다.

문제2) "어린이에게 최고의 예술품을 보여 주자."라는 신념을 가지고 책의 품격을 낮추지 말 것을 주장한 그림 작가는?
① 볼프 에를브루흐 ② 토미 웅거러 ③ 유리 슐레비츠 ④ 헬렌 옥슨버리

문제3) 다음 중 그림책에 대한 설명으로 바른 것은?
① 그림이 중심이 되는 책으로 아동이 대상이다.
② 글과 그림을 통해 예술성과 교육적 가치를 나타내는 개성적인 장르이다.
③ 아동이 스스로 읽을 수 있는 쉬운 책으로 교육성이 강조된다.
④ 그림책에서 내용 전달은 그림으로 이루어져야 한다.

문제4) 좋은 그림책이란 어떠한 것인가?
① 교훈이 명확하게 드러나야 한다.
② 문학성을 바탕으로 예술성, 교육성, 흥미성 등을 갖추어야 한다.
③ 독자와의 상호작용을 위해 일상적인 주제로 구성되어야 한다.
④ 추상적인 언어적 표현력으로 상상력이 발휘되도록 해야 한다.

문제5) 내용과 조화를 이루면서 이야기를 그림 자체로 표현하는 사람은?
① 화가 ② 일러스트레이터 ③ 시인 ④ 작가

정답	1. ① 2. ③ 3. ② 4. ② 5. ②

2장 아동문학의 이해	6. 그림책의 이해	2) 그림책의 종류

문제1) 그림책에 대한 설명이 잘못 된 것은?
① 그림책은 이야기를 주로 그림으로 표현한다.
② 그림책은 작가에 따라 페이지 분량을 마음대로 조절할 수 있다.
③ 그림책은 글과 그림이라는 매체를 동시에 표현 수단으로 사용한다.
④ '그림 이야기책, 그림책, 이야기책, 그림 동화책' 등 다양한 용어로 사용되고 있다.

문제2) 열어 보고 들춰 볼 수 있는 작은 창들이 있는 그림책은?
① 천으로 만든 책(cloth book) ② 장난감 책(toy book)
③ 플랩북(flap book) ④ 팝업북(pop-up book)

문제3) 표지의 두께가 일반 그림책보다 2~3배 크게 만들어진 그림책은?
① 플랩북(flap book) ② 빅북(big book)
③ 페이퍼 백(paper back) ④ 장난감 책(toy book)

문제4) 글자 없는 그림책에 대한 설명으로 가장 바른 것은?
① 등장인물의 성격은 글과 그림을 통해 드러난다.
② 그림만으로 이야기를 엮어 가는 그림책이다.
③ 플롯의 중심을 이루는 것은 인물의 행동을 표현하는 책이기 때문에 영아 대상이다.
④ 그림책의 배경이 현실의 삶을 중심으로 이루어진 책을 말한다.

문제5) 다음 중 영아에게 적절하지 않은 형태의 그림책은?
① 하드 커버(hard cover) ② 소프트 커버(soft cover)
③ 장난감 책(toy book) ④ 천으로 만든 책 (cloth book)

정답	1. ② 2. ③ 3. ② 4. ② 5. ②

2장 아동문학의 이해	6. 그림책의 이해	3) 그림책 읽어 주기의 효과

문제1) '마쓰이 다다시'가 말한 그림책의 중요성에 대한 설명으로 잘못된 것은?
① 그림책은 아동의 변별력을 저하시킨다.
② 그림책은 아동에게 감동하는 마음을 길러 준다.
③ 그림책을 읽어 주는 것은 아동에게 듣는 힘을 길러 준다.
④ 그림책을 통해 느꼈던 감정들은 마음속에 남아 성장을 돕는다.

문제2) 그림책 읽어 주기에서 동화구연전문가의 역할에 대한 설명으로 틀린 것은?
① 그림책은 작가에 의해서 만들어지었지만 전달하는 이의 철학이 함께 전달된다.
② 그림책은 스스로 즐거운 경험이 될 수 있도록 혼자 읽어야 한다.
③ 동화구연전문가는 아동발달 단계에 적합한 그림책 선정을 할 수 있어야 한다.
④ 동화구연전문가 스스로 그림책과 자신과의 대화로 공감이 이루어져야 한다.

문제3) 그림책 읽어 주기의 교육적 가치에 대한 설명으로 잘못 기술된 것은?
① 그림책을 보고 들음으로써 이야기에 대한 정서적 경험이 풍부해진다.
② 그림책을 활용한 즐거운 경험은 글자를 자연스럽게 깨우칠 수 있게 한다.
③ 그림책을 읽어 주는 사람은 듣는 사람에 비해 역할에 대한 이해가 부족하다.
④ 그림책 읽어 주기는 그림+글+구연을 통해 연극을 보는 것처럼 공감이 잘된다.

문제4) 아동을 대상으로 좋은 그림책을 선정하기 위해 고려해야 할 사항을 바르게 기술한 것은?
① 단순화된 그림　　② 생동감 있는 전개
③ 선명하고 화려한 색채　　④ 전형적인 모범형의 등장인물

문제5) 그림책 선정을 위한 기본 지침이 바르게 기술된 것은?
① 유아의 눈높이에 맞게 낮추어야 한다.
② 그림책은 그림과 글이 주종의 관계를 이루어야 한다.
③ 배경은 무조건 간략하게 묘사되어야 한다.
④ 글과 그림은 고정관념을 탈피하여 묘사하여야 한다.

정답	1. ① 2. ② 3. ③ 4. ② 5. ④

CHAPTER 03

아동발달의 이해

아동문학은 세계 여러 나라나 다양한 자연환경뿐만 아니라 현실 세계에서는 접하기 힘든 환상의 세계 등 다양한 배경을 바탕으로 한다. 또한 우리 주변에서 흔히 볼 수 있는 평범한 인물에서부터 의인화된 동물, 식물, 사물 등 개성 넘치는 다양한 등장인물들이 갈등을 일으키고 문제를 해결해 나가는 흥미로운 이야기이다.

아동은 다양한 아동문학을 접하면서 문해력, 이야기 이해 능력, 언어적 표현 능력, 이야기 구성 능력, 회상 능력, 의사소통 능력 등의 언어발달이 증진되고, 이야기 속의 인물이나 사건을 이해하고 표현하면서 상상의 폭이 확대되며 창의력이 촉진된다. 또한 추상적 사고력과 분석적 사고력 및 문제해결력이 발달될 뿐만 아니라, 아동문학에 등장하는 다양한 인물들의 역할을 자유롭게 표현하는 동안 긴장감을 해소하고 만족감, 자신감, 즐거움을 느끼는 등 정신건강 증진에도 큰 역할을 한다. 이렇듯 아동문학은 아동의 성장 과정에 많은 영향을 미치므로 어린 시절에 다양한 문학적 경험을 하는 것이 좋다. 하지만 아동 스스로 다양한 문학적 경험을 접하기는 힘들기 때문에 부모나 교사는 아동의 발달 단계에 따른 아동문학의 특성을 고려하여 다양한 문학적 환경을 제공해야 한다. 그러므로 아동의 보편적인 발달 특성 및 개인적 관심을 바탕으로 아동문학과의 관계를 고려하여 적절한 문학적 환경을 제공하여야 할 것이다.

본 장에서는 발달 단계상 변화가 가장 많은 아동의 이해를 돕기 위해 아동발달과 관련된 이론을 바탕으로 아동의 신체발달, 인지발달, 언어발달, 사회·정서발달 특성과 아동문학과의 관계 및 연령별 관련 그림책 등을 살펴보고자 한다.

1 아동문학의 이론적 접근

1) 프로이트(Freud)의 심리성적 발달이론

프로이트(Sigmund Freud)는 정신의 구조를 빙산에 비유하여 수면 위를 의식, 수면 위로 떠오르기도 하고 가라앉기도 하는 부분을 전의식, 수면 아래를 무의식이라고 하였다. 이때 의식은 주의를 기울이면 바로 알아차릴 수 있는 부분이지만, 무의식은 주의를 기울여 알아차리고자 노력한다고 해도 알아차릴 수 없는 의식 밖의 부분이다.

또한 프로이트는 성격의 구조는 원초아(id), 자아(ego), 초자아(super-ego)로 구성되어 있고 각각은 다른 성질로 이루어져 있지만, 서로 밀접하게 관련되어 있다고 하였다. 원초아(id)는 이미 갖고 태어나는 생물학적 본능으로 무의식 세계에 존재하면서, 즉각적인 만족을 추구하는 쾌락의 원리에 의해 지배된다. 자아(ego)는 생후 2년 정도부터 발달하기 시작하며 합리적인 욕구 충족의 능력으로 의식의 세계에 존재하면서, 충동이나 욕구를 현실적으로 해결 가능한 합리적인 방법을 찾는 현실의 원리에 의해 지배된다. 초자아(super-ego)는 생후 3, 4년 정도부터 발달하기 시작하며 옳고 그름을 판단하는 능력으로 학습에 의해 획득된다. 자아(ego)로부터 발달하며 이상과 완전함을 추구하고자 하는 양심의 원리에 의해 지배된다.

인간의 성적 에너지인 리비도(libido)가 신체의 어느 특정 부분에 머무르느냐에 따라 구강기, 항문기, 남근기, 잠복기, 생식기의 5단계로 나누고 있다.

아동문학의 대상 연령 중 많은 부분을 차지하는 잠복기까지의 발달 특성과 그림책을 살펴보고자 한다.

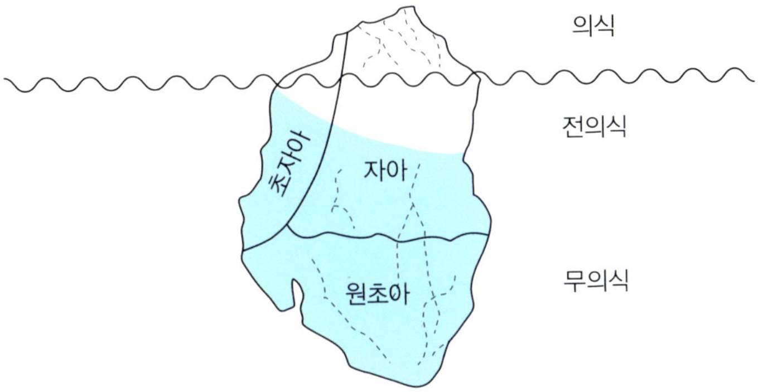

[그림 3-1] 프로이트의 성격 구조

(1) 구강기(oral stage) : 출생~18개월

성적 본능 에너지인 리비도(libido)가 구강에 머무르는 시기이다. 영아는 입에 닿는 것이면 무엇이든 빠는 행동을 통해 성적 욕구를 충족한다. 이 시기에 충분히 만족하지 못하면 고착될 수 있으므로 빨아도 괜찮은 다양한 형태의 그림책을 준비해 주는 것이 좋다.

『무당벌레는 내 친구』
애플비 편집부 지음.
애플비. 2011.

『코코코코, 코!』
애플비북스 편집부 지음.
강민정 그림.
애플비북스. 2014.

구강기 그림책

(2) 항문기(anal stage) : 18개월~2세

성적 본능 에너지인 리비도(libido)가 항문에 머무르는 시기이다. 괄약근의 수축과 이완에서 오는 쾌감을 통해 성적 욕구를 충족한다. 이 시기의 적절한 배변 훈련은 성격의 기본 바탕이 될 수 있으므로 배변과 관련된 그림책을 준비해 주는 것이 좋다.

『화장실 로켓』
핫토리 히로키 글 · 그림.
베틀북. 2019.

『응가가 쑴풍』
조은수 글. 조은화 그림.
한울림어린이. 2018.

『엉덩이 친구랑 응가 퐁!』
정호선 글 · 그림.
푸른숲주니어. 2017.

항문기 그림책

(3) 남근기(phallic stage) : 3세~5세

성적 본능 에너지인 리비도(libido)가 성기에 머무르는 시기이다. 신체의 다양한 기능에 관심을 가지기 시작할 뿐 아니라 자신의 몸에 있는 성기에 관심을 가지기 시작하면서 성기의 자극으로 인한 쾌감을 통해 욕구를 충족한다. 자신의 성뿐만 아니라, 자신과 다른 성의 신체 특성에도 관심을 가지는 시기이므로 성에 대한 바른 인식을 도와줄 수 있는 그림책을 준비해 주는 것이 좋다.

「궁금해! 나는 어떻게 태어났을까?」
양승현 글. 김보밀 그림.
소원나무. 2019.

「내 몸 탐험대」
비유비유 글. 김은주 그림.
비유비유. 2019.

남근기 그림책

(4) 잠복기(latency stage) : 6세~11세

성적 본능 에너지인 리비도(libido)가 무의식 속으로 들어가 비교적 평온한 시기이다. 부모에 대한 애정뿐만 아니라 학교교육이 시작되면서 친구들과의 관계, 지적 탐구 활동, 운동 등 사회적으로 건강한 활동을 통해 성적 욕구를 충족한다. 이 시기는 성적 욕구 충족보다는 관계 형성에 있어서 중요한 시기이므로 친구, 꿈, 다양한 지식, 운동 등에 관한 그림책을 준비해 주는 것이 좋다.

「에너지 충전」
박종진 글. 송선옥 그림.
소원나무. 2019.

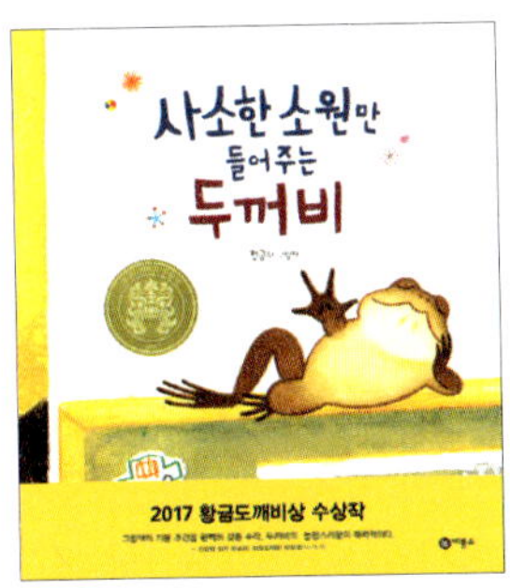

「사소한 소원만 들어주는 두꺼비」
전금자 글 · 그림.
비룡소. 2017.

「다르지만 틀리지 않아」
칼 노락 글. 자우 그림.
책과콩나무. 2016.

잠복기 그림책

2) 피아제(Piaget)의 인지발달이론

피아제(Jean Piaget)에 의하면 지식이란 개인이 환경과의 상호작용을 통해 선행 경험이나 사전 지식을 보다 정교하게 다듬어 가는 것이라고 하였다. 따라서 아동은 수동적으로 정보를 받아들이는 존재가 아니라 능동적으로 생각하는 과정에서 사고의 구조가 변화하면서 새로운 지식을 구성해 가는 존재라고 보았다. 이러한 인지발달은 도식(schema), 적응(adaptaion), 동화(assimilation), 조절(accommodation), 평형화(Equilibration), 조직화(organization) 등에 의해 이루어지는데 지식은 동화(assimilation)와 조절(accommodation)의 적응 기능과 평형화(equilibrium)의 재조직 과정을 통해 구성된다.

인간은 새로운 정보를 접하게 되면 기존에 가지고 있는 인지 구조를 사용해 보고 기존 인지 구조로 이해하기 어려우면 인지적 갈등을 느끼는데 이를 지적 불평형(disequilibrium) 상태라고 하고 이러한 지적 불평형 상태를 해소하려는 욕구를 가지게 된다. 새로운 정보가 기존의 인지 구조로 통합하는 동화 과정과 새로운 정보가 기존의 인지 구조로 이해하기 어려워 수정하는 조절 과정을 통해 인지 구조를 재조직함으로써 갈등을 해소하게 되는데 이를 지적 평형(equilibration) 상태라고 한다.

이러한 과정을 통해 이루어지는 인지발달은 아동이 환경과의 상호작용을 통해 적응해 가는 과정으로, 질적으로 서로 다른 네 개의 단계인 감각 운동기, 전조작기, 구체적 조작기, 형식적 조작기가 있다. 단계별로 아동문학의 발달 특성을 살펴보고자 한다.

(1) 감각운동기(sensorimotor stage) : 출생~24개월

감각기관과 운동 능력으로 환경과 상호작용하면서 주변 세계를 탐색한다. 출생 시 나타났던 반사 행동들은 점차적으로 사라지고 감각과 운동 능력의 발달을 통하여 조금 더 복잡한 발달이 이루어지면서 24개월 정도가 되면 대상영속성의 발달이 완성된다.

이 시기에는 책과 친숙해지는 것이 좋으므로 자연스럽게 그림책을 접할 수 있는 다양한 환경을 마련해 주어 책에 관심을 가지고 책을 재미있게 느낄 수 있도록 할 뿐만 아니라 엄마와 함께 그림책을 보면서 안정적인 애착 형성을 하도록 돕는다. 호기심과 자아 개념의 발달을 위해 일상생활과 관련된 친숙한 사람, 동물, 사물 등이 소개된 짧은 그림책이나 자신의 신체에 관심을 가질 수 있는 그림책, 오감을 자극할 수 있는 다양한 느낌의 촉감 그림책 등을 제공하는 것이 좋다.

「까꿍! 열두 띠 동물 가면놀이」
마야 글. 이은주 그림.
이룸아이. 2018.

「안아 줘! 뽀뽀해 줘!」
레슬리 패트리셀리 글 · 그림.
보물창고. 2015.

「머리부터 발끝까지 사랑해」
캐롤라인 제인 처치 글 · 그림.
보물창고. 2015.

감각 운동기 그림책

(2) 전조작기(preoperational stage) : 2세~5세

전조작기는 전개념적 사고기와 직관적 사고기로 구분된다. 전개념적 사고기에는 자기중심적 사고, 상징적 사고, 물활론적 사고, 인공론적 사고, 꿈의 실재론, 전환적 추론이 나타나고, 직관적 사고기에는 가역성, 동일성에 대한 이해가 부족하여 보존 개념을 획득하지 못하고 어떠한 사물을 기준에 따라 분류하는 유목화도, 사물의 특성에 따라 순서대로 놓는 서열화도 획득하지 못해 미숙한 시기이다.

이 시기의 아동은 그림책을 본 후, 다양한 활동을 하여 자신의 생각을 다양한 방법으로 마음껏 표현할 수 있도록 한다. 자기중심성에서 벗어날 수 있도록 다른 사람의 입장에서 생각해 볼 수 있는 내용, 초현실적인 세계와 현실의 세계를 넘나드는 내용, 다양한 지역의 모습, 세계 여러 나라의 다양한 문화와 삶 등의 내용이 담긴 책을 제공하는 것이 좋다.

『별을 사랑한 두더지』
브리타 데켄트럽 글 · 그림.
봄봄. 2018.

『낙엽 스낵』
백유연 글 · 그림.
웅진주니어. 2019.

전조작기 그림책

[표 3-1] 전조작기의 특징

전개념적 사고기의 특징	
상징적 사고 (symbolic thought)	언어가 발달하면서 풍부해지는 상상력으로 어떠한 사물이 눈에 보이지 않더라도 머릿속으로 생각할 수 있는 '정신적 표상'이 가능해짐. 막대기를 총이나 칼로 상상하거나 베개를 아기로 상상하여 놀이할 수 있음
자기중심적 사고 (egocentric thought)	주변에서 일어나는 모든 관점을 자신의 입장에서만 생각함. 다른 사람도 나와 같은 생각을 하고 있다고 느끼기 때문에 다른 사람의 입장을 고려하지 못하여 조망수용 능력이 부족할 뿐 아니라 '집단적 독백'과 같은 자기중심적 언어를 사용함
물활론적 사고 (animism)	모든 사물이 생명과 감정을 가지고 살아 있다고 생각함. 모든 사물이 살아 있다고 여기다가 차츰 움직이는 것만, 스스로 움직이는 것만 살아 있다고 여기게 됨
인공론적 사고 (artificialism)	초자연적인 힘, 우주, 인류, 문화의 기원이 있는 신화 등 이 세상의 모든 것들은 인간의 필요에 의해서 인간이 만든 것이라고 생각함
꿈의 실재론 (dream realism)	자신의 소망이나 꿈과 현실, 상상의 세계와 현실을 구분하지 못하여 꿈에서 나타난 일이 실제로 일어난다고 믿음. 정신적 현상과 물리적 현상이 미분화된 전조작기 아동의 독특한 사고임
전환적 추론 (transductive reasoning)	두 가지의 상황이 연이어서 발생하면 두 상황이 서로 관계가 없다 하더라도 관계가 있는 것처럼 생각함

(3) 구체적 조작기(concrete operational stage) : 6세~11세

전조작기의 특성들에서 벗어나면서 탈중심화가 이루어지고 보존 개념, 유목화, 서열화가 발달하면서 논리적 문제해결, 객관적 사고가 가능해지고 도덕적 양심이 발달하는 시기이다. 그러나 아직은 추상적 개념에 대한 문제해결은 어려운 시기이므로 전쟁, 난민, 환경 오염 등의 사회적 문제, 다양한 지식과 새로운 정보, 다양한 상황과 관계 등의 내용이 담긴 다양한 장르의 폭넓은 독서가 이루어져야 한다. 또한 점차적으로 과거와 미래에 대한 시간 개념을 이해할 수 있어 역사동화나 전기를 이해할 수 있게 된다.

『제주에는 소원나무가 있습니다.』
이보경 글 · 그림.
키위북스. 2019.

『우산』
정지영 글. 정지영 그림.
책내음. 2016.

구체적 조작기 그림책

(4) 형식적 조작기(formal operational stage) : 12세 이상

체계적이고 과학적이며 논리적, 추상적인 인지 기능이 가능할 뿐 아니라, 실제로 경험해 보지 못했거나 조작해 보지 않았다 하더라도 과거의 경험을 활용하여 문제를 해결할 수 있는 시기이다. 사회 문제나 미래의 삶에 대해 관심을 가지는 사회 인지 능력이 발달하므로 논리적인 개념이 있는 책이나 평가와 분석을 할 수 있는 책을 제공하는 것이 좋다.

『작은 친절』
팻 지틀로 글. 젠 힐 그림.
북뱅크. 2019.

『꽃할머니』
권윤덕 글 · 그림.
사계절. 2015.

『위를 봐요!』
정진호 글 · 그림.
현암사. 2014.

형식적 조작기 그림책

3) 매슬로우(Maslow)의 욕구위계이론

아동문학은 기본적으로 흥미를 끌 수 있어야 한다. 그러기 위해서는 아동의 기본적인 욕구를 이해하여야 할 것이다.

매슬로우(Abraham Harold Maslow)는 인간의 성장과 발달은 기본적인 욕구를 충족해 가는 과정이라고 하였다. 즉 인간은 가장 기본적인 욕구를 충족하면 다음 단계의 욕구를 충족해 가고자 하는데 이것이 욕구위계이론이다. 하위 단계의 욕구가 충족되면 그 위의 상위 단계 욕구가 생겨나고 이 욕구를 충족시켜 나가면서 성장발달해 나간다고 하였다. 즉 인간은 결핍 욕구인 생리적 욕구, 안전의 욕구, 애정과 소속의 욕구, 자기 존중의 욕구와 성장 욕구인 인지적 욕구, 심미적 욕구, 자아실현의 욕구가 위계적으로 나타나고 충족된다는 것이다. 그 욕구는 강도와 중요성에 따라 위계적으로 배열되어 있다고 한다.

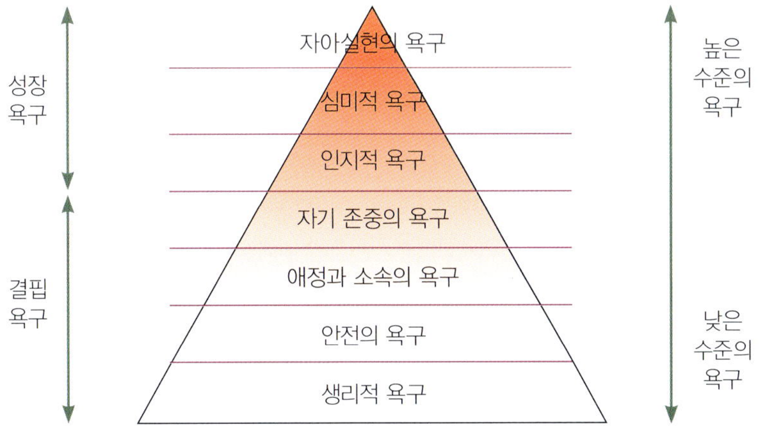

[그림 3-2] 매슬로우의 욕구위계 7단계

아동 문학작품은 그들의 생활 연령이나 신체적 성숙과 인지, 정서적, 사회적 요구를 적절히 수행할 수 있는 내용들이 포함되어 있다. 이러한 욕구들을 충족시키면서 건전한 성장을 하게 되는데, 매슬로우의 욕구위계이론을 접목하여 각 욕구에 상응하는 아동문학작품을 고찰해 봄으로써 아동문학에 대한 심층적인 이해를 도모할 수 있다.

매슬로우의 욕구위계이론과 관련된 그림책을 살펴보고자 한다.

(1) 생리적 욕구

가장 하위 단계에 있는 생리적 욕구는 인간의 생존과 유지에 관련된 욕구로 모든 욕구 중에서 가장 강력한 욕구이다. 생리적 욕구는 본능적인 욕구이면서도 기본적인 욕구이기 때문에 이를 충족시키지 못하면 다른 욕구들은 차단될 수밖에 없다. 생존을 위해 필요한 음식, 물, 공기, 수면, 배설, 성 등에 관한 책을 제공할 수 있으며 아동은 이러한 생리적 욕구와 관련된 이야기를 재미있어 한다.

생리적 욕구와 관련된 그림책에는 『내 팬티 예쁘지?』, 『사실, 나는!』, 『잠 온다』, 『응가가 쑴풍』, 『잠자는 책』, 『난 하나도 안 졸려, 잠자기 싫어』, 『자장자장 잠자는 집』 등이 있다.

『내 팬티 예쁘지?』
프랜 마누시킨 글.
발레리아 페트로니 그림.
보물창고. 2019.

『사실 나는!』
재희 글 · 그림.
한림출판사. 2019.

『잠 온다』
이상교 글. 김효은 그림.
웅진주니어. 2015.

생리적 욕구 그림책

(2) 안전의 욕구

생리적 욕구가 충족되면 사고나 질병, 전쟁, 학대 등의 위험으로부터 안전하고자 하는 안전의 욕구가 나타난다. 일상생활의 친숙함에서 오는 심리적 안정뿐만 아니라 안전한 장소와 따뜻함 같은 기본적 욕구도 포함되어 있다.

안전의 욕구와 관련된 그림책에는 『화난 책』, 『까만 코다』, 『감기책』, 『거짓말 같은 이야기』, 『플라스틱 섬』 등이 있다.

『화난 책』
세드릭 라마디에 글.
뱅상 부르고 그림.
길벗어린이. 2017.

『까만 코다』
이루리 글.
엠마누엘레 베르토시 그림.
북극곰. 2015.

안전의 욕구 그림책

(3) 애정과 소속의 욕구

안전의 욕구가 충족되면 다른 사람과 따뜻한 관계를 맺으며 자신과 관련된 집단에 소속되고 싶어 하는 애정과 소속의 욕구가 나타난다. 애정과 소속의 욕구는 가족이나 또래집단 또는 그 밖의 다른 긴밀하고 따뜻한 관계 속에서 충족될 수 있다. 아이들이 흔히 '우리 아빠', '우리 누나'라고 표현하는 것을 볼 수 있다. 이는 단순히 자기중심적 사고의 한 표현으로 보기보다는 가족 속에서 자기 자신을 인식하는 것으로 모든 아동은 어떤 집단에 소속되기를 희망한다는 것을 알 수 있다. '집단'에 대한 소속감이 성장되고 있음을 보여 주는 것이다.

아동은 가족 간의 사랑, 형제자매 간의 우애, 친구 간의 우정, 동물에 대한 애정, 교육기관이나 이웃 등 지역사회의 관심 등이 담긴 이야기 속에서 평온과 기쁨을 얻을 수 있다. 애정과 소속의 욕구와 관련된 그림책에는 『나는 개다』, 『사랑하는 딸에게』, 『혼자 사는 줄리앙』, 『신발 신은 강아지』, 『안아 드립니다』, 『상어가 나타났다』, 『별을 사랑한 두더지』 등이 있다.

『나는 개다』
백희나 글 · 그림.
책읽는곰. 2019.

『안아 드립니다』
프쉐맥 베흐테로비치 글.
에밀리아 지우박 그림.
씨드북. 2018.

애정과 소속의 욕구 그림책

(4) 자기 존중의 욕구

애정과 소속의 욕구가 충족되고 나면 자신으로부터의 존중과 타인으로부터 존중받고 싶어 하는 욕구가 나타난다.

아동은 칭찬과 인정을 받고자 하는 욕구가 적절히 충족될 때 자신에 대한 올바른 자아 개념을 가지고 자신을 긍정적으로 인식할 수 있으며 이를 바탕으로 새로운 것에 도전하여 더 많은 것을 성취할 수 있게 된다. 어떤 특정 활동을 다른 아동보다 더 잘할 수 있다는 좁은 의미의 경쟁적인 성취가 아니라 협동적으로 올

바르게 상호 관계를 맺고, 다른 사람도 인정해 줄 수 있는 책임감 있고 관대한 행동 및 태도를 의미하는 것이다.

관련된 그림책에는 『소피가 속상하면, 너무너무 속상하면』, 『레오, 나의 유령 친구』, 『가만히 들어 주었어』, 『분홍 몬스터』 등이 있다.

『가만히 들어주었어』
코리 도어벨트 글 · 그림.
북뱅크. 2019.

『레오, 나의 유령 친구』
맥 바넷 글.
크리스티안 로빈슨 그림.
사계절. 2016.

『소피가 속상하면,
너무너무 속상하면』
몰리 뱅 글 · 그림.
책읽는곰. 2015.

자기 존중의 욕구 그림책

(5) 인지적 욕구

아동은 끊임없이 '이게 뭐예요?', '이걸로 뭘 할 수 있어요?', '왜 그렇게 됐어요?' 등의 질문을 하며 알고 싶어 한다. 아동은 성인이 일상적이고 당연한 것으로 받아들이는 것까지도 호기심을 갖고 질문한다. 그러므로 아동문학을 접하면서 그들의 지적인 호기심을 채우고 보다 새롭고 다양한 소재들을 만나게 된다. 특히 지식을 전달하는 지식정보 그림책은 이러한 아동의 호기심을 충족시켜 주기에 적합하다. 인지적 욕구와 관련된 그림책에는 『모두의 태극기』, 『가을이네 장 담그기』, 『다람쥐는 모를 거야』 등이 있다.

『모두의 태극기』
박수현 글. 진수현 그림.
책읽는곰. 2019.

『가을이네 장 담그기』
이규희 글. 신민재 그림.
책읽는곰. 2018.

인지적 욕구 그림책

(6) 심미적 욕구

인간은 아름다운 것을 즐기고자 하는 욕구가 있다. 이러한 심미적인 욕구는 자신을 아름답게 치장하거나 음악, 미술, 무용, 문학 등의 예술 장르를 통해 아름다움을 표현하면서 인생의 기쁨과 경이로움을 나타내고자 한다. 따라서 우리가 가지고 있는 이러한 심미적인 욕구는 새로운 인생과 세계를 보여 줄 수 있는 다양한 예술적 접근을 통하여 충족될 수 있다. 그러므로 아동에게 예술적 아름다움을 지닌 다양한 문학작품을 제시하여야 하는데 특히 그림책은 예술성뿐만 아니라 교육성도 크므로 그림책을 통해 아동 스스로 내면적인 아름다움을 느낄 수 있는 기회를 제공한다.

심미적 욕구와 관련된 그림책에는 『단어 수집가』, 『색을 상상해 볼래?』, 『방귀마을 방귀잔치』, 『아트와 맥스』, 『그리는 대로』, 『너에게만 알려줄게』 등이 있다.

『단어수집가』
피터 레이놀즈 글 · 그림.
문학동네. 2018.

『색을 상상해볼래?』
디토리 글 · 그림.
북금곰. 2018.

『방귀마을 방귀잔치』
노병갑, 황경선 글.
김미은 그림.
예술놀이터. 2017.

심미적 욕구 그림책

(7) 자아실현의 욕구

최고의 단계라고 할 수 있는 자아실현의 욕구는 자신의 능력과 잠재력을 인식하고 충족시키고자 하는 고차원적인 욕구이다.

Maslow(1970)는 자아실현(self-actualization)을 "개인이 자기가 가진 잠재력을 모두 이루기 위해 자신 특유의 모습으로 되고자 하는 욕구"라고 하였다. 즉 타인에게 의지하지 않고 원하는 것을 성취하고자 할 뿐 아니라 이를 위해 환경과 효율적으로 상호작용할 수 있는 욕구이다.

자아실현의 욕구와 관련된 그림책에는 『수영장에 간 아빠』, 『까만 카멜레온』, 『별 거 없어』, 『이건 보통 책이 아니야』 등이 있다.

『수영장에 간 아빠』
유진 글 · 그림.
한림출판사. 2019.

『별 거 없어!』
정진영 글 · 그림.
낮은산. 2018.

자아실현의 욕구 그림책

4) 사카모토(阪本一郎)의 독서 발달단계

아동문학의 주 대상이 되는 아동은 신체발달, 인지발달, 언어능력, 사회·정서 발달이 전반적으로 미성숙한 단계이다. 일본의 사카모토(阪本一郎, 1963)는 이러한 아동의 발달 특성을 고려해 독서 발달단계를 구분하였으며, 각 단계의 수준에 맞는 문학작품에 대한 관심 영역을 다음과 같이 제시하였다.

(1) 자장이야기기 : 출생~2세

영아가 주변 사람의 호칭, 사물의 명칭, 성질, 관계, 습관 등을 이야기를 통해 확인하고 배우는 단계이다. 이때는 양육자와 함께 그림책을 보면서 자장가를 불러 주듯이 문학작품을 읽어 주어야 하는 단계이기 때문에 양육자의 역할이 가장 큰 단계이다. 단순하면서도 짧은 내용으로 되어 있는 다양한 질감과 형태의 그림책을 제공하는 것이 좋다.

(2) 옛날이야기기 : 2세~4세

유아가 일상생활과 관련된 소재를 중심으로 상상력이 동원된 옛날이야기에 흥미를 갖는 단계이다. 유아기는 논리적 사고의 발달이 미흡하고 자기중심적 사고의 특성이 강할 뿐 아니라 도덕성이 발달하기 시작하면서 단순한 선악의 판단이 싹트기 시작하는 시기이므로 옛날이야기의 주제인 권선징악의 흐름을 이해할 수 있다.

(3) 우화기 : 4세~6세

옛날이야기 단계의 독서발달의 특성과 문학작품에 관한 관심 영역은 지속되면서 일상생활의 범위가 확대되기 때문에 새로운 생활 장면에서 행동 규범에 관심을 가지는 단계이다. 여러 장소에서의 다양한 상황을 접하게 되면서 자신의 경험을 바탕으로 가치 판단을 해 본다. 글자에 관심을 가지기 시작하는 시기이므로 글을 읽거나 그림의 도움을 받아 내용을 이해하기 시작하는 시기이므로 다양한 기법의 일러스드레이터의 작품이 담긴 그림책을 제공하는 것이 좋다.

(4) 동화기 : 6세~8세

초등학교에 입학하는 초등 저학년의 시기로 문학작품의 등장인물의 다양한 경험을 통해 새로운 현실을 배우고 다양한 공간, 관계, 상황 등을 접하게 되면서 자발적인 태도와 가치를 적용해 가는 단계이다. 자기중심성에서 벗어나기 시작하면서 옛날이야기와 우화기 단계의 문학작품에서 느꼈던 것을 현실로 재구성하여 즐긴다.

(5) 소설기 : 8세~10세

초등 고학년의 시기로 논리적 사고가 발달하기 시작하고 새로운 행동 영역을 적극적으로 개발해 나가는 단계이다. 과학적인 공상소설에서 스릴을 느끼고 인간관계의 갈등을 다루는 작품에 관심을 갖고 즐긴다.

(6) 전기기 : 10세~13세

중학교에 입학하는 시기로 역경에 도전하여 극복해 나가는 인물 중심의 이야기에 공감하면서, 현실적으로 부딪히는 여러 가지 상황을 해결할 수 있는 다양한 문제해결 방법을 모색하는 단계이다.

이상에서 살펴본 사카모토의 독서 발달단계는 책에 대한 아동의 관심을 연령에 따라 지나치게 획일적으로 고정시켰다는 비판을 받기도 하지만 아동기 발달단계의 특성을 비교적 잘 반영시켰다는 점에서 아동문학의 교육에 시사하는 바가 크다.

2 연령별 발달 특성과 그림책

아동발달의 특성에 따라 신체발달, 인지발달, 언어발달, 사회·정서발달의 연령별 특성을 살펴보고 각 시기별로 적절한 그림책을 소개하고자 한다.

1) 출생~12개월

(1) 신체발달

태어나서 혼자 앉고 걸을 수 있게 되기까지의 아주 빠른 신체발달을 보이는 시기이다. 반사 행동은 점점 사라지고 자신의 각감과 대소근육 발달을 위해 다양한 움직임을 시도하지만 협응 능력과 조절 능력이 미흡하다.

조상들의 지혜를 엿볼 수 있는 단동십훈(檀童十訓)은 아기를 어르는 전통 육아법이다. 단동십훈은 '불아불아', '시상시상', '도리도리', '곤지곤지', '잼잼', '섬마섬마', '어비어비', '아함아함', '짝짜꿍 짝짜꿍', '질라라비 훨훨'로 운동 기능과 뇌

신경의 발달을 도울 뿐 아니라 소근육의 발달을 촉진하는 과학적인 놀이이다.

두꺼운 책, 모서리가 둥근 책, 밀거나 당겨 움직일 수 있는 책, 잡을 수 있는 책 등을 제공하는 것이 좋다.

(2) 인지발달

시각과 청각이 성인의 수준 정도까지 발달하고 높이 지각도 점차 발달하며 대조적이고 반복적인 패턴을 지각하기 시작한다. 대상영속성이 발달하기 시작하여 사물이 사라지고 나타나는 반복적인 놀이를 즐길 수도 있다. 흑백의 다양한 초점책, 까꿍놀이 동물이나 사물, 자동차 등의 소리책 등을 제공하는 것이 좋다.

(3) 언어발달

영아의 주된 의사소통 수단은 울음, 옹알이, 표정, 몸짓 등이다. 쿠잉과 옹알이의 시기를 거쳐 엄마, 아빠, 맘마 등의 한 단어로 표현하기 시작한다.

영아 주변의 사람, 사물에 관한 책, 신체의 이름, 위치, 영아에게 익숙한 장소에 관한 책, 소리 나는 동요책, 등을 제공하는 것이 좋다.

(4) 사회·정서발달

출생 시 선천적이고 반사적인 배냇미소를 시작으로 기쁨, 분노, 공포 등 주로 일차적인 정서를 표현한다. 또한 주 양육자와 신뢰감을 형성하는 시기이자 애착 형성의 중요한 시기로 낯가림과 분리 불안이 생기기 시작한다.

양육자와의 안정적인 애착을 형성하는 데 도움이 되는 책, 친숙한 내용의 다정한 느낌의 책, 원색의 책, 다양한 형태의 촉감책, 빨 수 있는 헝겊책, 물에서도 볼 수 있는 방수책 등을 제공하는 것이 좋다.

(5) 관련 그림책

신체발달	인지발달	언어발달	사회 · 정서발달

『곤지곤지 잼잼』 최숙희 글 · 그림. 푸른숲주니어. 2013.	『아기야, 까꿍!』 블루래빗 편집부 지음. 김현 그림. 블루래빗. 2017.	『모자가 빼꼼』 마에다 마리 글 · 그림. 보림. 2019.	『아빠한테 찰딱』 최정선 글. 한병호 그림. 보림. 2011.

출생~12개월의 그림책

2) 1세

(1) 신체발달

빠른 속도로 대근육이 발달하여 돌 전후가 되면 걷기 시작한다. 손바닥 전체를 사용하여 물건을 잡다가 차츰 엄지와 검지를 이용하여 물건을 잡으려고 한다. 또한 큰 물건을 잡기 위해 양손을 사용할 수 있고 손가락으로 그림책을 한 장씩 넘길 수 있다. 15~18개월 정도가 되면 혼자서 양말이나 신발, 옷 등을 벗을 수 있고 숟가락이나 포크 등의 도구를 사용하여 음식을 먹기 시작하여 서서히 혼자 먹을 수 있게 된다.

책 속의 내용에 따라 신체적인 흉내 내기를 좋아하고 음악에 맞추어 움직이는 것을 즐기는 시기이므로 동요, 다양한 악기 소리 등이 나는 그림책이나 동물의 다양한 움직임을 따라할 수 있는 그림책을 제공하는 것이 좋다.

(2) 인지발달

단순한 질문을 이해하고 답하는 행동의 반복으로 사물이나 현상에 대한 개념과 정보를 얻고 정신적 표상이 가능해지면서 기억력이 향상된다. 대상영속성을 습득하게 되어 눈에 보이지 않는 물건이나 사람을 기억하기도 하고 어떤 행동을 모방할 수 있게 된다. 이 시기에는 자신만이 좋아하는 책을 선정해서 반복적으로 읽어 주기를 요청하기 때문에 반복적으로 책을 읽어 주는 것이 좋다.

주변의 다양한 사람, 사물, 동물, 식물 등에 관한 그림책, 수면, 배설, 식습관, 양치, 인사 등과 같은 일상생활과 관련된 내용을 통해 자신의 삶과 공감대를 형성할 수 있는 그림책 등을 제공하는 것이 좋다.

(3) 언어발달

동요를 들으면 흉내를 내거나 부분적으로 따라할 수 있고 알고 있는 사물의 명칭을 짚어 가며 말할 수 있다. 두 단어 시기에 들어서면서 단어를 인식하는 속도도 빨라져 두 돌 전후로 250~300개 이상의 단어를 사용할 수 있는 언어의 폭발적 시기를 경험한다.

의성어, 의태어 반복적인 내용이 들어 있는 그림책을 제공하는 것이 좋다.

(4) 사회·정서발달

자아 개념이 발달하면서 일상생활에서 필요한 기본 생활습관에 대한 관심을 보이고 주변 사람들과 상호작용하면서 자신의 행동을 이해하고 평가하려는 태도도 보인다.

실수나 거절, 실패를 경험했을 때 분노를 표현하는 바람직한 방법을 알려 주는 그림책, 일상생활 속에서 경험할 수 있는 친근한 이야기의 그림책 등을 제공하는 것이 좋다.

(5) 관련 그림책

신체발달	인지발달	언어발달	사회 · 정서발달

『모두모두 잘 자라고 뽀뽀해』 앤 휫퍼드 폴 글. 데이비드 워커 그림. 보물창고. 2018.	『또 읽어 주세요!』 에밀리 그래빗 글 · 그림. 비룡소. 2019.	『쭉쭉쭉』 강정연 글. 석지훈 그림. 책읽는곰. 2018.	『열이 난 밤에』 김민주 글 · 그림. 책읽는곰. 2018.

1세의 그림책

3) 2세

(1) 신체발달

소근육이 발달하여 작은 물건도 잡을 수 있게 되고 큰 단추나 지퍼를 채울 수 있어 스스로 옷 입기도 할 수 있다. 크레용을 잡고 그림을 그릴 수 있게 되고 점차 가위질도 가능해져 주제와 관련된 미술 활동도 할 수 있다.

동물의 움직임이나 식물의 성장 과정을 신체를 이용하여 흉내 내기, 자신의 생각이나 느낌을 음률이나 미술 활동으로 표현할 수 있는 그림책을 제공하는 것이 좋다.

(2) 인지발달

짧긴 하지만 선택적 주의 집중력이 생기면서 관심이 있는 책은 집중해서 보는 시간이 길어지기 시작한다. 물활론적 사고의 발달로 의인화된 사물, 동물 등을 좋아하는 전개념적 사고기이므로 시각적인 흥미를 끌 수 있는 것이 좋다.

상상력, 창의성이 발달하는 시기이므로 시간의 흐름에 따라 진행되는 단순한 구조가 이루어져 있어 예측이 가능한 내용, 권선징악, 행복한 결말이 있는 다양한 종류의 그림책을 제공하는 것이 좋다.

(3) 언어발달

발음이 정확해지기 시작하고 2세 정도가 되면 약 50개 정도의 단어를 사용하다가 유아의 인지 능력이 빠르게 발달하면서 4세경에는 1,600개 정도의 단어를 습득하게 된다. 그림책의 그림을 보면서 말하기, 상상놀이, 가상놀이를 즐기고 질문이 증가한다.

반복적이면서 리듬감이 있는 문장, 숫자나 글자에도 관심을 보이는 시기이므로 의성어나 의태어의 리듬감을 느낄 수 있고 반복적인 단어를 사용하는 시각적으로 흥미를 끌 수 있는 매력적인 그림책을 제공하는 것이 좋다.

(4) 사회·정서발달

부모, 형제뿐 아니라 선생님, 친구, 이웃 주민 등 다양한 주변 사람들과 관계를 형성하면서 타인의 표정, 몸짓, 언어 등을 통해 감정을 이해할 수 있다. 자기중심적 사고가 발달하여 물건이나 사람에 대한 집착이 나타나기도 하고 도전하고자 하는 의지가 강해 무엇이든 혼자서 해 보고 싶어 하기도 한다.

다양한 도전을 할 수 있는 내용이나 실패나 거절에 대해 위로받는 내용의 그림책을 제공하는 것이 좋다.

(5) 관련 그림책

신체발달	인지발달	언어발달	사회 · 정서발달

「흉내쟁이 곰 파랑이가 쿵!」 엘리 샌달 글 · 그림. 지양어린이. 2012.	「왜냐면…」 안녕달 글 · 그림. 책읽는곰. 2017.	「우리는 짝이야」 여정은 글. 서영 그림. 길벗어린이. 2017.	「궁디 팡팡」 이덕화 글 · 그림. 길벗어린이. 2019.

2세의 그림책

4) 3세~5세

(1) 신체발달

자신의 외모에 관심을 가질 뿐 아니라 신체기관의 기능이나 성에 대한 호기심도 생긴다. 자신의 신체를 이용하여 창의적인 동작을 표현하거나 운동 능력의 발달로 인해 운동 기술이 정확하고 빨라지면서 7세 이후가 되면 스포츠와 관련된 동작도 가능해진다. 눈과 손의 협응력이 발달하면서 다양한 종이접기를 할 수 있고 창의적인 블록놀이도 가능하다.

신체기관의 기능이나 성을 이해할 수 있는 그림책, 자신의 신체 움직임의 변화를 이해하고 다른 사람과의 같음과 다름을 이해할 수 있는 그림책, 신체의 아름다움을 표현하는 스포츠와 관련된 그림책이나 창의적인 표현을 즐길 수 있는 그림책 등을 제공하는 것이 좋다.

(2) 인지발달

상징적 사고, 자기중심적 사고, 물활론적 사고, 인공론적 사고는 계속하고 꿈과 현실, 상상과 현실의 세계는 구별할 수 있게 된다. 상징적 사고를 통한 가상놀이를 즐기면서 다양한 상상놀이를 즐기고 보존 개념, 서열화, 유목화가 덜 발달하여 논리적인 사고는 힘들다. 자연 현상이나 다른 나라 문화에 대한 관심을 갖기 시작하면서 지식과 정보를 제공해 주는 책에 관심을 가지기 시작한다.

주변에서 일어나는 다양한 일들과 관련된 다양한 문제해결, 간단한 갈등 구조를 통한 흥미로운 전개, 자연 현상과 관련된 그림책을 제공하는 것이 좋다.

(3) 언어발달

전개념기에 비해 호기심이 왕성해지면서 인지적 욕구가 강해져 질문이 많아진다. 자신의 생각과 느낌을 신체나 언어, 악기 등 다양한 방법으로 표현하고자 한다. 일상적인 상황의 맥락을 파악하거나 그림책의 그림에 대한 이해력이 증가하면서 유머를 즐길 줄도 안다. 닫혀진 모양을 그릴 수 있게 되면서 글자에도 관심을 보이기 시작한다. 동물이나 사물 등을 설명하는 다양한 수식어가 있는 그림책, 다양한 모습으로 변신하는 그림책, 인사하는 말이나 사회적 기술과 관련된 그림책을 제공하는 것이 좋다.

(4) 사회·정서발달

일상생활의 범위가 점차 확대되어 감에 따라 다양한 상황과 인간관계를 형성해 가는 시기이다. 다른 사람과의 상호작용을 통해 도덕성, 가치 판단, 친사회적인 행동, 자기조절 능력, 조망수용 능력을 키워가는 시기이므로 좋은 모델링을 할 수 있는 그림책을 제공한다.

유치원이나 어린이집, 친구와의 관계와 관련된 그림책을 제공하는 것이 좋다.

(5) 관련 그림책

신체발달	인지발달	언어발달	사회 · 정서발달

『산타와 함께 춤을』 이연주 글 · 그림. 북극곰. 2018.	『왜×100』 강경수 글 · 그림. 시공주니어. 2017.	『내 이야기는 내가 만들거야』 미리 러셈 펠리 글·그림. 국민서관. 2019.	『꿀꺽!』 하이디 매키넌 글·그림. 한울림어린이. 2018.

3세~5세의 그림책

3장 아동발달의 이해 :: 문제

3장 아동발달의 이해	1. 아동문학의 이론적 접근	1) 프로이트의 정신분석이론

문제1) 프로이트의 정신분석이론에 따른 발달 단계는?
① 구강기 → 항문기 → 남근기 → 잠복기
② 잠복기 → 남근기 → 항문기 → 구강기
③ 구강기 → 잠복기 → 항문기 → 남근기
④ 잠복기 → 항문기 → 구강기 → 남근기

문제2) 프로이트의 정신분석이론에 대한 설명으로 바른 것은?
① 정신의 구조를 빙산에 비유하여 수면 위를 무의식, 수면 아래를 의식이라고 하였다.
② 성격은 원초아, 자아, 초자아로 구성되어 있다고 하였다.
③ 인간의 성적 에너지인 리비도가 영아 때는 항문기에 집중된다고 하였다.
④ 무의식은 주의를 기울여 알아차리려고 하면 알 수 있는 것이라고 하였다.

문제3) 입으로 무엇이든 빠는 행동을 통해 성적 욕구를 충족하는 시기는?
① 잠복기 ② 남근기 ③ 항문기 ④ 구강기

문제4) 프로이트 정신분석이론의 특성과 어울리는 그림책이 아닌 것은?
① 출생~1.5세: 구강기 – 빨 수 있는 다양한 그림책
② 1.5세~ 3세: 항문기 – 꿈, 다양한 지식, 운동 등에 관한 그림책
③ 3세~6세: 남근기 - 생식기와 관련된 그림책
④ 6세~11세: 잠복기 - 부모나 친구들과의 관계에 관련된 그림책

문제5) 잠복기에 관련된 시기에 대한 설명으로 잘못된 것은?
① 6~11세 시기로 리비도가 무의식 속으로 들어가 비교적 평온한 시기이다.
② 성적 욕구 충족보다는 관계 형성에 있어서 중요한 시기이다.
③ 부모, 꿈, 친구, 운동, 다양한 지식과 관련된 그림책을 준비해 주는 것이 좋다.
④ 자신의 성뿐만 아니라, 다른 성에도 관심을 가지는 시기이다.

정답	1. ① 2. ② 3. ④ 4. ② 5. ④

3장 아동발달의 이해	1. 아동문학의 이론적 접근	2) 피아제의 인지발달이론

문제1) 피아제의 인지발달 단계 중 전조작기에 적합하지 않은 책의 장르는?
① 민담 ② 역사동화 ③ 생활동화 ④ 환상동화

문제2) 피아제의 인지발달 단계에서 아동이 과거와 미래에 대한 시간 개념을 획득하여 생활동화, 역사동화, 공상과학동화 등을 이해하고 즐길 수 있는 단계는?
① 전개념적 사고기 ② 직관적 사고기 ③ 감각운동기 ④ 구체적 조작기

문제3) 다음 중 두꺼운 종이로 만들어지고 친숙하고 단순한 그림으로 된 책이 적합한 시기는?
① 감각운동기 ② 전조작기 ③ 구체적 조작기 ④ 형식적 조작기

문제4) 유아가 물활론적인 사고의 특성을 지니고 분명한 플롯 구조를 가진 환상 그림책을 즐겨 읽게 되는 시기는?
① 감각운동기 ② 전조작기 ③ 구체적 조작기 ④ 형식적 조작기

문제5) 인지발달 단계에 따른 적절한 책의 설명으로 바른 것은?
① 감각운동기: 전개념적 사고기와 직관적 사고기로 나눌 수 있다.
② 전조작기: 과거의 경험을 활용하여 문제를 해결할 수 있다.
③ 구체적 조작기: 전쟁, 난민, 환경 오염 등의 다양한 장르의 폭넓은 독서가 이루어지기 시작한다.
④ 형식적 조작기: 대상영속성의 발달이 이루어진다.

정답	1. ② 2. ④ 3. ① 4. ② 5. ③

3장 아동발달의 이해	1. 아동문학의 이론적 접근	3) 매슬로우의 욕구위계이론

문제1) 다음 중 욕구위계와 관련 없는 것은?
① 생리적 욕구, 안전의 욕구
② 자기 존중의 욕구, 자아실현의 욕구
③ 애정과 소속의 욕구, 심미적 욕구
④ 머무르고 싶은 욕구, 인지적 욕구

문제2) 다음은 어느 단계의 욕구를 충족하기 위한 것인가?

〈보기〉 • 타인에 대한 경험에서 자신의 잠재적인 것을 찾아 배우려 한다.
• 타인에게 의지하지 않고 자신이 할 수 있는 것을 찾으려고 한다.

① 생리적 욕구 ② 안전의 욕구
③ 자아실현의 욕구 ④ 애정과 소속의 욕구

문제3) 다음 보기의 그림책 제목에서 나타나는 매슬로우의 욕구 단계는?

〈보기〉 가. 사실 나는 나. 잠자는 책
다. 내 팬티 예쁘지? 라. 응가가 쑴풍

① 인지적 욕구 ② 자아존중의 욕구
③ 애정과 소속의 욕구 ④ 생리적 욕구

문제4) 자기 존중의 욕구에 관한 설명으로 맞는 것은?
① 칭찬과 인정을 받고자 하는 욕구가 적절히 충족될 때 자신에 대한 올바른 자아 개념을 갖는다.
② 끊임없이 질문을 하며 호기심을 충족시켜 주는 욕구이다.
③ 아름다움에 대한 추구와 미를 즐기고자 하는 욕구이다.
④ 환경과 효율적으로 상호작용할 수 있는 욕구이다.

문제5) 매슬로우의 욕구위계이론의 욕구의 설명으로 바른 것은?
① 심미적 욕구 – 지식적인 욕구 충족이 이루어져야 한다.
② 애정과 소속의 욕구 – 긴밀하고 따뜻한 관계 속에서 욕구가 충족된다.
③ 안전의 욕구 – 어떤 집단에 소속되기를 희망한다.
④ 생리적 욕구 – 매슬로우 욕구에서 최고의 단계이다.

정답	1. ④ 2. ③ 3. ④ 4. ① 5. ②

3장 아동발달의 이해	1. 아동문학의 이론적 접근	4) 사카모토의 독서 발달단계

문제1) 시카모토의 독서 발달단계의 순서가 바른 것은?
① 자장이야기기 → 우화기 → 옛날이야기기 → 동화기
② 자장이야기기 → 옛날이야기기 → 우화기 → 동화기
③ 옛날이야기기 → 자장이야기기 → 동화기 → 우화기
④ 옛날이야기기 → 우화기 → 자장이야기기 → 동화기

문제2) 다음은 사카모토가 제시한 독서 발달단계 중 어디에 속하는가?

〈보기〉 자기중심성에서 벗어나 전래동화에 의한 현실의 재구성을 즐긴다.

① 동화기 ② 소설기 ③ 우화기 ④ 옛날이야기기

문제3) 사카모토 독서 발달단계를 잘 나타낸 것은?
① 자장이야기: 단순한 선악의 판단이 싹트는 단계이다.
② 옛날이야기: 호칭, 명칭, 성질, 관계, 습관 등을 배우는 단계이다.
③ 우화기: 자신의 경험을 바탕으로 가치 판단을 해 보는 단계이다.
④ 소설기: 문학작품에서 느꼈던 것을 현실로 재구성해 보는 단계이다.

문제4) 사카모토의 독서 발달단계가 바르게 짝지어 진 것은?
① 출생~2세 : 우화기 ② 4세~6세 : 자장이야기기
③ 8세~10세 : 소설기 ④ 10세~13세 : 동화기

문제5) 다음 중 사카모토 독서 발달단계에 따른 연령별 그림책으로 바른 것은?
① 2세: 자발적인 태도와 가치를 적용해 가는 상황이 있는 그림책
② 3세: 권선징악의 흐름을 이해할 수 있는 그림책
③ 4세: 인간 관계의 갈등을 다루는 그림책
④ 5세: 짧은 내용의 다양한 질감과 형태의 그림책

정답	1. ② 2. ① 3. ③ 4. ③ 5. ②

3장 아동발달의 이해	2. 연령별 발달 특성과 그림책	

문제1) 아동의 사회·정서발달과 문학에 대한 반응에 있어서 권선징악의 주제를 가진 이야기가 적합한 시기는?

① 출생~2세 ② 2세~4세 ③ 4세~6세 ④ 10세 이상

문제2) 다음은 유아의 언어발달과 문학에 대한 반응이다. 틀린 내용은?

① 출생에서 12개월경에는 사물이나 신체의 이름, 영아에게 익숙한 장소 등 간단한 단어에 관심을 가진다.
② 1세경은 단어를 인식하는 속도가 빨라지는 언어의 폭발적 시기를 경험한다.
③ 2세경에는 상상놀이를 즐기게 되면서 의성어나 의태어의 리듬감을 느낄 수 있는 단어의 반복을 즐긴다.
④ 3세에서 5세경에는 호기심이 왕성해지면서 질문이 많아져서 많은 정보와 설명이 있는 백과를 즐긴다.

문제3) 유아의 발달적 특성과 문학에 대한 반응과의 관계를 바르게 설명한 것은?

① 권선징악적인 작품이 사회성의 발달에 가장 큰 영향을 미친다.
② 실생활과 반대되는 성 역할을 나타내는 그림책은 발달을 저해한다.
③ 2세경에 그림책을 읽어 주는 것은 언어발달에 도움이 되지 않는다.
④ 주인공을 동일시하거나 비판하는 과정에서 도덕성의 발달이 증진된다.

문제4) 다음은 동화구연을 통한 아동문학의 어떠한 기능의 발달을 설명하고 있는 것인가?

〈보기〉 소리를 정확하게 지각하고 분별하며, 정확한 발음으로 말하고, 다른 사람이 사용하는 문장의 뜻을 이해하거나 바르고 적절한 문장을 사용한다.

① 지적 기능 발달 ② 윤리적 기능 발달 ③ 정서적 기능 발달 ④ 언어적 기능 발달

문제5) 사회 · 정서발달 단계에 대한 설명으로 바른 것은?

① 출생~12개월경에는 실수나 거절, 실패를 경험했을 때 분노를 표현하는 바람직한 방법을 알려 준다.
② 1세경에는 다른 사람과의 상호작용을 통해 친사회적 행동, 자기조절 능력 등을 키워가는 시기이다.
③ 2세는 도전하고자 하는 의지가 강해져 무엇이든 혼자서 해 보고 싶어 한다.
④ 3~5세경에는 기쁨, 분노, 공포 등 주로 일차적인 정서를 표현한다.

정답	1. ② 2. ④ 3. ④ 4. ④ 5. ③

CHAPTER 04

아동문학의 역사

1. 구비문학
2. 옛이야기
3. 한국아동문학의 역사
4. 외국아동문학의 역사

4장 아동문학의 역사 :: 문제

본 장에서는 아동을 대상으로 한 문학으로서 아동문학의 역사를 설명하고자 한다. 이원수(2004)는 아동문학이 동시와 동화뿐 아니라 소년소설, 동극 등을 작가가 아동이 읽기 알맞게 제작한 문학작품들로부터 형성되었다고 하였다.

아동문학의 역사를 살펴보면 아동문학은 성인문학 이후 발생하였다. 어린이들이 읽을 만한 작품이 없었을 때 어른들이 읽던 문학작품을 어린이들이 읽게 되면서 어린이용 작품이 만들어지게 된 것이다. 『아라비안나이트』, 『걸리버 여행기』 등의 작품도 원작의 이미지는 살리면서 원작품 속에 있는 성인 대상의 대목을 삭제한 후 어린이들에게 잘 읽힐 수 있도록 꾸며 놓은 것이다.

인간의 역사는 매체의 활용에 따라 크게 변화를 갖게 되는데 문학의 입장에서 보면 구어 시대 – 문자 시대 – 전자 시대로 이어지는 변화 과정을 거치고 있다고 볼 수 있다. 원시 시대는 구어 시대로 구두로 의사소통을 하면서 전달력을 높이기 위해 오감을 사용하여 복수 감각의 형태로 의사 전달을 하였다. 그 후 15세기 이후 구텐베르크(Gutenberg)의 활자 인쇄술의 발명으로 인해 인쇄술을 통한 의사소통이 주를 이루게 되었다. 문자 시대로 접어들면서 시각적인 부분이 강조되기는 하였지만 의사소통을 위해서는 복수 감각의 형태를 겸하게 되었다. 20세기에 접어들면서부터 지구촌이 하나가 되는 전자 시대로 변화하게 되었다. 문학이 인쇄의 형태뿐만 아니라 사진, 영상, 애니메이션 등 다양한 매체를 통해 감상할 수 있는 영상문학으로 발전하였다.

아동문학 역시 그 표현의 형태에 따라서 구비문학과 기록문학으로 나누어진다. 본 장에서는 아동문학의 역사를 말로 전달하는 구비문학에서 문자로 전달하는 기록문학으로의 흐름을 다루고자 한다.

1 구비문학

구비문학은 입에서 입으로 전한다는 뜻에서 구전문학이라고도 하고 민족의 정서가 가장 잘 담긴 문학이라 하여 민속문학이라고도 하며, 전달자에 따라 조금씩 변한다 하여 유동문학이라고도 한다. 이러한 구비문학의 특징을 살펴보면 다음과 같다.

① 구비문학은 말로 된 문학이다. 이는 말로 존재하고 말로 전달하며, 말로 전승된다는 세 가지의 뜻이 담겨 있다. 구비문학은 말하는 사람과 듣는 사람이 대면하여 전달하기 때문에 대량 전달이 어렵고, 말로 전달할 때는 처음 전달받은 것을 그대로 보존하기 어렵다. 그래서 전승은 가능하나 원본에서 변화가 계속되어지는 특징이 있다.

② 구비문학은 구연되는 문학이다. 말로써 문학의 내용을 전달하려면 일정한 격식이 필요하다. 이는 음성적 변화나 억양, 말하는 이의 표정과 몸짓 등을 사용하여 문학작품을 구연한다는 것이다.

③ 구비문학은 공동작의 문학이다. 구비문학은 구연을 통해 전달되어지며 듣는 이는 들은 내용에 자신의 생각을 가미하여 재현하는 방법으로 새롭게 구연하여 전승되는 많은 구연자들의 공동작인 문학이다.

④ 구비문학은 단순하면서 보편적인 문학이다. 구비문학은 말로 된 문학으로 전달할 때 기억의 한계성을 가지고 있다. 듣는 이가 듣고 이해하기 쉽도록 해야 하기 때문에 단순하고 보편적인 내용으로 구성되어져야 한다. 그러므로 구비문학의 형식이나 내용, 문체, 구성, 인물의 성격, 주제 등에서 기록문학에 비해 단순하다는 특징이 있다(박선희, 김수영, 2007).

⑤ 구비문학은 민중적이며 민족적인 문학이다. 구비문학은 민중들의 생활 속에서 창조되고 민중들에 의해서 즐겨 온 문학으로 그들의 경험과 의식, 가치관 등이 반영되어 있다. 또 민족적인 특성을 가지고 지배층에 대한 비판과 풍자와 저항 등이 함축되어 있다.

구비문학의 분류는 학자 간의 차이가 있으나 본 교재에서는 최인학(1994)의 분류로 구비문학을 설화(이야기), 민요(노래), 말 등의 장르로 구분하고자 한다. 구비문학의 종류가 차후에 아동문학의 장르로 어떻게 분화되었는지 살펴보면 아래 표와 같다.

[표 4-1] 아동문학의 장르와 분화 과정

<table>
<tr><th colspan="4">민속무용(ballad dance)</th></tr>
<tr><td>구비
문학
↓</td><td>설화문학
(신화, 전설, 민담, 우화)
↓
동화</td><td>연기문학
(연극, 인형극, 탈춤)
↓
동극</td><td>가요문학
(무가, 민요, 동요)
↓
동요</td></tr>
<tr><td rowspan="2">기록
문학</td><td>서사시 → 동화</td><td>극시 → 극</td><td>서정시 → 동요</td></tr>
<tr><td>소설 → 아동소설</td><td>희극 → 아동극</td><td>시 → 동시</td></tr>
</table>

출처: 예하미디어 편집부 저(2003). 문학의 이해(요점). 서울: 예하미디어.

구비문학 장르의 특징을 정리해 보면 다음과 같다.

[표 4-2] 구비문학 장르의 특징

<table>
<tr><th>구분</th><th>분화</th><th>특 징</th></tr>
<tr><td rowspan="3">설화</td><td>신화</td><td>• 왕조나 혈연의 신성함을 강조하는 내용들은 문자의 사용이 활발한 상류 계층을 중심으로 문헌으로 전해졌고, 우주와 인류의 기원을 설명하는 내용들은 민중들 사이에서 구전으로 전해 온 이야기
• 문헌신화 – 단군신화, 주몽신화, 혁거세신화, 김수로신화, 석탈해신화 등 역사적 실재 인물과 관련해서 전해 오는 옛이야기
• 구전신화 – 천지 창조, 해와 달, 산천 유래 등에 관한 이야기</td></tr>
<tr><td>전설</td><td>• 토속적인 신앙과 관련되어 구체적인 증거물을 통해서 믿어지고 있는 것으로 바위, 강, 산성, 고개, 무덤 등 이야기를 입증할 만한 증거물을 가지고 있는 이야기
• 구체적인 증거물과 믿음을 근거로 합리화하고 역사화하려는 경향이 있음
• 지명 전설, 풍수지리에 관한 내용, 효에 관한 내용의 이야기
• 동기는 효와 열녀 사상과 해몽, 도깨비 등에 관한 이야기</td></tr>
<tr><td>민담</td><td>• 민담은 일반인들 사이에서 쓰이고 있는 옛날이야기로 독일의 메르헨, 영국의 요정 이야기, 민화 등임
• 민담은 형식이 다양하고 재미있고 교훈적인 내용을 풍부하게 지니고 있음
• "옛날 옛날 아주 먼 옛날에…"로 시작, "…행복하게 잘 살았다."로 일정한 시작과 끝맺는 형식으로 구성됨
• 권선징악이나 인과응보적인 주제가 많음, 이야기 전개가 일정하게 양식화되어 있으며, 플롯이 단순하며 대립, 반복의 표현법이 많이 사용됨</td></tr>
<tr><td rowspan="2">가요 문학 (민요)</td><td>민요</td><td>• 민요는 작사, 작곡자를 알 수 없는 민중들 사이에서 예로부터 즐겨 불러 온 노래임
• 기능에 따라 노동요, 동물요, 식물요, 유희요, 애무요(어른이 애를 달래거나 놀리며 부르는 노래), 서정요 등으로 구분됨</td></tr>
<tr><td>판소리</td><td>• 판은 연희가 가능한 공간을, 소리는 노래를 말하는 것으로 연희 장소에서 부르는 노래임
• 종류에는 춘향가, 심청가, 흥부가, 수궁가, 적벽가 등이 있음</td></tr>
<tr><td rowspan="2">말</td><td>속담</td><td>• 민족의 마음과 슬기와 유머를 반영하여 발생되고 구전된 것으로 역사적 사실이나 문헌, 옛날이야기에서 유래를 찾아 볼 수 있음</td></tr>
<tr><td>수수께끼</td><td>• 어떤 대상을 은유적으로 정의하는 언어 표현으로 사고에 연상 작용을 일으키고 재치와 웃음으로 유희적 기능을 지님</td></tr>
</table>

최인학(1994)은 구비문학의 특징을 기록문학과 대비해서 다음과 같이 설명하고 있다.

첫째, 기록문학은 작가나 기록자의 문학인 데 비해, 구비문학은 민중의 문학이다.

둘째, 기록문학은 일단 문자로 정착되었기에 변화가 없으나, 구비문학은 구전과정에서 첨삭되고 개작되는 변이성을 가지고 있다.

셋째, 기록문학은 그 역사성이 일회적인 데 비해, 구비문학은 다회적이라 할 수 있다.

넷째, 기록문학은 작가와 독자와의 관계지만, 구비문학은 구연자와 청자 간의 관계이며 연회성이 강하다.

다섯째, 기록문학은 한 시대의 소산인 데 비해, 구비문학은 오랜 시간 변화의 과정을 통해서 이루어졌으므로 역사성이 강하다.

아동문학의 역사 또한 신화, 전설, 민담 등의 구비문학에서 출발하였으며 활자 인쇄가 발달하여 사람들에게 읽히게 되면서 구전으로 전승되었던 구비문학과 기록문학이 함께 진행되고 있음을 알 수 있다. 그러므로 아동문학의 역사를 조명하는 데 있어서는 말로 된 문학과 글로 된 문학이 모두 중요한 역사적 배경이라 하겠다.

2 옛이야기

옛이야기란 아주 먼 옛날부터 입에서 입으로 전해져 전파, 전승되어 온 것으로 '말로 된 문학'을 의미한다(장덕순 외, 1997). 옛이야기는 언제, 어디서, 누가 만들었는지 알 수 없지만 먼 옛날부터 구전으로 전승되어 온 이야기이다.

옛이야기의 본질은 민간에게 전해지는 구전물로서 구비성이라는 특징을 가지는데, 말이 일회적 전달에만 그치지 않고 입으로 전승되면서 사실 여부보다도 문학적인 흥미와 교훈 때문에 존재한다(최운식, 김기창, 1988).

옛이야기는 말 그대로 '들려주는' 것으로 예로부터 구전으로 전승되어 온 신화나 전설, 민담, 설화 등이 있다. 이 중 아동에게 흥미 있고 도덕적·교훈적 가치관을 형성시킬 수 있는 옛이야기를 전래동화라 한다. 다시 말해 전래동화란 옛이야기 중에서 아동들에게 적절한 이야기를 골라 아동에 맞게 재구성하고 현대의 어법과 문체로 수정한 이야기를 말한다. 그러나 전래동화는 기존의 원전이 되는 옛이야기의 내용을 축소, 생략, 수정한 것이 많아 원전의 내용이 변질된 것이 많다. 따라서 '전래동화'라는 용어는 기록문학으로 아동문학의 하위 갈래로서 아동문학의 분류에서 사용하고, 본 장에서는 구비문학으로 '옛이야기'라는 용어를 사용하고자 한다.

동화구연가들이 옛이야기를 들려주는 것만으로도 이미 훌륭한 교육이다. 아동도 얼마든지 이야기의 전승자가 될 수 있으므로 들은 이야기를 다시 들려줄 수 있는 경험을 할 수 있도록 한다. 이렇게 함으로써 아동들이 우리 옛이야기 전승에 참여하게 되고, 이것이 곧 전승의 맥을 잇는 일이 되는 것이다.

1) 옛이야기의 특징

옛이야기의 특징을 살펴보면 다음과 같다.

첫째, 일정한 시작과 끝의 형식을 지닌다. "옛날 옛적 어느 곳에…"로 시작하여 "…이렇게 저렇게 해서 행복하게 잘 살았습니다."로 끝맺는 일정한 표현을 사용함으로써 이야기가 허구임을 나타낸다. 또한 인물이나 상황을 창조하는 데 흔히 사용하는 대립이나 반복의 형식은 현실의 문제를 선명하게 반영하고, 선이 승리해야 한다는 신념을 나타내는 효과를 갖는다.

둘째, 스토리가 간결하며 단순하고 불필요한 설명이나 묘사가 거의 없다.

셋째, 비현실적이고 신기한 상상의 세계를 그리고 있다. 신이나 영웅, 요정, 마녀, 공주, 왕자, 상상의 동물 등이 등장하는 상상의 세계를 다루어 비현실적인 판타지를 가진다.

넷째, 이야기가 발생한 나라 또는 민족의 특성을 반영하고 있으며 특히 권선징악의 주제가 가장 많다. 우리나라의 옛이야기에는 권선징악의 교훈적인 특성과 함께 부모에 대한 효, 형제 간의 우애, 욕심에 대한 경계, 권력자의 횡포에 대한 응징을 강조하는 내용이 특색이 있다.

다섯째, 사건과 어구(語句)에 변화 있는 반복이 있다. 옛이야기에 흔히 사용되는 반복법은 같은 듯한 사건이나 어구가 조금씩 변화하여 되풀이되면서 이야기에 매력을 더하고 리듬감을 더해 준다.

여섯째, 점점 차오르는 틀이 있다. 좁쌀 한 톨이 쥐가 되고 쥐가 고양이로, 고양이가 개로, 개가 말로, 말이 소가 되고 소가 처녀로 바뀐다. 이 층계와 같은 차오름의 틀은 결국 원하는 것을 얻어야 끝이 난다.

일곱째, 흥겨운 가락인 음악성이 있다. 음조나 장단으로 말의 기운에 재미를 느끼게 해 주고, 이는 독자가 더 잘 기억하여 쉽게 전해지게 한다.

여덟째, 시점은 언제나 주인공에게 머물러 있다. 이야기가 주인공의 시점으로 진행되어 주인공의 눈으로 세상을 보게 된다.

아홉째, 지나치게 꾸미기보다 진실하고 정직하게 표현되어 있다. 옛이야기에는 아름답고 신비로운 이야기도 있지만 두렵고 잔인한 이야기도 있다. 그러나 이러한 이야기들 속에 진실과 정직이 담겨 있어 독자로 하여금 긴장감, 놀라움, 기쁨과 슬픔 등을 함께 느낄 수 있게 해 준다.

열째, 사건은 언제나 시간에 따라 단선으로 펼쳐지는 평면성을 가지고 있다. 옛이야기 속의 시간은 언제나 앞으로 흐른다. 시간의 흐름에 따라 순리대로 사건이 펼쳐지고, 이는 더 단순하고 간결하게 이야기가 진행되게 한다.

이러한 옛이야기는 문학적인 가치를 갖고 있으면서도 다음과 같은 내용상의 특징이 있다.

첫째, 약한 자의 편에 서는 민중성을 지니고 있다. 옛이야기는 약자의 편에 서서 강자를 대적하는 특징이 있다. 대체로 약자인 이야기의 주인공은 육체적 힘뿐 아니라 권력, 세력도 부족하지만 불의한 강자와 맞서 겨루면서 반드시 주인공이 이기게 된다. 주인공의 지혜와 주변의 도움으로 약자가 반드시 이기는 결말을 내리고 있다.

둘째, 가르침은 재미 속에 숨어 있는 교훈성을 지니고 있다. 충효와 우애, 절개와 신의 같은 도덕적 이념을 다루고 탐욕이나 허례허식을 꼬집거나 냉혹한 권력을 풍자한 이야기가 이에 속한다.

셋째, 현실 세계의 또 다른 모습을 나타내는데, 현실 세계의 고달픔과 속박에서 잠시나마 벗어나고자 이야기 속에서는 현실을 거꾸로 뒤집은 초현실 세계를 그려 냈다.

2) 옛이야기의 교육적 가치

옛이야기는 민족의 특성뿐 아니라 각 시대의 생활 방식이나 가치관을 반영하고 있다. 이러한 옛이야기를 아동에게 들려주는 것은 선조의 삶과 사상, 지혜와 가치관을 전달하여 세대를 아우르며 공감할 수 있게 한다. 또한 이를 통해 한국인의 정서와 가치관도 배우게 된다.

신현재(2009)에 따르면 옛이야기가 가지는 교육적 가치는 다음과 같다.

옛이야기는 인간이 가진 내면의 문제들에 대해 많은 가르침을 준다. 어른들은 아동들에게 인간은 본질적으로 착하다고만 가르친다. 그러나 아동들은 자신이 때때로 착하지 않고, 착하지 않은 마음을 숨기고 착한 행동을 하는 경우도 많다는 것 또한 알고 있다. 옛이야기 속에는 삶의 부정적 본질이 다양한 형태로 전달되어 아동이 이를 자연스럽게 받아들이도록 돕고, 아동이 처한 난관에 알맞은 해결책을 제시한다. 또한 옛이야기를 통해 주인공이 시련과 고통을 이겨내고 승리하는 과정을 동일시하면서 도덕성이 생겨난다.

이상에서 살펴본 바와 같이 옛이야기는 교육적 가치뿐 아니라 심리적으로도 중요한 가치를 지닌다.

3) 옛이야기를 들려주는 방법

옛이야기는 입을 통해 전달되어 오면서 끊임없이 수정되고 첨가되어 옛이야기만의 힘을 갖는다. 옛날에는 할머니나 부모가 아동들에게 옛이야기를 들려주었고 아동들은 이야기를 들으며 웃고 울며 즐기는 사이에 보다 넓은 마음을 가지고 지혜와 용기를 얻었다. 이러한 옛이야기를 듣는 것만으로도 이미 훌륭한 교육이 되었다. 서정오(1995)는 이야기를 나눌 때에는 서로 얼굴을 마주 보고 온몸을 느끼며 이야기를 해야 한다고 하였다. 즉 이야기를 나눈다는 것은 말을 잘 전달하게 한다는 것보다 좋은 이야기를 들려주어 그 감동을 전달하는 것이다. 이것이 동화구연전문가들의 역할이기도 하다.

3 한국아동문학의 역사

한국아동문학의 역사는 구비문학에서 큰 뿌리가 시작되어 하나의 문학 장르로 독립된 것이다. 앞에서 살펴본 바와 같이 문학의 역사는 구비문학과 기록문학으로 구분되어지는데 본 장에서는 기록문학으로서의 한국아동문학사 중 태동 초창기(1908~)에서 전환 발전기(~1988)까지를 살펴보고자 한다.

1) 태동 초창기(1908~1922)

한국문학의 태동은 신문학운동과 같이하고 있다. 1884년 기독교가 전파되면서 아펜젤러(Henry G. Appenzeller)에 의해 배재학당이 세워지고 여선교사인 스크랜턴(Mary F. Scranton)에 의해 이화학당이 설립되면서 신교육이 퍼져 나가기 시작하였다. 이때 성경의 번역은 한글의 보급을 촉진시켰고 찬송가는 창가 발생의 계기를 마련해 주었다.

우리나라 신문학은 외국작품을 번역하거나 번안한 소설이 먼저 소개되고 이후 창가와 신소설이 나오기 시작하였다. 최초의 번안소설로는 선교사 게일(James S. Gale)이 1895년에 번역한 버니언(John Bunyan)의 『천로역정(天路歷程)』과 윤치호가 『이솝우화』를 번역한 『이색우언(伊索寓言)』이 있다.

1908년 간행된 안국선의 신소설 『금수회의록(禽獸會議錄)』은 최초의 우화소설이었다. 『금수회의록』은 당시 신소설 대부분이 권선징악을 다루었던 것에 반해, 금수회의소에 모인 길짐승, 날짐승, 벌레, 물고기, 식물 등이 주인공으로 등장하여 『이솝우화』처럼 짐승 세계를 통해 인간의 현실을 풍자한 것으로 발표 당시에는 큰 사회적 물의를 일으켜 금서 소동까지 빚어내었고, 한국판 스위프트(Swift)의 『걸리버 여행기』처럼 동화나 아동소설로 개작된 신소설이었다.

따라서 이러한 신문학의 근대적 전개에서 볼 수 있는 창가와 신소설의 흐름은 그대로 육당 최남선의 신체시(정형 동시)와 춘원 이광수의 초기 소설(아동소설)의 근대적 아동문학운동에 중요한 기반을 제공하게 되었다(이재철, 2014).

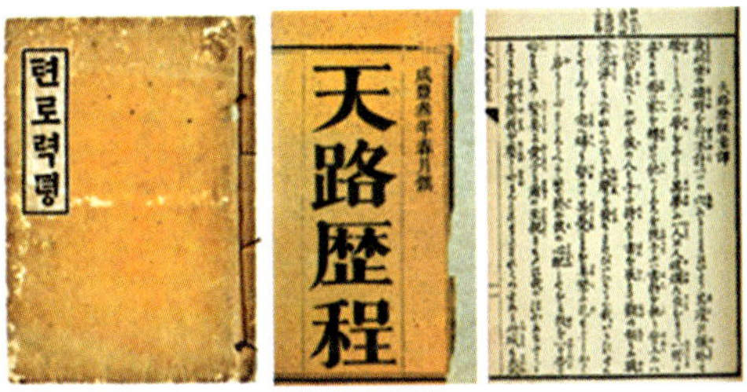

한국, 중국 일본의 『천로역정』 번역본 초판
출처: 화봉갤러리, http://bookgram.pe.kr/220573211257

『금수회의록』 표지 초판
(아단문고 소장)
출처: 한국민족문화대백과.

2) 발흥 성장기(1923~1940)

1908년 육당 최남선의 『소년』지와 『붉은 저고리』(1913, 통권 12호), 『아이들 보이』(1913~1914, 통권 12호), 『새별』(1913~1915, 통권 16호)의 창간으로 겨우 명맥을 유지하여 오던 초창기 아동문학은 소파 방정환 이후 근대 아동문학의 기틀을 마련하게 되었다.

소파 방정환은 최초로 '어린이'라는 호칭을 사용한 이후 이를 대중화하였고, 『어린이』지(1923. 3~1934. 7, 통권 123호)를 발행하는 한편 아동문화운동 단체인 『색동회』를 만들었다. 뿐만 아니라 '어린이날'을 제정하여 어린이의 인권을 신장시키고 아동문학의 발달에 크게 기여하였다. 소파는 1921년 겨울 유학 중인 일본 동경에서 세계명작동화 『안데르센 동화』, 『그림동화』, 『아라비안 나이트』 등을 번안하여 1922년 개벽사에서 『사랑의 선물』(1922. 7. 7) 초판이 발행되었다. 이 책은 우리말로 번안되어진 최초의 세계명작동화집이라는 데 의의가 있다. 본격적인 아동문학 잡지 『어린이』지의 출간은 초창기 아동문학의 청신호로 작용하여 우리나라 아동문학의 토대를 닦는 데 공헌하였다. 1920년대는 아동 잡지의 출간이 눈에 띄게 많았던 시기였다. 그 대표적인 잡지로는 『신소년』(1923~1934), 『새 벗』(1925~1933)을 비롯하여, 기독교 계열의 『아이생활』(1926~1944), 계급주의 경향을 띈 『별나라』(1926~1935) 등이 있고, 20여 종의 잡지들이 쏟아져 나왔다.

1923년 『샛별』지에 마해송은 창작동화인 『바위나리와 아기별』과 『어머님의 선물』, 그리고 동극본 『복남이와 네 동무』 등을 발표하였다. 특히 『바위나리와 아기별』은 동화의 특성을 잘 살린 최초의 창작동화로 그의 대표작이다. 이후 1934년에 개벽사에서 한국 최초의 창작동화집인 『해송동화집』을 발간함으로 우리나라 창작동화의 개척자로 자리매김하게 되었다.

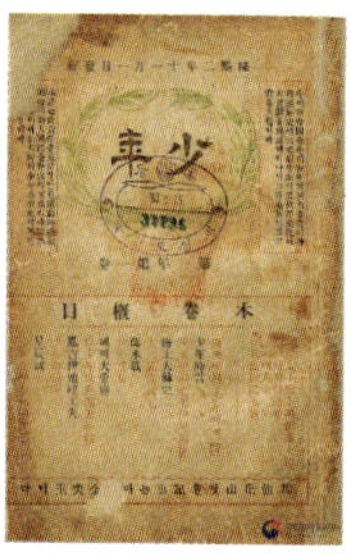

『소년』 창간호 표지
(국립중앙도서관 소장)
출처: 한국 근대문학 해제집 II-문학잡지(1896~1929).

『사랑의 선물』 표지 11판
(한국현대문학관 소장)
출처: 국립중앙도서관.

『바위나리와 아기별』
마해송 글. 민들레그림책3.
길벗어린이. 1998.

아동문학 잡지 『어린이』
출처: 재단법인 한국 방정환 재단-독립기념관.

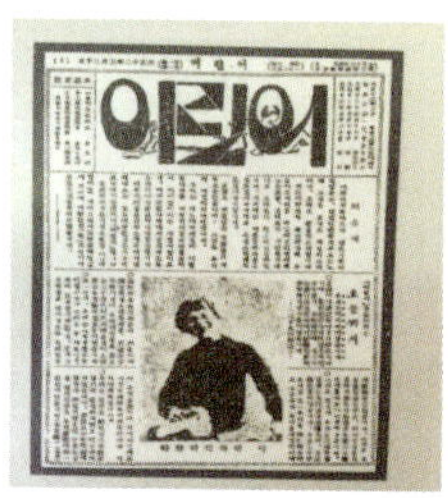

『어린이』 창간호(1923년 3월 20일 첫 호 첫 장)
출처: 국가보훈처.

『새 벗』 창간호 표지
출처: 한국 근대문학 해제집 IV-문학잡지(1907~1944).

이주홍은 1925년 『신소년』지에 『뱀 새끼의 무도』를 발표하였고, 1929년에 동아일보 신춘문예에 『가난과 사랑』이 입선되었다. 또한 강소천은 1939년 동아일보에 『돌멩이』와 『토끼 삼형제』를 발표하면서 동화를 쓰기 시작하였다.

1930년대 후기에는 현덕, 노양근, 송창일, 이구조 등이 주로 『소년』지, 『동화』지를 통해 사실적이고 현실적인 내용의 동화와 아동소설을 발표하였다. 이들은 아동문학의 본질을 추구하며 동심을 회복시키는 순수문학을 지향하였다.

3) 암흑 수난기(1941~1945)

일제는 1937년 중일 전쟁을 일으킨 이후 한반도에 대한 수탈과 민족 말살 정책을 격화시켜 나갔다. 1938년에는 징병과 징용이 강행되고 창씨개명을 강제했다. 또한 동아일보와 조선일보가 1940년에 강제 폐간되었고, 이듬해에는 『문장』과 『인문평론』마저 폐간시켰다. 이러한 일제의 우리말과 글에 대한 탄압으로 아동문학도 암흑기에 접어들었다.

4) 광복 혼미기(1946~1950)

1945년 광복을 맞이하며 암흑에 빠졌던 아동문학도 빛을 되찾는 듯하였다. 하지만 남북한 분단으로 인한 이념 대립은 문단과 아동문학계에도 영향을 미쳤다. 사회주의 사상의 '조선문학동맹 아동문학위원회'와 민족주의 혹은 예술지향주의 사상의 '조선아동문화협회'로 대립하게 되었다.

5) 통속 팽창기(1951~1960)

이 시기 아동문학은 대중 통속소설이 확산되고 문단이 재편되었으며, 참신한 신인들이 등단하기 시작하여 한국아동문학회(1954), 한국동화작가협회(1957)가 발족하였다. 그러나 6·25 전쟁의 비극은 크나큰 사회적 혼란과 부조리, 물질 만능주의, 찰나주의적 향락 풍조를 야기시켰다. 이러한 풍조는 문화 예술계에도 영향을 미쳐 동화문학의 통속 팽창화에 지대한 영향을 미쳤다.

전쟁으로 출판 시설이 파괴되고 출판 업계가 위축되어 작가들은 작품을 발표할 기회가 줄어들게 되었다. 이에 많은 작가들과 출판 업계는 문학적 작품성보다 사회 풍조에 물든 독자들의 기호와 물질 만능주의에 영합한 소설을 써 통속소설이 난무하는 통속 대중문학의 팽창을 가져왔다.

6) 정리 형성기(1961~1975)

1960년대는 4·19 혁명과 5·16 정변으로 국민들의 정치적 자각과 함께 아동문단에도 변화의 바람이 불기 시작하였다. 그것은 교훈주의로부터 탈피를 모색하려는 신선한 바람이었다. 이 시기에 나타난 문단의 주요 특성을 살펴보면 다음과 같다.

1950년대 후반부터 제도화된 신인 등용문인 신춘문예가 정착되면서 문예지의 신인 추천 제도가 확립되어 실력 있는 작가, 시인들이 배출되기 시작하였다. 이에 따라 이름뿐이던 문학 단체가 내실을 갖추게 되면서 문단 활동이 그룹화되는 경향을 띠기 시작하였다. 즉 1968년에 아동관을 확립하고 창작동화의 체질을 개선하여 동화문학의 효용성을 높이고자 '한국동화문학회'가 창립되었으며, 1971년 1월에 '한국아동문학가협회'가 창립되고, 2월에 '한국아동문학회'가 재창립되었다. 이들 단체의 선의의 경쟁은 문단 활동의 활성화를 도모하여, 아동문학의 당면 과제를 함께 논의하는 세미나를 개최하는 등 신선한 바람을 일으켰다.

그리고 각종 문학상이 제정되면서 작가들의 창작 의욕을 북돋우고 작품 평가에 새로운 전환기가 조성되었다. 대표적인 문학상을 살펴보면 소천아동문학상(1965), 해송동화상(1966), 세종아동문학상(1968), 한정동 아동문학상(1969), 창주아동문학상(1972) 등이 있는데, 해송동화상을 제외한 이들 문학상은 현재까지도 우수한 작품 발굴에 이바지해 오고 있다.

특히 아동문학 전문지 『아동문학』(1962~1969, 19집), 『아동문학사상』(1970~1971, 17호), 『현대아동문학』(『아동문학』으로 개제, 1973~1974, 5호) 및 종합지 『횃불』(한국일보사 발행, 1969~1970, 17호) 등이 발행되어 한국아동문학의 이론을 체계적으로 정리하고 문학의 원론적 비평을 시도하였다.

이 시대의 아동문학은 1950년대 말에 등단한 신지식, 이영희, 윤사섭, 장욱순 등과 1960년대에 등단한 권태문, 남미영, 최효섭, 유여촌, 최인학, 권용철, 손춘익, 조대현, 이준연, 오세발, 이영호, 김영자, 이현주, 이효성, 임신행, 황영애 등과 1970년대 전기에 등단한 권정생, 정진채, 배익천 등의 활약으로 새 지평을 열었다. 이 시기의 아동문학은 문학적 본질은 유지하면서 동화의 세계를 넓혀 나갔고 작가들은 현실 세계를 반영한 생활동화와 소년소설 작가군으로 구별할 수 있다.

7) 전환 발전기(1976~1988)

1970년대 후기가 되자 새로이 '현대아동문학가협회'(1978)가 창립되어 활동이 강화되기도 하였지만, 문단은 삼분되고 이리저리 흩어져 어지러움을 보여 주기도 했다.

1962년에 창간된 아동문학 전문지 『아동문학』과 1970년에 창간되었던 『아동문학사상』과 『아동문학』(전 『현대아동문학』)이 경영상의 어려움으로 폐간한 이후, 1976년 5월에는 아동문학 전문지인 월간 『아동문예』와 아동문학 평론전문지인 계간 『아동문학평론』이 창간되었다. 1978년에는 휴간되었던 어린이 잡지 『새 벗』이 복간되었고, 1979년에는 부산문화방송에 의해 『어린이문예』가 창간되었다. 이러한 아동문학 전문지들의 창간은 아동문단에 활력을 불어넣어 주었고, 발표 지면을 넓혀 주었다.

또한 3개 단체에서 제정한 한국아동문학상(1975), 한국아동문학작가상(1978), 현대아동문학상(1979) 제도도 아동문학의 활성화에 기여하였다.

이 시기의 아동문학은 점차 운문 중심에서 벗어나 산문문학이 우위를 차지하게 되었다. 이는 앞에서 말한 것처럼 『아동문예』, 『아동문학평론』, 『소년』, 『새 벗』, 『어린이문예』 등 아동문학 전문지와 아동 잡지들의 결간 없는 간행과 관련이 있다. 그동안 발표 지면의 부족으로 침체되었던 동화와 아동소설 등의 산문문학이 전문지가 발행되면서 지면이 확장되자 점차 활성화되기 시작하였다.

1980년대 전기부터 『아동문예』지를 통하여 중편 동화와 소설이 지속적으로 발표되었고, 중기부터는 『아동문학평론』에 중편이, 『아동문예』에 장편이 분재되면서 중·장편류가 꾸준히 발표되었다. 특히 1982년부터 『새 벗』과 『계몽사』에서 시행된 장편 동화, 소설 공모는 산문문학이 우위를 차지하는 데 견인차 역할을 하였다. 김여울, 송재찬, 박성배, 박상재, 이동렬, 이슬기, 소중애, 류근원 등 1980년 전후에 등단한 작가들이 이시기 중·장편류를 주도하였다.

이 시기의 작가들은 사회의 현실 문제를 아동이 수용할 수 있는 정도로 조절하여 풍자적이고 고발적인 문학작품들을 발표하였다. 1980년대 후반에는 중·장편류가 매우 활발하게 발표되어 주류를 이루었다. 출판 업계도 창작동화나 소년소설보다 장편 아동소설이나 장편 동화를 선호하는 양상을 띠었다.

이 시기의 아동문학은 앞서 정리·형성된 탄탄한 기반을 토대로 비약적으로 발전하였으며, 문학사적으로도 중요한 사안들을 인식하게 되었다.

한국아동문학의 역사를 정리하면 다음과 같다.

[표 4-3] 한국아동문학의 역사 흐름

시기	배 경	특 징
태동 초창기 (1908 ~1922)	한일합방(1910) 전후에서 정치적, 문화적, 계몽적 구국운동을 배경으로 아동문학이 태동하기 시작한 시기임	• 아동문학을 태동시킨 인물은 육당 최남선임 • 한국 최초의 아동지인 『소년』은 근대적 종합 교육지이며 아동 잡지의 효시임 • 『소년』을 통해 현대시의 선구인 신체시 『해에게서 소년에게』를 발표함 • 육당은 『붉은 저고리』, 『아이들 보이』, 『새별』 등의 아동지를 내면서 아동문학운동에 선구자 역할을 함
발흥 성장기 (1923 ~1940)	소파 방정환의 『어린이』지가 출판되면서 본격적인 발흥 성장기를 맞게 됨	• 방정환은 1923년 5월 1일 어린이날을 제정하고 그해 최초의 세계명작동화집 『사랑의 선물』을 번안 출간함 • 『어린이』지의 출현은 아동문학 잡지로 우리나라 아동문학의 토대를 닦는 데 공헌함 • 마해송은 1923년 『샛별』지에 아동문학 사상 최초의 창작동화인 『바위나리와 아기별』을 내면서 우리나라 창작동화의 개척자가 됨
암흑 수난기 (1941 ~1945)	일본이 태평양 전쟁(1941)을 일으킨 때를 전후하여 일본의 무단 통치가 극에 달했던 시대임	• 우리말 사용이 금지되고 언론의 단압이 심해짐 • 창씨개명을 강요함
광복 혼미기 (1946 ~1950)	해방과 더불어 사회, 정치, 경제 등 모든 분야의 혼란 상태가 아동문학에 영향을 끼침	• 좌·우익의 대립에 의한 혼미로 실질적 문학 지향으로서 과도기적 현상이 그대로 나타남
통속 팽창기 (1951 ~1960)	6·25 동란 이후 야기된 사회적 혼란으로 통속 대중화 경향을 띠게 됨	• 한국아동문학회(1954)와 한국동화작가협회(1957)가 발족됨 • 소년소설, 탐정모험물의 대폭적인 증가와 만화 등 통속 대중화 경향이 확산됨
정리 형성기 (1961 ~1975	정치적으로 4·19 혁명의 승리에 의해서 시민의식과 민족의식의 자각이 싹트기 시작함	• 유능한 신인이 등장하고 각종 문화 단체가 결성되고 문단의 분위기가 개선되고 신인 추천 제도가 확립되면서 유능한 작가·시인이 다수 배출됨 • 각종 문학상이 제정되면서 작가들의 창작 의욕을 북돋우고 작품 평가에 대한 새로운 전환기를 조성함
전환 발전기 (1976 ~1988)	고도의 경제적 성장으로 물신주의와 빈부의 갈등이 나타나는 시기임	• 아동문학사 중 가장 활발한 아동문학작품의 출판이 이루어지고 신인의 대거 등장과 동인지 활동을 함

우리나라의 아동문학가와 작품을 살펴보면 다음과 같다.

[표 4-4] 우리나라의 아동문학가와 작품

작 가	작 품 및 내 용	
방정환 (1899 ~1931)	• 아동문학의 선구자로 아동보호운동에 앞장서고 동요, 동화 등 창작과 번안을 함 • 1923년 '어린이날'을 제정하고 순수 어린이 잡지 월간 『어린이』를 창간함 • 세계명작동화번안집 『사랑의 선물』, 소년소설 『만년샤쓰』, 탐정소설 『칠칠단의 비밀』 등이 있음	 『만년샤쓰』 방정환 글, 김세현 그림, 길벗어린이, 1998.
김인평	• 1962년 발행한 『창경원』은 우리나라 최초의 유아를 위한 정보그림책임 • 실감 나는 일러스트레이션 기법을 사용, 근대적 의미가 있는 그림책임 • 창경원은 옛 창경궁을 일컫는 말로, 일제가 한일병합 이후 '창경원'으로 격하시킴	
류재수 (1954~)	• 우리나라 최초의 단행본 그림책 『백두산 이야기』는 세상이 어떻게 생겨났는지를 다룬 창세신화로 1988년 출간됨 • 『산이 된 거인』이란 제목으로 1990년 일본에서도 출판됨 • 『노란우산』은 글 없는 그림책으로 2002년 뉴욕 타임스 올해의 우수 그림책으로 선정됨	 『백두산 이야기』 류재수 글 · 그림, 보림, 2009
권정생 (1937 ~2007)	• 외롭고 가난한 사람들의 상처받는 모습과 보잘것 없는 것의 진정한 가치를 찾아내어 작품으로 표현함 • 1969년 등단작인 『강아지똥』을 발표함 • 『몽실언니』, 『오소리네 집 꽃밭』 등이 있음	 『강아지똥』 권정생 글, 정승각 그림, 길벗어린이, 1999.

작가	작품 및 내용	
이억배 (1960~)	• 전통회화 중 민화와 현대적 풍속화를 그려 냄 • 『솔이의 추석 이야기』는 추석 명절 풍경을 한 폭의 풍속화로 담아 냄 • 『손 큰 할머니의 만두 만들기』와 『세상에서 제일 힘센 수탉』은 전통적 민화를 작가만의 현대적 기법으로 재현한 작품임	 『솔이의 추석 이야기』 이억배 글 · 그림. 길벗어린이. 1998.
권윤덕 (1960~)	• 『만희네 집』은 집이라는 공간이 주는 소중함과 삼대가 어울려 사는 일상을 표현한 이야기임 • 『시리동동 거미동동』, 『고양이는 나만 따라해』 등이 있음	 『만희네 집』 권윤덕 글 · 그림. 길벗어린이. 1998.
정승각 (1961~)	• 『까막나라에서 온 삽사리』는 '불개' 이야기를 '삽사리' 탄생설화로 다시 쓴 것으로 오방색과 금니(금박가루)로 전통회화의 멋을 살림 • 『오소리네 집 꽃밭』, 『황소 아저씨』 등 그림	 『까막나라에서 온 삽사리』 정승각 글 · 그림. 초방책방. 1994.
한병호 (1962~)	• '도깨비 작가'로도 불리며, 『도깨비와 범벅장수』는 동양화풍으로 한글의 아름다움을 살려 세로쓰기로 만들었음 • 『황소와 도깨비』, 『해치와 괴물 사형제』, 『야광귀신』 등 그림	 『도깨비와 범벅장수』 이상교 글, 한병호 그림. 국민서관. 2005.

4 외국아동문학의 역사

외국의 아동문학도 구비문학과 기록문학으로 문학사적 관점에서 보아야 하며 아동문학의 시작을 언제로 볼 것인가 하는 것은 성인이 아동을 위해서 창작한 현대 아동문학의 개념을 기초로 역사의 시대 구분을 하고 있다.

1) 15~18세기

어린이를 위한 문학이라는 개념이 따로 없이, 아이들을 위한 종교 교육이나 예절 교육용 텍스트로서의 책이 있었다. 그러나 인쇄술이 발달하지 않았고 종이도 귀했기 때문에 대부분의 어린이 문학은 어른 문학과 한 범주 안에서 구비문학의 형태로 존재했다. 귀족 계급의 자녀들을 대상으로 읽혀진 작품들도 이런 종류의 작품이었다. 18세기에 시민 계급을 배경으로 읽기 시작한 근대소설은 아동들을 의식하여 쓰여진 것은 아니지만 공상력과 상상력의 가치를 인식시킨 디포(Daniel Defoe)의 『로빈슨 크루소(*The Life and Strange Surprising Adventures of Robinson Crusoe of York*)』(1719)와 스위프트(Jonathan Swift)의 『걸리버 여행기(*Gulliver's Travels*)』(1726)는 버니언(John Bunyan)의 『천로역정』과 함께 아동문학에 큰 영향을 주었다.

『걸리버 여행기』
에리히 캐스트너 글.
호르스트 렘케 그림.
시공주니어. 2005.

『로빈슨 크루소』
다니엘 디포 글.
N.C. 와이어스 외 그림.
시공주니어. 2007.

『천로역정』
존 버니언 글.
국민출판사. 2019.

2) 19세기

19세기 이전의 아동문학은 근대적 아동문학이 성립되어 있지 않았기 때문에 산업혁명이 일어나기 전까지 아동을 위한 책들은 주로 학습을 위한 책이었다. 학습용 책은 교훈 위주의 전통을 다룬 것으로 아동도서 영역을 지배하였으며 지금까지도 영향을 미치고 있다.

오늘날의 그림책은 1657년 체코슬로바키아의 세계적인 철학자이자 교육자인 코메니우스(John Amos Comenius)에 의해 『세계도회』라는 이름으로 처음 만들어졌다.

코메니우스(1592~1670)
출처: wikipedia.

『세계도회』
코메니우스 글.
교육과학사. 1998.

챕북(chapbook)은 제본이 되지 않은 작은 책이였지만, 일반 서민들까지도 즐겨 읽는 최초의 대중 서적이라고 볼 수 있다. 영국은 뉴베리(John Newbery)의 민간설화, 발라드(자유스러운 형식의 소서사시, 또는 담시), 창작들이 포함되어 있는 출판작품을 내놓았다.

프랑스에서는 '현대 아동문학의 아버지'라 불리는 페로(Charles Perrault)가 구전 이야기를 개화한 형식의 작품을 소개하였다. 독일의 그림 형제가 독일의 옛날 이야기를 선별하여 『어린이와 가정을 위한 동화』라는 전래동화모음집(1812~1814)을 출간하여 아동들에게 읽을거리로서의 책에 대한 인식이 퍼지기 시작했다. 인쇄술의 발달과 종이의 원활한 공급도 그에 기여한 요인 중의 하나였다.

그림 형제(Jakob Grimm, Wilhelm Grimm)
출처: wikipedia.

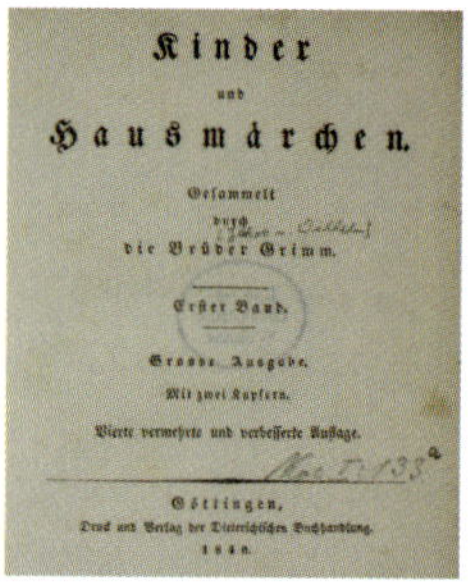

『어린이와 가정을 위한 동화』
1840년 발행, 4판 표지
출처: wikipedia.

근대적 아동문학이 출현한 시기는 '동화의 아버지'라고 불리는 덴마크의 안데르센(Hans Christian Andersen)이 전래동화를 바탕으로 한 창작문학을 시작으로 해서 새로운 동화 세계를 보여 주는 작품을 내놓음으로써 본격적인 아동문학 세계의 문을 열기 시작했다.

3) 20세기

20세기는 아동에 관련된 모든 분야에서 아동을 위하여 활발한 활동과 연구를 위한 투자들이 많아졌다. 19세기 말에서 20세기 초에 이르는 동안 영국에서는 포터(Beatrix Potter)와 네스빗(Edith Nesbit)이 후대의 동화 작가들에게 광범위한 영향을 미치는 작품들을 선보였다. 포터의 『피터 래빗(*Peter Rabbit*)』(1902) 시리즈는 이후 현대의 그림책 일러스트레이터들에게 많은 영향을 주었다. 네스빗은 아이들의 일상생활을 다루는 단편에서부터 종횡무진 환상 세계를 그린 판타지에 이르기까지 거의 전 장르에 걸쳐 어린이 문학의 기본을 마련했다는 평가를 받기도 한다.

몽고메리(Lucy Maud Montgomery)의 『빨간 머리 앤(*Anne of Green Gables*)』(1908)이나 와일더(Laura Ingalls Wilder)의 『초원의 집(*Little House in the Big*

Woods)』(1932)처럼 아이들의 다양한 현실 생활을 그려 내는 시리즈나, 루이스(Clive Staples Lewis)의 『나니아 연대기(*The Chronicles of Narnia*)』(1950)처럼 광대한 환상 세계에서 선과 악의 치열한 대결이 벌어지는 대형 판타지 시리즈처럼 호흡이 긴 어린이 문학이 나오기 시작한 것도 20세기 초의 일이었다.

린드그렌(Astrid Lindgren), 피어스(Philippa Pearce), 캐스트너(Erich Kastner) 등은 스웨덴과 영국, 독일에서 어린이들의 일상생활과 환상 세계를 깊이 있는 주제 의식과 함께 다각도로 조명하면서도, 아이들의 심리를 꿰뚫어 보고 그들의 소망을 충족시켜 주는 다양한 작품 세계를 보여 주었다. 그런가 하면 엔데(Michael Ende)의 『끝없는 이야기(*Die unendliche Geschichte*)』(1979)나 랭글(Madeleine L'Engle)의 『시간의 주름(*A Wrinkle in Time*)』(1962)처럼 판타지 문학사에 새로운 획을 그은 것으로 평가받는 하이 판타지가 나오기도 했다.

2차 세계대전 이후부터 21세기로 접어드는 동안 어린이 문학은 그 주제와 형식 등의 면에서 보다 다양한 면모를 보여 주었다. 아이들 문학에서는 금기시되었던 전쟁이나 죽음 같은 소재들이 파우제방(Gudrun Pausewang)의 『핵 폭발 뒤 최후의 아이들(*Die letzten Kinder von Schewenborn*)』(1983)이나 화이트(Elwyn Brooks White)의 『샬롯의 거미줄(*Charlotte's Web*)』(1952) 같은 작품에서 정면으로 다루어지고, 상상을 초월하는 통제를 받는 미래 복지 사회의 모습을 그린 로우리(Lois Lowry)의 『기억 전달자(*The Giver*)』(1993)가 아이들에게 주어진다. 해체되는 가족, 파괴되는 환경 등도 어린이 문학의 주요 관심으로 떠오르고 있다. 19세기 중반에야 도덕과 교육의 도구라는 틀에서 벗어나 문학의 한 구석 자리에 희미하게 모습을 드러내기 시작한 어린이 문학이 1세기 반 남짓한 동안 이 세계 속에서 살아가는 주민으로서의 어린이들의 안과 밖의 모습을 꼼꼼히 들여다보고 그려 내는 예술의 자리를 당당하게 차지하고 있는 것이다.

『피터 래빗』
베아트릭스 포터 지음.
출처: NAVER 위키백과.

『샬롯의 거미줄』
엘윈 브룩스 화이트 글.
가스 윌리엄즈 그림.
시공주니어. 2016.

『나니아 연대기』
C. S. 루이스 글.
폴린 베인즈 그림.
시공주니어. 2005.

시대에 따른 작가를 중심으로 세계 아동문학의 흐름을 정리해 보면 다음과 같다.

[표 4-5] 세계 아동문학의 흐름

문학의 흐름	작 가	주요 내용
전승 문화	캑스턴 (영국)	• 영국 최초 인쇄술의 개척자로 근대 인쇄술의 아버지 • 최초로 출판한 책은 1474년 『트로이 역사집』 • 자녀 교육 『철학자들의 언명과 말』
	페로 (프랑스)	• 구전되어 온 민화를 동화로 개작하여 『페로 동화집』을 냄 • 동화집 속에 『신데렐라』, 『장화신은 고양이』, 『잠자는 숲속의 공주』, 『빨간 모자』 등이 실림
	그림 형제 (독일)	• 민화, 전설 등 200편 이상을 모아 『어린이와 가정을 위한 옛이야기』을 내어 전승문학이 아동문학으로 성립하는 데 공헌하였음 • 대표 동화로 『브레멘 음악대』, 『백설공주』, 『헨젤과 그레텔』, 『늑대와 일곱 마리 염소』 등이 있음
소설의 동화화 (3대 소설)	버니언 (영국)	• 『천로역정』 : 청교도주의의 걸작으로 평가됨
	디포 (영국)	• 『로빈슨 크루소』 : 어린이에게 모험과 의지와 힘을 보여 줌
	스위프트 (영국)	• 『걸리버 여행기』 : 시민 계급을 배경으로 하는 근대소설로서 동화 세계에 공상력과 상상력의 가치를 인식시켰음

문학의 흐름	작 가	주요 내용
근대 아동 문학	안데르센 (덴마크)	• 창작 아동문학의 선구자로서 창작문학의 기틀을 마련 • 최초의 동화집 「어린이를 위한 이야기」는 그가 동화의 아버지가 되는 출발점이 되었음 • 대표 작품은 「미운 오리 새끼」, 「인어공주」, 「엄지공주」, 「벌거숭이 임금님」, 「성냥팔이 소녀」, 「빨간구두」 [동화의 특징] • 간결하고 함축성 있는 언어 • 사람뿐만 아니라 생물과 무생물에게까지 생명을 불어넣어 인물을 창조하는 능력 • 탁월한 상상력 • 구전 설화를 소재로 독창적인 예술적 동화 • 작품에 용해되어 있는 기독교 신앙과 정신
	캐럴 (영국)	• 「이상한 나라의 엘리스」: 순수한 즐거움만을 위한 이야기 • 교훈이 지배했던 면에서 벗어나 순수한 기쁨과 즐거움을 주기 위한 환상적인 것이 특이함
19세기	콜로디 (이탈리아)	• 「아동신문」이 창간되면서 연재된 「피노키오」는 어린이에게 인간성 자각을 촉구하였음
	아미치스 (이탈리아)	• 「사랑의 학교」: 애국심과 자긍심을 강조함(원제: 쿠오레) • 대표 작품은 「난파선」
	• 스티븐슨(영국) – 「보물섬」 • 키플링(영국) – 「정글북」 • 와일드(아일랜드) – 「행복한 왕자」 • 스토우(미국) – 「톰 아저씨의 오두막」 • 올코트(미국) – 「작은 아씨들」 • 버네트(미국) – 「소공자」, 「소공녀」 • 말로(프랑스) – 「집 없는 아이」 • 슈피리(스위스) – 「하이디」	
20세기	베리 (영국)	• 「피터 팬」: 무궁무진한 공상의 세계가 들어 있음
	밀른 (영국)	• 「아기곰 푸우」: 아동을 위한 작품이 출현하였음 • 「옛날 옛날에」: 요정 이야기
	• 포터(영국) – 「피터 래빗」 • 배너먼(영국) – 「꼬마 삼보 이야기」 • 본젤스(독일) – 「꿀벌 마야」 • 라게를뢰프(스웨덴) – 「닐스의 이상한 여행」 • 생텍쥐페리(프랑스) – 「어린 왕자」 • 린드그렌(스웨덴) – 「말괄량이 삐삐」	

외국의 아동문학가와 작품을 살펴보면 다음과 같다.

[표 4-6] 외국의 아동문학가와 작품

작가	작품 및 내용	
케이트 그린어웨이 (1846~1901, 영국)	• 케이트 그린어웨이는 일러스트레이션의 절정을 이루며 그림책의 수준을 높이는 데 공헌했다는 평가를 받았음 • 『하멜른의 피리 부는 사나이』 그림 • 하멜른 사람들이 쥐 때문에 골치를 앓고 있자 어느 날 피리 부는 사나이가 나타나 해결해 주려는 내용을 다룬 것임 • 『창 밑에서』, 『메리골드가 피는 뜰』 등이 있음	 『하멜른의 피리 부는 사나이』 로버트 브라우닝 글. 케이트 그린어웨이 그림. 비룡소. 2006.
랜돌프 칼데콧 (1846~1886, 영국)	• 영국 근대 그림책의 아버지이자 그림책 노벨상으로 불리는 '칼데콧상'의 창시자임 • 『익살꾸러기 사냥꾼 삼총사』는 평면적인 공간에 머무르지 않고 살아 움직이는 듯한 동적인 그림으로 이야기를 이끌어 가는 독특한 방식으로, 사냥꾼 세 명이 사냥을 하러 갔다 허탕을 치고 돌아오는 내용을 흥겹게 표현함 • 『숲속의 두 아이』, 『하트의 여왕』 등이 있음	 『익살꾸러기 사냥꾼 삼총사』 에드윈 워 글. 랜돌프 칼데콧 그림. 시공주니어. 1999.
루이스 캐럴 (1832~1898, 영국)	• 『이상한 나라의 엘리스』는 환상과 유머가 가득한 작품으로 환상동화의 효시임 • 『이상한 나라의 엘리스』의 속편 『거울나라의 엘리스』, 시대를 풍자한 산문시 『스나크 사냥』 등이 있음	 『이상한 나라의 앨리스』 루이스 캐럴 글. 헬렌 옥슨버리 그림. 웅진주니어. 2007.

작 가	작품 및 내용	
유리 슐레비츠 (1935~ , 폴란드)	• 동양과 서양의 조화로운 미술작품을 선보였으며, 1968년 『세상에 둘도 없는 바보와 하늘을 나는 배』의 삽화로 칼데콧상을 수상함 • 『보물』은 영국에서 전해 오는 옛이야기를 영상미 넘치게 재구성한 작품으로 칼데콧 아너상을 수상함 • 『내가 만난 꿈의 지도』, 『새벽』, 『비 오는 날』 등이 있음	 『세상에 둘도 없는 바보와 하늘을 나는 배』 아서 랜섬 글. 유리 슐레비츠 그림. 시공주니어. 2017.
존 버닝햄 (1936~2019, 영국)	• 자유로움과 상상으로 다양한 환상 세계를 그려냄 • 『깃털 없는 기러기 보르카』는 남들과 다르게 태어난 보르카가 사회에 적응을 못 하다가 다름을 인정하는 곳에서 비로소 행복을 찾는 것으로 『검피 아저씨의 뱃놀이』와 함께 케이트 그린어웨이상을 수상함 • 매일 예상하지 못한 일로 지각하는 존을 믿지 못하는 선생님을 통해 어른들의 편견을 보여 주는 『지각대장 존』과 『야, 우리기차에서 내려!』, 『구름나라』, 『내 친구 커트니』 등이 있음	 『지각대장 존』 존 버닝햄 글 · 그림. 비룡소. 2007.
모리스 센닥 (1928~2012, 미국)	• 자기 안의 어린이를 발견해 내는 재능이 있고 어린이의 눈높이에 맞추어 경험한 것을 그려 냄 • 『괴물들이 사는 나라』로 칼데콧상과 한스 크리스티안 안데르센상 등을 수상함 • 『깊은 밤 부엌에서』, 『토끼 아저씨와 멋진 생일 선물』로 칼데콧 아너상을 수상함	 『토끼 아저씨와 멋진 생일 선물』 샬롯 졸로토 글. 모리스 센닥 그림. 보림. 2000.

작가	작품 및 내용	
헬렌 옥슨버리 (1938~, 영국)	• 부드럽고 따뜻한 서정적인 면과 유머러스한 분위기를 작품에 표현함 • 『이상한 나라의 앨리스』와 『괄글왈글의 모자』로 케이트 그린어웨이상을 수상함 • 『곰 사냥을 떠나자』, 『옛날에 오리 한 마리가 살았는데』 등 그림	 『곰 사냥을 떠나자』 마이클 로젠 글. 헬린 옥슨버리 그림. 시공주니어. 1994.
에즈라 잭 키츠 (1916~1983, 미국)	• 흑인소년 주인공 등장, 콜라주나 마블링 등 새로운 그림 기법을 사용함 • 『눈 오는 날』, 『휘파람을 불어요』, 『피터의 의자』, 『피터의 편지』, 『피터의 안경』 순으로 주인공 피터의 성장과 내면, 생활을 담아 냄 • 『눈 오는 날』과 『피터의 안경』으로 칼데콧상을 수상함	 『휘파람을 불어요』 에즈러 잭 키츠 글 · 그림. 시공주니어. 1999.
버지니아 리 버튼 (1909~1969, 미국)	• 『말괄량이 기관차 치치』는 탈것 그림책의 대표작으로 『마이크 멀리건과 증기 삽차』, 『케이티와 폭설』 등도 탈것을 소재로 아들과 손녀를 위해 만들었음 • 『작은 집 이야기』로 칼데콧상을 수상함	 『말괄량이 기관차 치치』 버지니아 리 버튼 글 · 그림. 시공주니어. 2010.

작가	작품 및 내용	
앤서니 브라운 (1946~ , 영국)	• 간결함과 유머러스함 속에 깊은 주제를 담아 세밀하고 색다른 그림으로 표현함 • 『고릴라』, 『동물원』으로 케이트 그린어웨이상을 수상함. 2000년 한스 크리스티안 안데르센상을 수상함 • 가족 누구도 도와주지 않고 모든 집안일을 혼자 맡아서 하던 엄마의 노고를 표현하는 『돼지책』과 『미술관에 간 윌리』, 『기분을 말해봐』, 『터널』 등이 있음	 『돼지책』 앤서니 브라운 글 · 그림. 웅진주니어. 2001.

세계 여러 나라의 뛰어난 작가와 그들의 작품은 아동문학의 발전에 지속적으로 기여해 왔다. 이에 아동문학상을 제정하여 그 공로자에게 시상하고 있으며 아동문학 발전에 큰 역할을 하고 있다.

우리나라의 아동문학상과 외국의 아동문학상을 살펴보면 다음과 같다.

[표 4-7] 우리나라의 아동문학상

상 이름	내 용
소천 아동문학상	• 1965년 강소천 선생님이 아동문학에 남긴 업적을 기념하기 위해 출판사인 배영사에서 제정한 상임 • 한동안 중단되었다가 1984년 계몽사에 의해 다시 해마다 시상하는데, 우리나라에서 발표된 작품을 토대로 우수한 작품을 선정하여 그 작가에게 시상하고 시상은 매년 5월임 • 주로 동화 부문을 시상함
세종 아동문학상	• 1967년 한국일보사의 소년한국일보에 의해 제정됨 • 지난 1년간 발표된 아동문학 창작물을 대상으로 심사위원회에서 가장 우수한 작품을 선정함 • 매년 한글날인 10월 9일에 시상함
한정동 아동문학상	• 1969년 제정되었고, 동요 '따오기'의 작사가인 한정동 선생님의 기금으로 설립함 • 매년 3월 1일, 1년 동안에 발표된 우리나라 아동문학가의 창작작품과 동시, 동요를 대상으로 운영위원회가 위촉하는 심사위원회에서 우수한 작품을 선정함, 매년 5월 3일에 시상함 • 주로 동요와 동시 부문을 시상함(2007년부터 동화 시상)
방정환 문학상	• 아동문학가인 소파 방정환의 문학정신을 이어받아 이를 기리기 위해 1990년 제정된 상으로, 문학성과 문학사적 가치가 뛰어난 아동문학작품에 수여함 • 동시와 동화 등의 부문으로 구분하여 시상함
이 밖에도 한국아동문학회에서 시상하는 아동 문학 작가상, 현대아동문학가협회가 시상하는 현대 아동문학상과 '아동문예사'의 아동문예신인문학상, '새벗사'의 아동 문학 신인상, 윤석중 문학상(1973), 이주홍 아동문학상(1981), 박홍근 아동문학상(1990), 황금도깨비상(1991), 마해송 문학상(2004) 등이 있음	

출처: 장혜순(2002). 재인용.

[표 4-8] 외국의 아동문학상

<table>
<tr><th>상 이름</th><th colspan="3">내 용</th></tr>
<tr><td rowspan="3">뉴베리상
(The Newbery Medal)
</td><td colspan="3">• 뉴베리상은 미국의 출판사 아르아르보커의 프레더릭 G. 멜처가 제정하고 최초로 아동을 위한 책을 출판한 존 뉴베리의 이름을 따서 만든 상으로 1922년 처음 시상함
• 미국 도서관협회의 아동 부서 수상위원회가 전해에 미국에서 출판된 아동문학작품 중에서 가장 우수하게 공헌한 저자에게 수여되며 뉴베리상과 뉴베리 명예상이 있음</td></tr>
<tr><td></td><td>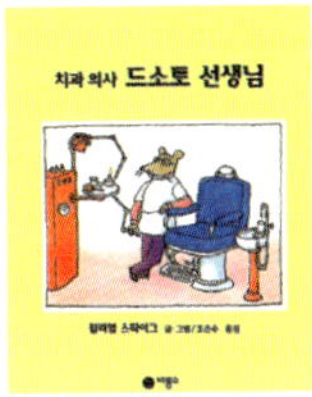</td><td></td></tr>
<tr><td>『샬롯의 거미줄』
엘윈 브룩스 화이트 글.
가스 윌리엄즈 그림.
시공주니어. 2000.</td><td>『치과의사 드소토 선생님』
윌리엄 스타이그 글 · 그림.
비룡소. 2000.</td><td>『사금파리 한 조각』
린다 수 박 글.
김세현 그림.
서울문화사. 2002.</td></tr>
<tr><td rowspan="3">칼데콧상
(The Caldecott Medal)
</td><td colspan="3">• 그림책의 황금시대를 연 영국의 삽화가인 랜돌프 칼데콧을 기리기 위해 그 이름을 따서 만들었음
• '그림책의 노벨상'이라 불리며 미국에서 가장 우수한 그림책을 그린 작가에게 주는 상으로 1939년부터 시상함
• 칼데콧상(금상)은 1명의 작가에게 수여되고, 가작에 해당하는 칼데콧 아너 상(은상)은 1~5명의 작가에게 수여함</td></tr>
<tr><td></td><td></td><td></td></tr>
<tr><td>『눈 오는 날』
에즈라 잭 키츠 글 · 그림.
비룡소. 1998.</td><td>『괴물들이 사는 나라』
모리스 센닥 글 · 그림.
시공주니어. 2002.</td><td>『작은 집 이야기』
버지니아 리 버튼 글 · 그림.
시공주니어. 1993.</td></tr>
</table>

<table>
<tr><th>상 이름</th><th colspan="3">내용</th></tr>
<tr><td rowspan="3">카네기상
(The carnegie Medal)
</td><td colspan="3">• 스코틀랜드 출신의 박애주의자 앤드류 카네기를 기리기 위해 제정된 상임
• 1937년 설립된 카네기상은 영국도서관 협회가 해마다 수여하는 상으로 영국에서 전해에 처음 출판되고 영어로 쓰인 가장 우수한 아동 도서의 작가에게 주어짐</td></tr>
<tr><td></td><td></td><td></td></tr>
<tr><td>『나니아 연대기』
C. S. 루이스 글.
폴린 베인즈 그림.
시공주니어. 2016.</td><td>『놀라운 모리스와 똑똑한 쥐 일당』
테리 프래쳇 글.
데이비드 와이엇 그림.
시공주니어. 2015.</td><td>『몬스터 콜스』
패트릭 네스 글.
짐 케이 그림.
웅진주니어. 2012.</td></tr>
<tr><td rowspan="3">케이트 그린어웨이상
(The Kate Greenaway Medal)
</td><td colspan="3">• 영국의 그림책 화가 케이트 그린어웨이를 기념하여 1955년에 제정함
• 전해에 영국에서 출판된 어린이책의 삽화 중에서 가장 뛰어난 작품의 작가에게 주어지며 영국도서관협회에 의해 매년 수상함</td></tr>
<tr><td></td><td></td><td></td></tr>
<tr><td>『난 토마토 절대 안 먹어』
로렌 차일드 글 · 그림.
국민서관. 2001.</td><td>『깃털 없는 기러기 보르카』
존 버닝햄 글 · 그림.
비룡소. 1998.</td><td>『고릴라』
앤서니 브라운 글 · 그림.
비룡소. 1999.</td></tr>
</table>

상 이름	내용		
한스 크리스티안 안데르센상 (The Hans Christian Andersen Award) 	• 덴마크의 동화작가 안데르센의 이름을 딴 상으로 아동문학가 1명(1956년부터)과 일러스트레이터 1명(1966년부터)에게 주어지며 가장 권위 있고 국제적으로 공인된 영예로운 상임 • 국제 안데르센상은 아동문학의 노벨상이라고 불리며 1956년에 설립되었고, 국제아동청소년도서협의회(IBBY)에서 어린이 문학에 공헌도가 큰 현존 작가에게 2년에 한 번씩 수여함		

	『옛날에 오리 한 마리가 살았는데』 마틴 워델 글. 헬린 옥슨버리 그림. 시공주니어. 2001.	『깊은 밤 부엌에서』 모리스 센닥 글 · 그림. 시공주니어. 1994.	『크릭터』 토미 웅거러 글 · 그림. 시공주니어. 2017.

4장 아동문학의 역사 :: 문제

4장 아동문학의 역사	1. 구비문학	

문제1) 구비문학이 가지는 교육적 기능을 설명한 것 중 가장 타당한 것은?
① 심리적 갈등을 해소할 수 있다.
② 작가 개인의 사상을 쉽게 이해할 수 있다.
③ 조상들의 생활과 가치관을 경험할 수 있다.
④ 아동의 실생활과 관련되어 문제해결력을 신장한다.

문제2) 구비문학의 특성이 아닌 것은?
① 구비문학은 언어로 된 문학이다. ② 구비문학은 단순하며 보편적인 문학이다.
③ 구비문학은 말로 된 문학이다 ④ 구비문학은 구연되는 문학이다.

문제3) 다음은 구비문학의 장르 중 어떤 것과 관련된 설명인가?

〈보기〉
- 특정한 시작과 끝맺는 말이 있다.
- 권선징악의 주제와 인과응보적인 내용이 많다.
- 극적 효과를 위한 구연 기법이 발달되어 있다.

① 신화 ② 전설 ③ 민담 ④ 판소리

문제4) 구비문학의 특성에 대한 설명이 바르게 된 것은?
① 구연이 필수적인 전달 방법이다.
② 원형이 그대로 보존되어 전승한다.
③ 소수에 의해서 만들어진 문학이다.
④ 복잡한 형식으로 내용, 문체, 구성 등이 세밀하다.

문제5) 구비문학의 변화 과정에 대한 설명이 잘못된 것은?
① 민담은 기록문화로 오면서 전래동화로 작가 미상의 글로 기록되고 있다.
② 민담은 일정한 형식이 있고 플롯이 단순하여 기록문화뿐만 아니라 구비문학으로도 유지하고 있다.
③ 두뇌의 연상작용으로 재치와 언어의 유희적인 기능을 가져 아동들이 즐겨하는 구비문학은 수수께끼이다.
④ 구비문학은 옛날이야기로 시대성에 맞지 않기 때문에 더 이상 발전성이 없다.

정답	1. ③ 2. ① 3. ③ 4. ① 5. ④

4장 아동문학의 역사	2. 옛이야기	

문제1) 다음 중 우리나라 옛이야기의 내용 특성에 해당되는 것은 어느 것인가?
① 부모로부터의 독립을 강조하고 있다.
② 약자의 편에 서서 강자에게 대적하는 내용이 많다.
③ 성적 성숙의 상징화에 관한 문제를 강조하고 있다.
④ 여러 나라의 옛이야기는 동일한 내용으로 구성되어 있다.

문제2) 다음 중 옛이야기의 특성에 해당되지 않는 것은 어느 것인가?
① 등장인물 성격은 전형적으로 양극성으로 나타난다.
② 이야기의 시작과 끝이 일정한 형식으로 나타난다.
③ 구체적인 배경 묘사로 나타난다.
④ 뛰어난 환상성을 보인다.

문제3) 어린이에게 들려줄 옛이야기를 선택하는 기준으로 가장 잘 맞는 것은?
① 재미있는 옛이야기는 모두 좋다.
② 옛이야기는 본래의 의미가 변형되었더라도 교훈성이 있어야 한다.
③ 옛이야기에서 전달하고자 하는 의미가 변형되지 않았어야 한다.
④ 악한 인물을 모방하기 때문에 나오지 않는 것으로 선택한다.

문제4) 옛이야기에 대한 설명으로 적절하지 않은 것은?
① 인의예지에 해당되는 이야기가 많다.
② 주인공은 언제나 자신의 노력으로 당면 문제를 해결한다.
③ 구성의 진척이 빠르고 등장인물의 성격이 단순하다.
④ 민족 생활의 정서가 반영되며 권선징악의 내용이 대부분이다.

문제5) 옛이야기를 들려주는 방법에 대한 설명으로 바른 것은?
① 옛이야기는 상상을 통한 거짓 스토리로 마음대로 들려주어도 괜찮다.
② 옛이야기를 나눌 때는 서로 얼굴을 바라보고 온몸으로 느끼면서 나누어야 한다.
③ 옛이야기는 리듬감 있는 운율로 글자 공부를 하기에 좋은 방법이다.
④ 옛이야기는 동화구연과는 다른 내용 전달 방법이다.

정답	1. ② 2. ③ 3. ③ 4. ② 5. ②

4장 아동문학의 역사	3. 한국아동문학의 역사	

문제1) 다음 중 우리나라 최초의 창작동화라고 일컫는 작품은?
① 권정생의 『강아지 똥』 ② 이원수의 『아기 염소』
③ 방정환의 『사랑의 선물』 ④ 마해송의 『바위나리와 아기별』

문제2) 다음 중 발흥 성장기 아동문학을 본격적으로 출발시킨 사람은?
① 이광수 ② 최남선 ③ 방정환 ④ 윤석중

문제3) 현대 아동문학의 기점은 어디로 보고 있는가?
① 삼국유사 가락국기의 '구지가' ② 소년 창간호에 쓴 『해에게서 소년에게』
③ 동학혁명 때의 '파랑새 노래' ④ 어린이에 연재된 동화극 『노래주머니』

문제4) 한국아동문학의 역사적 흐름을 바르게 나열한 것은?
① 태동 초창기 – 발흥 성장기 – 암흑 수난기 – 통속 팽창기 – 전환 발전기
② 태동 초창기 – 전환 발전기 – 암흑 수난기 – 통속 팽창기 – 발흥 성장기
③ 발흥 성장기 – 암흑 수난기 – 태동 초창기 – 정리 형성기 – 전환 발전기
④ 발흥 성장기 – 태동 초창기 – 암흑 수난기 – 광복 혼미기 – 정리 형성기

문제5) 다음 중 한국아동문학의 역사에 있어서 각종 문화 단체가 결성되면서 여러 문학상이 제정되어 유능한 신인이 등장하게 된 시기는?
① 통속 팽창기 ② 발흥 성장기 ③ 전환 발전기 ④ 정리 형성기

정답	1. ④ 2. ③ 3. ② 4. ① 5. ④

4장 아동문학의 역사	4. 외국아동문학의 역사	

문제1) 서민들까지도 즐겨볼 수 있는 대중적인 작은 책은 무엇인가?
① 페로의 동화집 ② 어린이와 가정을 위한 동화집
③ 트로이 역사집 ④ 챕북

문제2) 근대 아동문학의 창시자라고 할 수 있는 사람은?
① 오스카 와일드 ② 안데르센 ③ 스토우 ④ 아미치스

문제3) 세계 최초의 그림책은?
① 세계도회 ② 마녀 위니 ③ 피터의 의자 ④ 작은 배

문제4) 외국의 아동문학가에 대한 작품이 바르게 연결된 것은?
① 안데르센 – 『브레멘 음악대』
② 그림 형제 – 『지나간 옛날 이야기』
③ 케이트 그린어웨이 – 『하멜른의 피리 부는 사나이』
④ 샤를 페로 – 『어린이와 가정을 위한 동화』

문제5) 외국의 그림책에 관한 설명이다. 바르게 된 것은?
① 케이트 그린어웨이는 책 디자이너와 장시가로 큰 성공을 거두었다.
② 존 버닝햄은 『검피 아저씨의 뱃놀이』로 케이트 그린어웨이상을 수상했다.
③ 영국 최초의 3대 그림책 화가는 랜돌프 칼데콧, 월터 크레인, 존 버닝햄이다.
④ 랜돌프 칼데콧은 잘 쓰여진 글과 아름답고 세심하게 그려진 그림의 완벽한 통일성을 추구한다.

정답	1. ④ 2. ② 3. ① 4. ③ 5. ②

CHAPTER 05

구연(storytelling) 방법

1. 호흡법
2. 발성법
3. 발음
4. 화술
5. 동화구연대회 심사 기준

5장 구연 방법 :: 문제

동화구연(story telling)은 동화의 내용을 구연이라는 형식을 통해 표현하는 과정에서 시각과 청각이 함께 어우러져 청자로부터 흥미와 상상력을 불러일으킨다. 그리고 본인이 직접 하는 구연은 스토리에 대한 사고를 확장하고 감정을 효과적으로 전달하는 등 의사소통을 촉진한다. 특히 최근 많이 사용하고 있는 그림을 이용한 구연은 시각 및 청각적 효과를 주어 청자가 그림의 장면을 입체적이고 생생하게 연상함으로써 그 메시지 전달이 오래 지속되는 효과가 있다.

동화구연에서 구연은 단순한 성대모사가 아니라 등장인물의 상황과 감정을 표현하기 위한 감정이입으로 이루어진다. 이때 구연은 인간의 희(喜), 노(怒), 애(哀), 락(樂), 애(愛), 오(惡), 욕(欲)에 이르는 감정을 표현한다. 이는 구연자의 삶의 연륜과 경험의 정도에 따라 달라지는 경험 표현으로 구연자의 개성을 이루는 또 하나의 핵심적인 요소가 된다. 구연의 연습 과정은 이야기 속 등장인물의 상황과 감정을 구연자의 개성을 통해 효과적으로 드러내는 의사소통의 훈련이다. 이는 상대방과 함께 이야기를 듣고, 들려주는 상호작용을 통해 서로 교감할 수 있는 의사소통을 위한 최적의 교육 방법이다.

나정심(2018)은 구연이 동화의 내용을 자신의 이야기로 재해석하고 감정이입하여 상대방에게 공감력을 효과적으로 불러일으킬 수 있는 최적의 학습자 중심의 교수 방법이고, 소리를 통해 의미를 전달하고 표현하는 구연의 과정은 자신의 목소리, 즉 자신의 고유성을 발견하는 기회가 된다고 하였다. 그러므로 구연은 같은 원고라도 구연하는 이의 경험과 노력으로 해석하고 표현하는 것이기에 구연 방법은 스토리를 분석하는 구연자의 개성 있는 표현 방법이며 자신을 찾고 성장하는 연습 과정인 것이다.

동화구연전문가들은 구연을 가르치는 것이 아니라 배울 수 있도록 지도하여야 하고 학습자 스스로가 변화할 수 있도록 도움을 주어야 한다. 이는 학습자들이 구연을 배우면서 직면하게 되는 여러 문제들을 스스로 인식하고 이를 해결하는 과정에서 자신을 변화시킬 수 있기 때문이다. 그리고 구연을 함에 있어 자신의 의사를 잘 표현하는 것 못지않게 중요한 것은 상대의 이야기를 잘 경청하는 것이다. 다른 이들의 목소리를 통해 자신의 표현력을 발견하기도 하고 듣기 훈련을 통해 상대를 이해하고 배려할 수 있는 인성 훈련이 이루어진다. 따라서 동화구연전문가들은 구연이라는 훈련을 통해 자신의 말투나 목소리가 아름다워지는 외적인 변화뿐 아니라 긍정적으로 사고하는 내적인 변화 또한 이루어지도록 해야 한다.

1 호흡법

태어나서 평생 사용하는 목소리는 이미지를 구성하는 아주 중요한 요소 중 하나이다. 말은 일상에서 대화를 통해 소통할 때 마음속에 있는 자신의 의사를 전달하는 핵심적인 수단이고, 이때 목소리는 이미지를 형성하고 각인시키는 중요한 요소이다. 목소리는 숨을 들이마신 후 내쉬는 공기가 성대 사이 작은 틈을 지나면서 성대 점막을 진동시켜 나온다. 이 소리가 공명과 구음의 과정을 거쳐 음성이라는 목소리로 인식된다. 목소리의 고유한 특색을 결정하는 것은 성대의 진동으로 나타나는 것이다. 따라서 좋은 목소리란 선천적으로 타고난 밝고 건강하고 호소력 있는 목소리로 사랑이 담긴 자신 있는 소리를 말한다.

구연을 통해 내용을 잘 전달하기 위해 가장 강조하는 것은 올바른 호흡, 발성 그리고 발음이다. 이는 구연의 기본기가 되는 것으로 이를 익히지 않고 목소리에 한정된 소리만 연습한다면 전달력이 낮을 수밖에 없다. 동화구연전문가들이 올바른 호흡, 발성, 발음과 함께 적절한 감정을 표현하는 연습을 한다면 보다 자연스럽고 다양한 소리를 응용할 수 있는 구연 역량이 개발될 것이다.

1) 호흡의 정의

호흡의 일반적인 정의는 모든 생명체에 있어서 기본이 되는 신진대사로 숨을 들이쉼(들숨)과 내쉼(날숨)을 뜻한다. 몸에 필요한 공기를 들이마시고 불필요한 공기를 몸 밖으로 내보내는 활동으로 산소를 들이마시고 이산화탄소를 내보내는 가스 교환을 통해 생활에 필요한 에너지를 만드는 작용을 말한다. 그리고 구연 방법에서 말하는 호흡이란, 발성을 보다 잘하기 위한 기본 수단으로 어떤 부분에서는 들이쉼을 하고 어떤 부분에서는 내쉼을 하는지를 조절하는 것을 말한다.

호흡의 과정에 있어 숨을 들이마실 때 공기의 이동은 코 → 기관 → 기관지 → 폐로 가고 숨을 내쉴 때 공기의 이동은 폐 → 기관지 → 기관 → 코의 순으로 이동한다. 아래 그림과 같이 자세한 과정을 살펴보면 숨을 들이마실 때(들숨)의 공기는 코 → 기관 → 기관지 → 폐 팽창 → 횡경막 수축의 과정을 거치고, 숨을 내쉴 때(날숨)의 공기는 횡경막 이완 → 폐 수축 → 기관지 → 기관 → 코의 과정을 거친다. 이 과정은 구연자에게 필수적인 복식호흡의 과정이므로 잘 이해해 두는 것이 좋다.

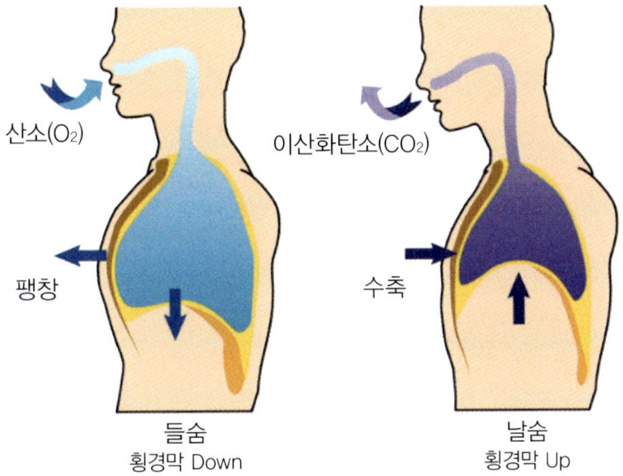

[그림 5-1] 호흡의 과정과 원리

출처: https://blog.naver.com/ccuam/221480384216

호흡의 종류는 뱃속 깊은 곳에서 들이쉼과 내쉼을 하는 복식호흡과 가슴으로 숨을 쉬는 흉식호흡으로 구분한다.

복식호흡은 배 부분의 근육을 사용해서 양쪽 폐 속으로 공기를 흡입했다가 호흡하는 것으로 뱃속 깊이 숨을 들이쉬었다가 내쉬는 호흡 방법이다. 복식호흡 방법으로 숨을 들이마시면 배가 나오게 되어 아랫배에서부터 가슴까지 많은 양의 공기를 저장할 수 있다. 그래서 긴 문장을 구연할 때 안정적이고 깊이 있는 감정 표현을 할 수 있다.

흉식호흡은 가슴으로 숨을 쉬는 것으로 어깨를 올리거나 가슴을 움직여 흉곽을 확대하는 호흡 방법이다. 흉식호흡의 소리는 공기를 충분히 흡입할 수 없어 음정이 불안하며 긴 문장을 구연할 때 짧은 호흡으로 인해 깊이 있는 감정표현이 어렵다. 구연을 위해서는 복식호흡과 흉식호흡 두 가지를 모두 익혀야 한다. 가장 자연스러운 호흡법은 복식호흡을 꾸준히 훈련하여 편안하고 안정감 있는 소리를 내는 것이며 문장에 따라 흉·복식호흡을 적절하게 사용하는 것이다.

2) 복식호흡 훈련 방법

구연을 위해서 문장에 따른 호흡 조절을 잘한다면 구연자는 의도하는 내용을 효과적으로 전달할 수 있다. 김현아(2015)는 호흡이란 언어와 감정에 작용하는 것으로, 깊이 있고 표현력이 있게 많은 호흡량을 감당하는 배우(구연자)는 복식호흡을 훈련해야 한다고 하였다. 그리고 깊은 호흡과 좋은 소리를 위해서는 좋은 자세를 갖는 것이 매우 중요하다고 하였다.

좋은 호흡과 소리는 몸을 바르게 하는 것에서 시작된다. 복식호흡을 연습하기 전 척추를 곧게 세우고 당당한 자세를 유지하며, 다양한 스트레칭을 통해 긴장된 근육을 이완시킨다면 효과적인 훈련이 될 것이다.

• 훈련 방법 ❶

한 손은 배에 두고 다른 한 손은 가슴에 둔다. ⇨ 천천히 코를 통해 공기를 들이 마신다. ⇨ 손을 얹은 배가 부풀어 오르는 것을 느낀다. ⇨ '후~' 소리를 내면서 입을 통해 숨을 내쉰다. ⇨ 배가 꺼지는 것을 느낀다. ⇨ 배의 움직임과 숨소리에 집중한다. ⇨ 반복한다.

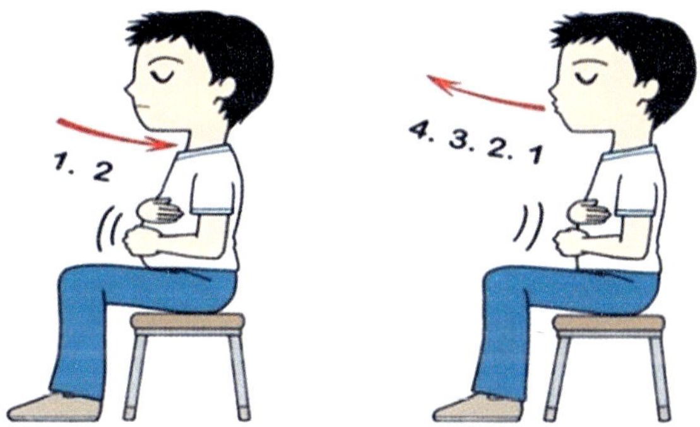

[그림 5-2] 복식호흡 훈련 방법

출처: www.pinterest.com(건강에 있는 정숙자님 판, 복식호흡 및 건강).

• 훈련 방법 ❷

천천히 들숨 (1~5, 1~10) ⇨ 천천히 날숨 (1~5, 1~10)

천천히 들숨 (1~5, 1~10) ⇨ 빠른 날숨 (1~5, 1~10)

빠른 들숨 (1~5, 1~10) ⇨ 천천히 날숨 (1~5, 1~10)

빠른 들숨 (1~5, 1~10) ⇨ 빠른 날숨 (1~5, 1~10)

천천히 들숨 (1~5, 1~10) ⇨ 정지 숨 (1~5, 1~10) ⇨ 천천히 날숨 (1~5, 1~10)

● 훈련 방법 ❸

1~5까지 세면서 호흡을 깊게 천천히 일정하게 들이 마신다. ⇨ 입과 코를 통해서 천천히 고르게 숨을 들이 마신다. ⇨ 약 5초 동안 숨을 멈춘다. ⇨ '후~' 소리를 내며 천천히 숨을 내쉰다. ⇨ 가능한 천천히 내쉰다.

● 훈련 방법 ❹

누운 자세에서 배 위에 작은 책을 올려놓고 숨을 내쉰다.

⇨ 들숨 : 책이 위로 올라간다.

⇨ 날숨 : 책이 아래로 내려간다.

● 훈련 방법 ❺

풍선 불기 : 긴 호흡을 위해 필요한 훈련이다.

● 복식호흡을 이용한 감정표현 연습

① "하하하하! 난 이 세상에서 가장 힘이 세단 말이야. 누구든지 덤벼라!"

② "내가 진짜 주인이 누군지 알아보려고 일부러 그런 거야. 호호호!"

③ "으흐흐흐! 할멈, 이 떡은 내가 먹어도 되겠수? 으흐흐흐!"

④ "드르렁 쿨쿨, 드르렁 쿨쿨! 아이고, 가려워라! 드르렁 쿨쿨, 드르렁 쿨쿨!"

⑤ "으아아악! 늑대다! 늑대가 나타났어요!"

호흡 훈련을 할 때는 어깨에 힘을 빼고 숨을 쉴 때 가슴이 올라가지 않도록 주의한다. 호흡을 할 때는 숨 쉬는 소리가 너무 커지지 않도록 조심하고 한꺼번에 많은 양의 숨을 마시거나 내보내지 않고 천천히 들이마시고 천천히 내뱉도록 한다. 꾸준한 반복 연습을 통해 호흡 길이가 점차 늘어날 수 있도록 숫자를 세거나 시선을 먼 곳을 바라보듯이 하면 호흡의 길이 조절에 도움이 된다.

2 발성법

발성은 '소리 또는 목소리를 내는 것'이다. 호흡이 구연을 위한 에너지를 제공한다면, 발성은 소리의 폭과 깊이를 더하는 것이다. 아무리 호흡이 자연스럽더라도 발성이 무미건조하고 떨린다면 청자는 귀를 기울이지 않게 된다. 구연자가 호흡과 발성을 터득하여 깔끔한 소리를 내는 것에 그치지 않고, 구연자 내면의 감정까지 표현한다면 청자는 크게 감동할 것이다. 따라서 발성은 안정적이고 편안한 깊은 소리와 긴 호흡으로 의미와 감정을 함께 전달하여 청자에게 다양한 믿음과 이미지를 심어 준다.

좋은 발성을 하면 말의 속도를 필요에 따라 자유롭게 조절할 수 있으며 발음이 분명해진다. 또한 소리가 입속에서 머물지 않고 앞으로 뻗어 나오게 되어 전달력이 좋아진다. 훌륭한 발성을 위해서는 성대에서 나오는 원래의 소리를 조절하고 다듬어 최선의 소리로 가공하는 기술을 익혀야 한다. 열린 소리, 트인 소리, 강한 듯한 탄력이 있는 소리가 되기 위해서는 성대와 몸이 함께 울리는 공명발성법을 익혀야 한다.

공명이란 목소리가 입술로 나오는 과정에서 목, 입안, 그리고 콧구멍 등에서 울리는 현상을 말한다. 입을 다물고 허밍을 해 보면 입안에서 미세한 떨림이 느껴질 것이다. 한쪽 콧구멍을 막고 소리를 내보면 콧구멍 속에서도 미세한 울림을 느껴 볼 수 있다. 공명의 울림통은 배, 가슴, 목, 후두, 인두, 비강, 경구개, 연구개, 등, 두개골 등 온몸이 울림통이다. 따라서 공명발성법은 몸을 악기라고 생각하여 전신의 힘을 빼고 성대와 아랫배가 연결되어 함께 움직이는 느낌으로 목에 무리를 주지 않고 내뱉는 발성법이다.

발성의 목적은 상대방에게 말을 정확하게, 감동 있게 전달하는 데 있다. 발성으로 완성된 목소리는 공명기관을 통해 커지며 개개인의 독특한 음색을 가진다. 좋은 목소리란 힘이 있고 듣기 편안한 소리이다. 발성 연습을 꾸준하게 하면 자신의 음성 높낮이와 음성의 폭을 감지하고 조절할 수 있어 구연이 유연해지고 표현력이 좋아진다.

1) 발성기관

발성기관은 목소리를 내는 기관이다. 후두, 즉 숨구멍 속에 있는 성대라는 발성 장치에서 나오는 것이다.

2) 공명기관

울림의 소리, 음색을 결정하는 기관이다.

㉠ **인두** – 후두 위에 있으며, 위로는 비강에, 앞은 구강에, 아래는 식도의 끝에 닿아 있다.
㉡ **구강** – 입에서 인두에 이르는 부분으로 입안의 빈 곳이다.
㉢ **비강** – 콧속, 즉 입천장 위로 뻗어 있는 텅 빈 공간이다.

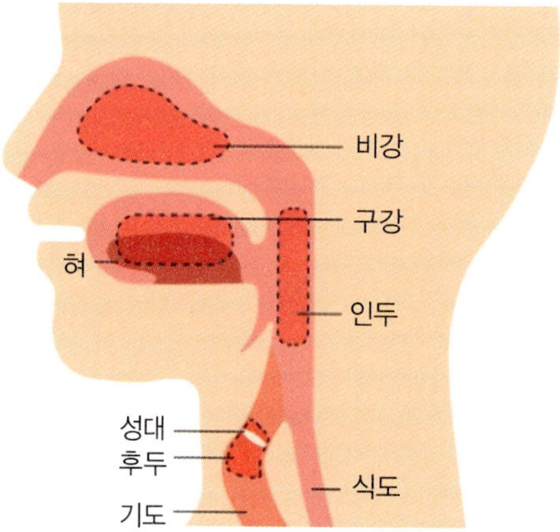

[그림 5-3] 공명기관
출처: 동아사이언스

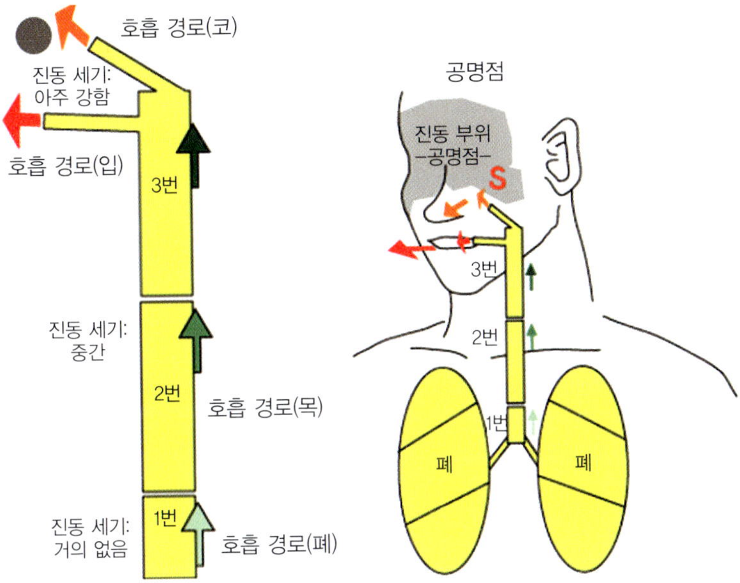

[그림 5-4] 호흡 경로와 공명의 원리

출처: https://pann.nate.com/talk/112309654

3) 발성 훈련 방법

발성을 훈련할 때의 자세는 상체에 힘을 빼고 편안한 마음으로 호흡을 한다. 다리에 힘을 주어 상체를 받쳐 주며 자신의 눈높이보다는 약간 위쪽에 시선을 두고 눈동자는 될 수 있으면 한곳을 응시하며 정확한 입 모양으로 소리를 내도록 한다.

● **발성 훈련 – 3단계 발성**

– 소리의 높이를 3단계로 나누어 발성하며 구연자 자신의 낮은 음, 보통 음, 높은 음을 감지하고 음이 흔들리지 않게 이어 간다.

[표 5-1] 3단계 발성

단계	음높이
1단계	25 (낮은 음)
2단계	50 (보통 음)
3단계	75 (높은 음)

– 3단계 발성 (낮은 음, 보통 음, 높은 음)

연습 ❶

1단계 – 아가야, 기어와!

2단계 – 언니, 걸어와!

3단계 – 엄마, 뛰어와!

연습 ❷

1단계 – 아가야, 자장자장!

2단계 – 엄마, 아기가 깼어요.

3단계 – 엄마, 아기가 울어요.

연습 ❸

1단계 – 모기 한 마리가 날아옵니다.
또 한 마리가 날아옵니다.

2단계 – 친구 엉덩이에 앉았습니다.

3단계 – 쏠까, 말까? 쏠까, 말까? 쏘아라!

● 발성 훈련 – 5단계 발성

– 3단계에서 사이음을 넣어 발성 단계를 5단계로 조절하여 그 특성을 살려 발성한다. 구연자 자신의 음높이를 파악하여 동화의 흐름에 따라 발성 단계를 설정한 후 구연한다.

[표 5-2] 5단계 발성

단계	음높이	동화의 흐름
1단계	0 (아주 낮은 음)	신음, 중얼거림
2단계	25 (낮은 음)	자신과의 약속, 슬픔
3단계	50 (보통 음)	대화, 해설에서 가장 많이 사용
4단계	75 (높은 음)	기쁠 때, 화났을 때, 급박한 상황
5단계	99 (비명)	클라이맥스 부분

– 5단계 발성 (낮은 음, 사이음, 보통 음, 사이음, 높은 음)
단계 발성에 따라 느낌과 음의 높이를 넣어서 연습한다.

연습 ❶

1단계 – 난, 무섭지 않아!

2단계 – 모래밭을 밟고, 살금 살금! 살금 살금!

3단계 – 숲길을 헤쳐, 터벅 터벅! 터벅 터벅!

4단계 – 천둥을 뚫고, 쿵쿵 쾅쾅! 쿵쿵 쾅쾅!

5단계 – 으악! 곰이다. 도망가자.

연습 ❷

1단계 – 어휴, 너무 큰 강이야. 어떡하지?

2단계 – 옳거니. 저 생쥐를 따라가 봐야겠다.

3단계 – 할아버지는 신이 나서 콧노래가 나왔어요.

4단계 – 에구머니나! 그건 소똥이야, 소똥! 그걸 왜 먹는 거야?

5단계 – 아이고, 영감! 황금 항아리예요, 황금!

연습 ❸

1단계 – 아, 귀신이 나올 것 같아.

2단계 – 그래! 여기서 빠져 나가야 해. 방법이 있을 거야.

3단계 – 밤이 되자 비바람은 거세어지고 주위는 무척이나 깜깜했어요.

4단계 – 누구 없어요? 누가 좀 와주세요!

5단계 – 으악! 도, 도깨비다! 살려주세요!

• 발성 훈련 – 10단계 발성

– 5단계에서 사이음을 넣어 발성 단계를 10단계로 조절하여 음의 높이가 점차적으로 높아지는 발성 훈련이다.

연습 ❶

1단계 – 하나 하면 할머니가 지팡이를 짚는다고 잘잘잘

2단계 – 둘 하면 두부 장수 두부를 판다고 잘잘잘

3단계 – 셋 하면 새색시가 거울을 본다고 잘잘잘

4단계 – 넷 하면 냇가에서 빨래를 한다고 잘잘잘

5단계 – 다섯 하면 다람쥐가 알밤을 깐다고 잘잘잘

6단계 – 여섯 하면 여학생이 공부를 한다고 잘잘잘

7단계 – 일곱 하면 일꾼들이 나무를 벤다고 잘잘잘
8단계 – 여덟 하면 엿장수가 깨엿을 판다고 잘잘잘
9단계 – 아홉 하면 아버지가 신문을 본다고 잘잘잘
10단계 – 열 하면 열무 장수 열무가 왔다고 잘잘잘

– 전래동요 〈잘잘잘〉 중 –

우리의 신체는 기계처럼 반복해서 사용할 수 없다. 특히 과도한 소리 사용은 발성기관에 질병이 생기므로 구연자는 신체적으로 무리하지 않도록 주의해야 한다. 평소에 물을 자주 마시면서 목이 마르지 않도록 하며 갑작스러운 발성으로 목에 무리를 주지 않도록 발성 연습도 점차적으로 하도록 한다.

3 발음

동화를 들려줄 때 구연자는 언어적 모델이 된다. 구연은 음성으로 전달하는 것이므로 정확한 발음은 가장 필수이다. 동화구연전문가는 자신의 발음에 대한 진단을 위해 녹음을 한 후 습관적인 사투리나 잘 되지 않는 발음을 체크하여 정확한 발음으로 교정을 해야 한다. 그러나 본인의 발음에 대한 평가는 생활습관에 의해 발견하지 못하는 경우가 많기 때문에 다른 이에게 들려주어 발음이 정확한지를 확인하는 것이 더욱 중요하다.

올바른 발음은 의사소통에 있어 중요하다. 인간은 소리로써 자신의 의사를 표현하고 상대방의 의사를 이해하는 의사소통을 하므로 원만한 사회생활을 위해서는 올바른 발음으로 정확하게 의사 전달을 해야 한다. 특히 구연은 문자언어에 의미를 붙여 음성언어로 표현하는 것이므로 더욱 정확한 발음으로 구연을 해야 한다.

발음이란 소리를 내는 것을 말하는 것으로 목소리의 생성기관인 성대(발성기관)를 통하여 인두, 구강, 비강(공명기관), 입술, 이, 혀, 입천장(조음기관)을 통해 말을 만들어 낸다. 특히 발음은 조음기관으로 만들어지며 조음기관이란 발성기관과 공명기관을 거쳐 만들어진 목소리가 소리를 고르는 입술, 혀, 이, 입천장, 아래턱 등의 작용으로 비로소 말이 되는 기관을 말한다.

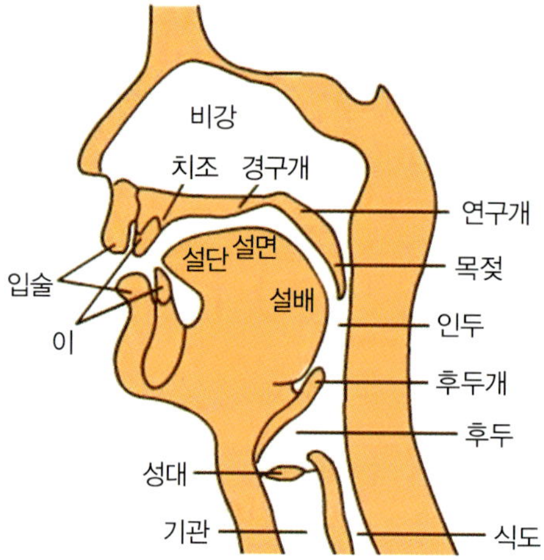

[그림 5-5] 조음기관 단면도 ①

출처: blog.naver.com/smilespeech2/220735882516

㉠ 구강

- 입안 공명강의 역할과 자음과 모음의 여러 가지 말의 소리를 분화시킨다. 혀의 동작이 가장 기동성을 가진다.

㉡ 구강 내의 능동부와 수동부

- 능동부는 아랫입술, 아랫니, 혀 등 주로 아래턱 위에 있는 부위로 아래쪽 능동부가 위쪽 수동부로 향하는 상향운동으로 발음을 한다.
- 수동부는 윗입술, 윗니, 잇몸, 입천장이 된다.

발음에 대해 살펴보면 자음(닿소리)은 소리가 구강 내의 혀와 입술이 닿거나 차단되면서 나오는 소리이고, 모음(홀소리)은 소리가 성대에서 진동된 후, 아무런 장애 없이 입 밖으로 흘러나오는 소리이다. 정확한 발음을 위하여 자음과 모음의 연습이 필요하다.

정확한 발음은 입술의 움직임과 혀 움직임의 조화로부터 나오므로 거울을 보며 입 모양 연습이 필요하다. 지역적 특성으로 인한 경우 특정 발음의 사용이 적거나 강한 경우가 있어 발음 교정을 위해서는 나무젓가락이나 볼펜 등을 입에 물고 문장을 또박또박 읽는 연습을 통해 조음기관의 움직임을 정확하게 하도록 유도한다.

특히 동화구연전문가는 정확한 발음에 관한 상황 변화와 이해를 위해 한글 맞춤법을 꼭 참고하는 습관을 갖도록 하여야 한다.

발음 연습을 할 때는 입을 크게 벌리고, 천천히, 크게, 또박또박 말한다.

ㄱ(기역) ㄴ(니은) ㄷ(디귿) ㄹ(리을) ㅁ(미음) ㅂ(비읍) ㅅ(시옷)
ㅇ(이응) ㅈ(지읒) ㅊ(치읓) ㅋ(키읔) ㅌ(티읕) ㅍ(피읖) ㅎ(히읗)

ㅏ(아) ㅑ(야) ㅓ(어) ㅕ(여) ㅗ(오) ㅛ(요)
ㅜ(우) ㅠ(유) ㅡ(으) ㅣ(이)

1) 모음 연습

[표 5-3] 모음 연습표

아	야	어	여	오	요	우	유	으	이
악	약	억	역	옥	욕	욱	육	윽	익
앙	양	엉	영	옹	용	웅	융	응	잉

① 입 모양을 크게 만들어 소리 내기

② 받침을 다양하게 넣어서 소리 내어 보기

③ 순서를 거꾸로 소리를 내어 보기

④ 한 호흡으로 빨리 소리 내어 읽어 보기

⑤ 홑 홀소리 : 발음할 때 처음부터 끝까지 혀의 위치나 입술의 모양이 달라지지 않는 홀소리이다.
(예 : ㅏ ㅐ ㅓ ㅔ ㅗ ㅜ ㅡ ㅣ)

⑥ 겹 홀소리 : 두 개의 음으로 이루어져 발음할 때 혀의 위치나 입술의 모양이 달라지는 홀소리로 대개 앞소리가 짧게 발음된다.
(예 : ㅑ ㅒ ㅕ ㅖ ㅘ ㅙ ㅛ ㅠ ㅟ ㅝ ㅢ)

2) 자음 연습

[표 5-4] 자음 연습표

	입술 소리	혀 끝 소리	입천장 소리	여린 입 천장 소리	목청 소리
예사소리	ㅂ	ㄷ, ㅅ	ㅈ	ㄱ	ㅎ
거센소리	ㅍ	ㅌ	ㅊ	ㅋ	
된소리	ㅃ	ㄸ, ㅆ	ㅉ	ㄲ	
콧소리(비음)	ㅁ	ㄴ		ㅇ	
흐름소리(유음)		ㄹ			

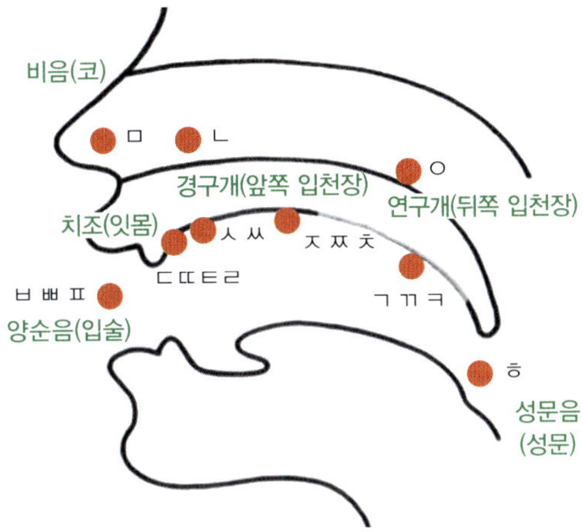

[그림 5-6] 조음기관 단면도 ②

출처: 충청대학교실용음악과 조음기관 단면도(https://uadal.modoo.at)

[표 5-5] 표준 발음 연습표

→	가	갸	거	겨	고	교	구	규	그	기	개	게	괴	귀
↓	나	냐	너	녀	노	뇨	누	뉴	느	니	내	네	뇌	뉘
	다	댜	더	뎌	도	됴	두	듀	드	디	대	데	되	뒤
	라	랴	러	려	로	료	루	류	르	리	래	레	뢰	뤼
	마	먀	머	며	모	묘	무	뮤	므	미	매	메	뫼	뮈
	바	뱌	버	벼	보	뵤	부	뷰	브	비	배	베	뵈	뷔
	사	샤	서	셔	소	쇼	수	슈	스	시	새	세	쇠	쉬
	아	야	어	여	오	요	우	유	으	이	애	에	외	위
	자	쟈	저	져	조	죠	주	쥬	즈	지	재	제	죄	쥐
	차	챠	처	쳐	초	쵸	추	츄	츠	치	채	체	최	취
	카	캬	커	켜	코	쿄	쿠	큐	크	키	캐	케	쾨	퀴
	타	탸	터	텨	토	툐	투	튜	트	티	태	테	퇴	튀
	파	퍄	퍼	펴	포	표	푸	퓨	프	피	패	페	푀	퓌
	하	햐	허	혀	호	효	후	휴	흐	히	해	헤	회	휘

올바른 발음 연습을 위해서는 표준 발음 연습표로 입 모양을 정확하게 하면서 꾸준하게 연습하도록 한다.

① 입의 모양을 크고 정확하게 만들어서 소리 내기
② 천천히 정확한 소리 만들어 내기
③ 소리를 크게 내어 자신의 소리를 들으면서 연습하기
④ 한 호흡에 소리를 만들어 내어 보기
⑤ 순서를 거꾸로 읽으면서 소리 내기
⑥ 순서를 바꾸어 짚어 가면서 소리 내기
⑦ 받침을 넣어 가면서 읽어 보기
⑧ 성대모사를 하면서 소리를 정확하게 만들어 보기

3) 조음기관 강화 훈련

- **혀운동**

다 댜 더 뎌 도 됴 두 듀 드 디
라 랴 러 려 로 료 루 류 르 리
사 샤 서 셔 소 쇼 수 슈 스 시

- **입술운동**

마 먀 머 며 모 묘 무 뮤 므 미
바 뱌 버 벼 보 뵤 부 뷰 브 비
파 퍄 퍼 펴 포 표 푸 퓨 프 피

- **턱운동**

카 캬 커 켜 코 쿄 쿠 큐 크 키
까 꺄 꺼 껴 꼬 꾜 꾸 뀨 끄 끼

● 설음(혀를 차면서 나는 소리) 훈련 – 혀 짧은 소리 교정

글글글글 껄껄껄껄 놀놀놀놀 달달달달 뜰뜰뜰뜰

랄랄랄랄 롤롤롤롤 물물물물 벌벌벌벌 뿔뿔뿔뿔

술술술술 쌀쌀쌀쌀 을을을을 잴잴잴잴 쩔쩔쩔쩔

찰찰찰찰 털털털털 칼칼칼칼 풀풀풀풀 핼핼핼핼

4) 다양한 발음 연습

① 경찰청 쇠창살은 쌍 창살이고 시청 쇠창살은 안 쌍 창살이다.

② 내가 그린 기린 그린 그림은 암 기린을 그린 기린 그린 그림이고 네가 그린 기린 그린 그림은 숫 기린을 그린 기린 그린 그림이다.

③ 공룡에는 '프테로닥틸루스'라는 익룡이 있고, '클론트사우루스'라는 뇌룡이 있고, '이세라톱스'라는 세뿔공룡이 있고, '스사우루스'라는 철갑공룡 등이 있습니다.

④ 멍멍이네 꿀꿀이는 자나 깨나 꿀꿀, 앉으나 서나 꿀꿀, 꿀꿀이네 멍멍이는 오나가나 멍멍, 좋으나 싫으나 멍멍거린대요.

⑤ 탱글탱글 토마토를 통째로 한입 먹을까? 퉁글퉁글 토마토를 토막토막 썰어서 나눠 먹을까?

⑥ 챠프포프킨과 치스챠코프는 라흐마니노프의 피아노 콘체르토의 선율이 흐르는 영화 파워트웨이트를 보면서 켄터키 후라이드 치킨, 포테이토 칩, 파파야 등을 포식하였다.

⑦ 앞집 팥죽은 붉은 팥 풋팥죽이고, 뒷집 콩죽은 햇콩단콩 콩죽, 우리 집 깨죽은 검은깨 깨죽인데 사람들은 햇콩, 단콩, 콩죽, 깨죽 먹기를 싫어하더라.

⑧ 안 촉촉한 초코칩 나라에 살던 안 촉촉한 초코칩이 촉촉한 초코칩 나라의 촉촉한 초코칩을 보고 촉촉한 초코칩이 되고 싶어서 촉촉한 초코칩 나라로 갔는데 촉촉한 초코칩 나라의 문지기가 "넌 촉촉한 초코칩이 아니고 안 촉촉한 초코칩이니까 안 촉촉한 초코칩 나라에서 살아."라고 해서 안 촉촉한

초코칩은 촉촉한 초코칩이 되는 것을 포기하고 안 촉촉한 초코칩 나라로 돌아갔다.

5) 정확한 발음

호흡, 발성, 그리고 발음은 동시에 이루어지므로 올바른 호흡법과 발성법을 익혀 나의 목소리를 찾고 정확한 발음을 내는 것이 중요하다. 발음에 따른 입의 크기를 정확하게 하고 당당하고 신뢰를 줄 수 있는 목소리로 내용을 표현하면 그 의미가 정확하게 전달된다. 구연을 위한 정확한 발음 연습을 위해서는 반복적인 훈련이 필요하다.

• 표준 발음

① 이중모음 발음

늴리리[닐리리] 무늬[무니] 띄어쓰기[띠어쓰기] 희어[히어] 씌어[씨어]
주의[주의/주이] 우리의[우리의/우리에] 강의의[강:의의/강:이에]
협의[혀□/혀비] 문의[무:늬/무:니]

② 받침의 발음

넓다[널따] 짧다[짤따] 여덟[여덜] 넓게[널게]
밟다[밥:따] 밟고[밥:꼬] 밟는[밤:는] 밟게[밥:께]
흙과[흑꽈] 맑다[막따] 묽다[묵따] 읽다[익따] 늙지[늑찌] 닭[닥]
밝고[발꼬] 묽고[물꼬] 맑게[말께] 늙거나[늘꺼나] 읽거나[얼꺼나]
넋[넉] 넋과[넉꽈] 젊다[점:따] 읊다[읍따] 핥다[할따] 핥아[할타] 핥네[할레]
넓죽하다[넙쭈카다] 넓둥글다[넙뚱글다] 넓적하다[넙쩌카다]
깎아[까까] 있어[이써] 꽃을[꼬츨] 꽃과[□꽈] 쫓아[쪼차] 밭에[바테]
값을[갑쓸] 닳는[달른] 뚫는[뚤른] 낯이[나지] 덮이다[더피다]

부엌에[부어케] 무릎에[무르페] 밭 아래[바다래] 늪 앞[느밥]

젖어미[저더미] 헛웃음[허두슴] 결단력[결딴녁] 공권력[공□녁]

닭을[달글] 닭 앞에[다가페] 갑어치[가버치] 값있는[가빈는]

신라[실라] 난로[날:로] 임진란[임:진난]

맛있다[마딛따/마싣따] 멋있다[머딛따/머싣따]

③ 우리말의 고저장단

- 눈에 눈(:)이 들어가니, 눈에서 나는 물이 눈물이냐, 눈(:)물이냐?
- 말은 말(:)을 못 한다.
- 밤에 밤(:)을 구워서 먹었다.
- 발 아래에 있는 발(:)을 좀 이리 가져오너라.
- 여기에 온 김에 밭의 김(:)이나 매고 가자
- 우리는 팔짱을 끼고 안개가 낀(:) 곳을 지나갔다.
- 서두르지 말(:)고 천천히 종이를 말아라.
- 어머니께서 옷에 묻은 솔잎을 솔(:)로 떨어 주셨다.
- 굴을 채취하기 위해 굴(:)을 지났다.
- 땅에 묻는 것이 무엇이냐고 묻(:)는다.
- 허리가 굽은 할아버지께서 도자기를 굽(:)고 계셨다.
- 그는 그 집안의 가장(家長)인 것처럼 가(:)장(假裝)하였다.
- 그녀는 그 사람의 무(:)력(武力)에 무력(無力)할 수밖에 없었다.
- 그 두 부자(父子)는 엄청난 부(:)자(富者)임이 틀림없다.
- 그 모(:)자(母子)는 자꾸 모자(帽子)를 만지작거렸다.
- 그는 사(:)과(謝過)의 뜻으로 사과(沙果)를 하나 주었다.
- 그 정당(政黨)의 정책을 정(:)당(正當)하다고 나는 생각한다.
- 회계 감사(監査)를 성실히 해 준 것에 대해 감(:)사(感謝)의 뜻을 표하였다.
- 차관(次官)회의에서 외국의 잉여 농산물을 차(:)관(借款)하기로 결정했다.

4 화술

동화구연의 원고는 주로 대화체로 구성되어 있어 일상의 실제 대화와 유사하다. 그래서 구연은 동화 속에만 존재하는 환상적인 이야기가 아닌 우리의 삶에 대한 이야기를 전달하므로 아동뿐 아니라 성인에게도 감동을 준다. 이러한 구연은 문장 부호나 간단한 음절 변화에 따라 말의 의미가 달라지고 다양해지는데 이때 말하는 방법을 화술이라고 한다.

화술이란 말의 기술 혹은 내용을 전달하는 기술이다. 즉 구연을 하는 능력을 말한다. 동화의 내용과 주제, 등장인물의 다양한 감정을 청자에게 전달할 때 구연자의 화술에 따라 그 의미가 달라진다. 재미있는 내용의 동화라도 구연자의 화술이 부족하면 지루한 동화가 되어버리고 다소 어렵고 지루한 동화라도 구연자의 화술이 뛰어나다면 흥미 있고 호기심 가득한 동화가 된다.

화술에서 가장 중요한 것은 자연스럽고 재미있어야 한다는 것이다. 재미를 위해 지나치게 과장된 연기를 하면 청자에게 동화의 내용 이해보다는 구연자의 연기에만 시선이 끌리게 된다. 따라서 동화구연은 여러 번 들어도 좋고 편안한 자연스러운 화술이 되어야 한다.

화술의 방법은 목소리의 고저, 강약, 장단, 완급, 호흡 처리, 쉼, 그리고 느낌말의 적절한 조화가 이루어져야 한다. 그리고 구연자에 따라 같은 글이지만 상황을 표현함에 있어 담긴 정서가 다르기 때문에 그것을 표현하기 위해서는 시선, 표정, 제스처 등 또한 달라져야 한다.

1) 해설구연

해설자 본인의 목소리로 편안하게 구연할 때 청자들은 불편 없이 경청할 수 있다. 그러나 경우에 따라 할머니가 들려주는 이야기나 주인공이 들려주는 동화는 성대모사를 하여 해설을 하는 경우도 있다.

구연에서 해설은 내용의 배경 설명과 스토리의 흐름을 연결해 주는 역할을 한다. 해설은 대화체와 구별되도록 본인의 음성으로 안정감을 유지하며 천천히 감정의 고저를 살리면 된다. 또한 이야기의 절정 부분에서 해설이 감정을 끌어올리는 역할을 한다면 이야기에 진한 감동을 더해 줄 수 있다.

① **자연스러운 음성 :** 해설(지문)은 자신의 목소리로 자연스럽게 한다.
② **명확한 음성 :** 내용이 잘 전달되기 위하여 정확한 발음을 한다.
③ **성격을 고려한 변화 있는 음성 :** 해설도 상황에 따라 목소리의 변화를 준다 (고저, 장단, 강약).

■ **해설구연 연습**

도깨비의 힘은 어디서 생기나 (조윤주)

도깨비들이 사는 나라의 도깨비들은 사람들이 쓰다가 버린 물건에서 태어나요.
('도깨비들이 사는 나라의 도깨비들은~' 새로운 사실을 알리는 듯한 느낌으로 시작한다. 전체 문장의 주제 글에 해당되는 '쓰다가 버린 물건'을 살짝 강조하며 밝은 음성으로 해설한다.)

오래된 홍두깨, 몽당 빗자루, 반달 모양으로 닳고 닳은 숟가락들과 같은 물건이지요.
(오래되고 닳고 닳은 등의 많이 사용하였다는 것을 강조하면서 해설한다. '오래된 홍두깨'에서 반호흡으로, '몽당 빗자루'에서 한 호흡 쉬어 읽으며 띄어 읽기에 유념하여 밝게 해설한다.)

이런 물건에서 태어나는 도깨비는 참으로 재주가 많고 튼튼하대요.
('이런 물건에서~' 동화에서 이야기하고자 하는 내용을 청자가 이해되었는지를 느끼면서 구연을 해야 한다. '재주가 많고 튼튼함'을 강조하며 밝게 해설한다.)

멋진 도깨비가 가득한 도깨비 나라는 늘 즐거운 노래가 이어지고 신나는 씨름판이 벌어지지요.
(행복한 도깨비 나라를 상상하면서 구연을 시작한다. '즐거운 노래가 이어지고'와 '신나는 씨름판'을 연상하며 밝은 표정을 지으며 경쾌하게 해설한다.)

그런데 언젠가부터 도깨비 대왕의 근심은 커져만 갔어요.
(접속사 '그런데'로 분위기를 전환하며 미간을 살짝 찡그려 걱정스러운 표정을 지은 후 '근심은 커져만 갔어요'를 조금 가라앉은 음성으로 해설한다.)

"즐거운 도깨비 나라가 왜 이 모양이냐? 이렇게 쥐 죽은 듯 조용해서야 어디 살맛이 나야지. 도대체 어떻게 된 일이냐?"

"건강한 도깨비가 태어나지 못해서 그렇습니다요."

쭈글쭈글 주름이 많은 도깨비 신하가 고개를 푹 숙이며 말했어요.
('쭈글~쭈글~'을 음률을 넣어 발음하며 '푹'을 길게 늘여 주는 동시에 살짝 고개를 숙인다.)

"그게 무슨 말이냐?"

"사람들이 새 물건을 자꾸 버리는 바람에 약골 도깨비만 넘쳐납니다요."

신하의 말에 도깨비 대왕의 표정은 더욱 어두워졌어요.
(도깨비 대왕의 걱정 가득한 얼굴을 떠올리며 '더욱 어두워졌어요'에서 어두운 표정을 짓는다.)

"여봐라. 이러다간 우리 도깨비 나라가 망하고 말겠다. 사람들이 새 물건을 왜 버리는지 알아보거라."

– 이하 생략 –

2) 성대모사

동화구연은 문학작품을 음성으로 표현하는 예술이다. 즉 동화구연은 동화의 문학성이라는 바탕 위에 동화구연가의 분석 능력과 구연이라는 특징을 더하여 청자에게 감동을 전하는 예술의 특색을 가지고 있다. 여기서 구연자의 분석 능력이라 함은 내용에서 무엇을 함축한 것인지를 고민하고 의미를 찾는 과정을 말한다. 이때 동화구연가는 '나라면…' 그리고 '너라면, 어떻게 할까?'라는 질문을 끊임없이 던지고 이를 해석한 의미를 표현하여야 한다. 등장인물의 상황과 감정을 실감나게 표현하고 감동을 전달할 때 구연자는 문학작품을 통해 자신의 삶을 표현하는 즐거운 경험을 하게 된다. 이 경험이야말로 청자와 구연하는 이가 함께 행복을 느끼는 예술의 영역이다.

성대모사는 초보자에게 있어 가장 힘든 부분이지만 동화구연가로서는 매력적이고 전문성이 돋보이는 영역이기도 하다. 사람들마다 목소리의 개성과 음색이 다르기 때문에 어울리는 동화가 있지만 동화구연전문가라면 기본적으로 모든 역할을 소화할 수 있어야 한다.

성대모사를 위한 분석 방법으로는 먼저 원고의 흐름에 따라 등장인물의 특색을 이해하여야 한다. 등장인물의 특색이란 성별, 연령, 성격, 크기, 그리고 상황의 변화 등을 말하는데 구연자는 등장인물이 겪는 감정을 직접 경험하는 마음으로 구연하면 된다. 그리고 등장하는 인물의 수에 따라 다양한 음색을 만들어 내어야 한다. 등장인물의 수는 등장인물 + 1명(해설자)으로 하는 것이 원칙이다. 그러나 구연 원고에 등장인물들의 특징이 표현되지 않는 경우에는 구연자가 임의로 분석하면 된다.

성대모사의 구별은 원고의 진행 순서에 맞게 성별로 구별하는 것이 청자가 이해하기 쉬우며, 같은 성일 경우는 나이순으로 구별하여 표현하는 것이 좋다. 또한 동성이고 연령이 동일한 등장인물들이 나오는 경우에는 생김새의 크기와 성격을 동물의 모습과 비교하여 동물들의 특징으로 구연을 하는 것이 용이하다.

성대모사를 위한 분석을 할 경우 구연자는 청자가 쉽게 이해할 수 있도록 동화의 내용에 어울리게 분석을 해야 한다. 분석하는 방법에 따라 이야기 흐름의 변화가 다양하게 표현되어진다. 특히 성대모사를 하는 도중 목소리가 다르게 변하면 이야기의 흐름이 자연스럽지 않으므로 구연자는 반복적인 연습을 통하여 동일한 목소리로 성대모사가 이루어지도록 노력하여야 한다.

[표 5-6] 다양한 성대모사 연습표

기본 성대모사	신체 부위	신체 부위의 발성	대사 연습
할아버지 (어~흥)	깊은 뱃소리	• 목구멍을 벌리고 아랫배 깊숙이 힘을 주며 코로 공명되는 소리	아~ 안녕하십니까? ↗
할머니 (음 메헤헤~)	뱃소리	• 배에 힘을 주고 허리를 숙이면서 가슴으로부터 올라오는 떨리는 소리	아, 안녕하세요~? →
아빠 (멍멍멍)	배 전체	• 목구멍을 넓게 벌리고 가슴을 펴고 배 전체가 힘차게 움직이며 전체가 통이 되어서 나오는 소리	안녕하세요? →
엄마 (꼬꼬댁, 꼬꼬꼬)	배, 가슴	• 배, 가슴, 목으로 동그랗게 감싸는 듯한 동그란 소리, 성인 여자는 본인의 소리	안녕하세요? ↗
오빠 (개굴개굴)	가슴	• 입 모양을 동그랗게 내밀면서 입안에 공기를 가득 넣어서 가슴에서 나는 젊은 소리	안녕하세요 ↰
언니 (야~옹)	목	• 입술의 입꼬리에 약간의 힘을 주고 목에서 가늘게 나오는 소리	안녕하세요? ↑
아기 (삐약삐약)	목, 입	• 입술에 힘을 주고 목에서 나오는 가는 소리	안녕 ⌒

출처: 나정심·김정남·홍길회(2013). 현장교사를 위한 동화구연의 실제. 문화콘텐츠개발원.

■ 성대모사 연습(성별 · 연령별)

창고 속 보물들

똘똘이네 창고 안에서 우리의 옛 도구들이 소곤소곤 이야기를 하고 있어요.

맷돌 : "가마솥 아줌마, 내일 똘똘이 삼촌이 장가간대요."
(남자-오빠 목소리 : 씩씩하고 개구쟁이 남자아이 목소리로 밝은 목소리를 낸다.)

가마솥 : "어머, 정말? 그럼 우리도 이제부터는 바빠지겠네. 호호호!"
(여자-엄마 목소리 : 조금은 수다스러운 느낌의 밝은 성격의 엄마 목소리로 신나고 들뜬 느낌을 준다.)

창고의 열린 문틈으로 빼꼼히 내다본 가마솥은 들떠서 말했어요.

가마솥 : "옳거니! 이제 곧 할머니가 우릴 찾으실 거야! 떡시루야, 우리가 제일 먼저 나가야 해. 준비됐지?"
(여자-엄마 목소리 : 분위기를 바꿔 수다스럽고 밝은 엄마 목소리로 잔뜩 기대를 품은 들뜬 목소리를 낸다. 옆에 떡시루가 있으므로 가까이 부르듯 떡시루를 부른다. 제일 먼저 나가야 한다는 느낌으로 씩씩하게 밝은 표정을 짓는다.)

가마솥 옆에서 깜빡 졸고 있던 떡시루는 하품을 하며 대답했어요.

떡시루 : "아함, 그래그래. 떡 찌는 데는 우리만 한 도구가 없지."
(남자-아빠 목소리 : 굵고 젊은 아빠 목소리를 낸다. 실제 하품을 하듯 '아함' 입을 크게 벌린다. 아직 잠이 덜 깬 목소리로 조금은 어눌하고 느릿하게 발음한다.)

맷돌 : "어어, 무슨 소리예요! 쌀을 곱게 갈아서 쌀가루를 먼저 만들어야죠. 제가 제일 먼저 나갈 거예요."
(남자-오빠 목소리 : 따지듯이 다급하게 힘을 주어 자신감 넘치는 표정을 지으며 말한다.)

맷돌이 지지 않겠다는 듯 외쳤어요.

절구 : "아휴, 시끄러워! 너희들이 아무리 떠들어 대도 쿵덕쿵덕 쌀을 빻는 내가 제일 먼저야. 그렇지, 절굿공이야?"
(여자-언니 목소리 : 꾀 많은 여우와 같은 목소리로 귀찮다는 듯 살짝 눈가를 찡그리며 '아유, 시끄러워!'라고 말한다. 살짝 턱을 들어 올려 자신감 넘치고 잘난 척하는 느낌을 준다. 옆에 절굿공이가 있다는 느낌으로 옆을 살짝 보며 부른다.)

창고 한쪽에서 가만히 지켜보던 절구가 절굿공이를 보며 말했어요.

절굿공이 : "얘들아, 지금 이럴 때가 아니야. 우리 모두는 잔칫날 음식 준비하는데 꼭 필요한 도구들이야. 우리 싸우지 말고 힘을 합쳐 맛있는 음식을 만들자."
(남자-아기 목소리 : 귀여운 아기 목소리로 설득하듯이 또박또박 말한다.)

절굿공이의 말에 창고 안은 조용해졌어요.
그때, 창고의 문이 스르륵 열렸어요.

할머니 : "오늘 너희들만 있으면 걱정이 없단다. 자, 일을 시작해 볼까?"
(여자-할머니 목소리 : 자상한 할머니 목소리로 부드럽고 천천히 미소를 띠며 말한다.)

할머니는 맷돌, 가마솥, 떡시루, 절구, 그리고 절굿공이를 가지고 나왔어요.
맷돌은 돌돌돌돌, 절구와 절굿공이는 쿵덕쿵덕, 가마솥과 떡시루는 보글보글.
옛 도구들은 신나게 일했답니다.

성대모사 Tip

위의 원고를 다른 방식으로 분석하여 성대모사를 하여 구연해 보자. 성별과 연령을 바꿔 보거나 등장인물의 성격을 다양하고 입체적으로 설정해 보는 것도 좋은 연습 방법이다.

■ 성대모사(동물의 특성) 및 발성 연습

아기 캥거루의 첫 바깥 구경

아기 캥거루는 엄마 배 주머니에서 빼꼼히 고개를 내밀고는 말했어요.
(귀여운 아기 캥거루를 생각하며 밝고 가벼운 분위기로 해설한다.)

"엄마,(발성60) 밖에 나가고 싶어요!"(발성40)
(남자–아기 목소리(개굴개굴) : 호기심 가득한 느낌으로 밝은 아기 목소리를 낸다. '엄마'를 부를 때 엄마 캥거루가 자신을 봐 달라는 느낌으로 조금 높게 부른다. '나가고 싶어요'는 부탁하는 느낌으로 '요'를 살짝 빼주듯이 한다.)

"그래, 그러려무나."(발성40)
(여자–엄마 목소리(꼬꼬댁~꼬꼬) : 자상하고 고운 엄마의 이미지로 부드럽게 목소리를 낸다. 아기 캥거루를 쳐다보며 가까이에서 대답하듯이 고개를 끄덕이며 대답한다.)

아기 캥거루는 처음 보는 바깥세상이 신기해 폴짝 뛰어 풀밭에 다다랐어요.
('폴짝'을 강조하며 밝게 해설한다.)

"어? 너, 누구니?"(발성40)
(남자–아기 목소리(개굴개굴) : 처음으로 접한 다른 존재가 두렵지만 궁금하다는 듯이 조심스레 천천히 살피듯이 물어 본다.)

"나는 나비야."(발성30)
(여자–아기 목소리(삐약삐약) : 나비를 연상하며 작고 가는 아기 목소리로 대답한다. 캥거루보다 작은 아이의 느낌으로 작은 소리로 구연한다.)

나비를 처음 본 아기 캥거루는 깜짝 놀랐어요.
('깜짝'을 강조하며 놀란 표정을 짓는다.)

"악(발성60), 내 배 주머니!"(발성50)
(남자-아기 목소리(개굴개굴) : 깜짝 놀라 몸을 살짝 움찔하며 소리친다. '악'을 보통 소리보다 조금 크게 하고 배 주머니 속으로 들어가듯이 구연한다.)

아기 캥거루는 깜짝 놀라며 엄마의 배 주머니로 쏘옥 들어갔어요.

"으, 무서워!(발성30) 그래도 또 나가고 싶어."(발성40)
(남자-아기 목소리(개굴개굴) : 놀라고 무섭지만 바깥세상이 궁금한 호기심 많은 아기 캥거루임을 이해하며 구연한다. '으'를 떨리는 목소리로 길게 늘여 주며, '무서워'를 정말 무서워하듯 작게 말한 후 잠시 쉬어 준다. 다시 용기를 내어 나가려는 느낌으로 밝게 분위기를 전환한다.)

이번에 아기 캥거루는 풀밭을 지나 작은 언덕에 이르렀어요.

"너, 누구야?"(발성50)
(남자-아기 목소리(개굴개굴) : 두렵기는 마찬가지지만 궁금해서 못 참겠다는 느낌으로 물어 본다.)

"안녕? 나는 토끼야."(발성60))
(여자-언니 목소리(깡총깡총 소리를 내어 밝은 느낌으로) : 토끼의 특성을 연상하여 밝게 대답한다.)

"으악(발성70), 내 배 주머니!"(발성60)
(남자-아기 목소리(개굴개굴) : 역시 무서워! 처음보다 더 놀라서 몸을 움찔하며 외친다. 나비를 만났을 때의 '악'보다 몸집이 더 큰 토끼를 만났을 때의 '으악'을 더욱 힘 주어 외친다.)

토끼를 보고 더 놀란 아기 캥거루는 소리치며 엄마의 배 주머니로 쏘옥 들어갔어요.
(앞의 문장은 뛰어온 듯이 속도를 살짝 빠르게, 뒤의 문장은 보통의 속도로 밝게 해설한다.)

"아가야, 괜찮아!(발성50) 다시 용기를 내어 보렴!"(발성60)
(여자-엄마 목소리(꼬꼬댁~꼬꼬) : 부드러운 음성으로 얼굴에 미소를 지으며 '넌 할 수 있어' 하는 느낌으로 뒤 문장에 힘을 주어서 구연한다.)

아기 캥거루는 배 주머니에서 머리를 내밀며 씽긋 웃어 보였어요. 그러고는 힘차게 뛰어나가 풀밭을 지나 언덕을 넘어 목장으로 뛰어갔어요.
(구연자도 '씽긋' 얼굴에 미소를 짓고 풀밭과 언덕을 넘어 목장으로 가는 느낌을 살려 해설한다.)

"너, 누구야?"(발성60)
(남자-아이 목소리(개굴개굴) : 앞의 존재보다 더 눈을 동그랗게 뜨며 힘을 주어 물어 본다.)

"나, 캥거루."(발성40)
(여자-아기 목소리(야~옹 작은 고양이 울음소리) : 상대방을 보고 겁을 먹은 듯이 작은 소리로 구연한다.)

아기 캥거루들은 서로를 보고 화들짝 놀랐어요.
('화들짝'을 강조하며 눈을 크게 뜨고 놀란 듯이 해설한다.)

"으아악, 내 배 주머니"(발성70)
(남자-아이 목소리(개굴개굴) : 가장 크게 놀라며 눈과 입을 크게 벌리고 소리친다.)

"으아악, 내 배 주머니"(발성80)
(여자-아기 목소리(야~옹 작은 고양이 울음소리) : 두 손을 번쩍 들어 가장 많이 놀란 것을 표현하며 외친다.)

캥거루 둘이 동시에 소리쳤어요.
(놀랍고 흥분되는 상황으로 그 감정을 유지하며 해설한다.)

곧 아기 캥거루들은 서로를 보고 똑같이 놀란 모습에 깔깔깔 웃음을 터트렸지요.
(처음 시작은 상황을 설명하듯이 양쪽을 바라보며 똑같은 모습이라는 느낌이 청자의 모습에서도 그렇다는 느낌으로 구연하고 '깔깔깔'을 강조하며 웃는 얼굴로 밝게 해설한다.)

두 아기 캥거루를 지켜보던 엄마 캥거루들이 물었어요.

"배 주머니는?"(발성50)
(여자-엄마 목소리(꼬꼬댁~꼬꼬) : 자상한 엄마의 목소리로 부드럽게 '그럼'이라는 글이 생략되어 있었던 것처럼 천천히 묻는다.)

"필요 없어요."(발성60)
(남자-아이 목소리(개굴개굴) : 자신에 찬 느낌으로 고개를 저으면서 구연한다.)

"저도 필요 없어요."(발성70)
(여자-아기 목소리(야~옹 작은 고양이 울음소리) : 신나는 미소를 지으며 이제는 괜찮다는 느낌으로 씩씩하게 구연한다.)

아기 캥거루들은 씩씩하게 대답했답니다.
(밝게 해설하며 이야기를 마무리 짓는다.)

성대모사 Tip

"너, 누구야?"와 같은 반복되는 질문에서는 아이들과 눈을 맞추고 한 명, 한 명에게 질문하듯 구연한다면 지루함을 없앨 수 있다. 점점 덩치가 커지는 상대를 만났을 때 놀라는 모습에서 발성의 크기를 다르게 표현하고, 악 〈 으악 〈 으아악 순으로 놀라는 소리의 강약을 조절한다면 이야기를 더욱 흥미롭게 이끌 수 있다. 소리를 알 수 없는 등장인물이 있을 경우 동물의 행동이나 울음소리를 먼저 내어 보고 표현하면 성대모사에 도움이 된다.

■ 성대모사 연습(표정)

입 냄새 소동

창석는 생일 선물로 맛있는 초콜릿과 사탕, 과자를 잔뜩 받았어요.
(행복한 표정으로 밝고 자연스럽게 해설한다.)

"우와! 달다, 달아! 난 세상에서 맛있는 걸 먹을 때가 제일 행복해!"
(남자-아이 목소리(느리고 게으른 아이) : 대사 앞에 '쩝쩝' 먹는 소리 또는 '음~' 음미하는 소리를 낸 후 정말 맛있어서 황홀한 표정을 지으며 구연한다.)

창석이는 배부른 듯 툭툭 배를 치고는 그대로 잠들어 버렸어요.
(청석이처럼 배를 툭툭 치는 제스처를 하며 해설한다.)

다음날 아침, 창석이는 부스스 일어났어요.
(다음에 일어날 일을 예상할 수 있도록 해설한다.)

"윽, 이가 아픈 거 같네? 용석아, 내 이 좀 봐줘."
(남자-아이 목소리(느리고 게으른 아이) : 이가 아픈 듯이 얼굴을 찌푸리는 표정을 대사 앞에 만든다. 동생에게 이를 봐 달라고 하며 '하아~~~'와 같은 소리를 내어 입 냄새를 일부러 풍기는 느낌으로 구연한다.)

창석이는 동생을 향해 입을 크게 벌렸어요.
(미리 다음 상황의 그림을 연상하면서 해설을 한다. 특히 '입을 크게 벌린' 대사의 해설에는 해설자 역시 입 모양을 조금 더 크게 표현하면서 구연한다.)

"으악! 냄새!"
(남자-아이 목소리(정직하고 똑똑한 아이) : 얼굴을 최대한 찡그리며 독한 냄새를 맡은 듯 구연한다.)

갑자기 동생의 얼굴이 파랗게 질리더니 뒤로 발라당 나동그라졌어요.
(긴급한 상황의 속도와 표정을 지으며 '발라당'을 강조하며 엄청난 입 냄새라는 것을 느낄 수 있도록 해설한다.)

"왜 저러지? 아빠, 엄마, 용석이가…."
(남자-아이 목소리(느리고 게으른 아이) : 어리둥절한 표정으로 고개를 갸웃한 뒤, 잠깐의 틈을 두고 아버지에게 다시 '하아~~~' 소리를 내며 입 냄새를 풍긴다.)

"으악! 냄새!"
(남자-아빠 목소리 : '으악~~'을 길게 빼고 지독한 냄새를 맡은 듯 구연한다.)

이를 어째! 아빠, 엄마도 뒤로 벌러덩 나동그라지는 거예요.
(큰일이 난 듯한 느낌으로 눈을 동그랗게 뜨며 황당한 표정을 지으며 해설한다.)

"창석이 너, 이게 무슨 냄새야. 너 이리 와. 이 좀 닦자!"
(여자-엄마 목소리(날카롭고 화가 난 목소리) : 다그치고 혼내듯 미간을 찡그리는 표정을 지으면서 구연을 한다.)

"싫어요! 이 안 닦아요. 싫단 말이에요!"
(남자-아이 목소리(느리고 게으른 아이) : 정말 싫다는 듯이 얼굴을 찡그린 표정을 지으며 고개를 저으면서 크게 외친다.)

창석이는 어제 먹다 남은 맛있는 사탕 하나를 쥐어들곤 도망가기 시작했어요.
('맛있는 사탕 하나'를 강조하며 신나게 도망가는 느낌으로 해설한다.)

"이히히! 이 맛난 걸 먹어야지. 왜 이를 닦아!"
(남자-아이 목소리(느리고 게으른 아이) : '이히히' 개구지게 웃음소리를 내며 무사히 가족들로부터 도망쳤다는 의기양양한 느낌으로 미소를 지으면서 구연한다.)

아빠, 엄마를 따돌린 창석이는 사탕을 냉큼 입에 넣고는 앙 깨물었어요.
('앙'을 강조하며 구연자도 입을 크게 벌려 앞으로 무슨 일이 벌어질지 모른다는 듯 앙 깨무는 표정을 짓는다.)

"으악! 이 아파!"
(남자-아이 목소리(느리고 게으른 아이) : 과장되게 얼굴을 찌푸리며 무척 아픈 표정을 지으며 괴로워하듯 소리친다.)

- 이하 생략 -

성대모사 Tip

위 이야기를 실감나게 구연하기 위해서는 상황에 따른 표정을 과장되고 풍부하게 표현하는 연습을 해 본다. 상황에 맞는 표정을 짓고 적절한 제스처를 한다면 더욱 재미있는 이야기를 들려줄 수 있다.

3) 띄어 읽기의 중요성

구연에서 띄어 읽기는 구연자가 하고자 하는 이야기를 정확하게 전달하기 위한 것이다. 띄어 읽기를 잘못하면 상대방에게 정확한 의사를 전달할 수 없다. 구연은 실제로 말을 하듯이 해야 하므로 문장의 띄어 읽기와는 구별이 되어야 한다. 구연에서의 띄어 읽기는 상대방이 있는 상태에서 스토리를 전하기 위해 말하는 호흡 처리라는 것을 이해해야 한다. 그러기에 연습을 할 때도 글을 보고 읽지 말고 상대방에게 전달하듯이 말하기, 들려주기를 해야 한다.

그리고 말의 속도에 따라 이야기의 긴장감과 전달력의 차이가 있다. 띄어 읽기를 분석할 때 조금 띄어 읽는 부분에는 쐐기표(∨) 또는 빗금(/)을, 조금 길게 띄어 읽는 부분에는 겹쐐기표(≫) 또는 빗금을 두 번 겹쳐(//) 써서 표시한다.

① 주어와 술어 사이는 띄어 읽는다.

예시 호랑이는 / 입을 크게 벌렸어요.
그 모습을 본 토끼는 / 오돌오돌 몸을 떨었어요.

② 부사 다음은 띄어 읽는다.

곧, 그러나, 이제, 다음, 늘, 항상, 왜, 드디어, 또, 그리고, 그런데 등

예시 바로 그때 / 이상한 냄새가 나기 시작했어요.
그런데 / 그건 나무꾼의 낡은 쇠도끼가 아니었어요.

③ 장소 뒤에는 띄어 읽는다.

예시 사람들로 북적이는 놀이공원에서 / 은솔이를 찾았어요.
장터에는 / 이미 전국에서 내로라하는 장사치들이 모여 있었어요.

④ 문장 부호가 있을 때는 띄어 읽는다.

예시 야호! / 신난다.
넌 언제 왔니? / 어디서 왔니? / 무엇하러?
어? / 이게 아닌데……. // 내 가족은 내가 지킬 거야!

⑤ 나열식 문장에서는 문장과 문장 사이를 띄어 읽는다.

예시 아빠는 회사에 / 엄마는 시장에 / 언니는 학교에 갔어요.
멋쟁이는 / 옷을 멋지게 잘 입는 사람을 // 겁쟁이는 / 겁이 많은 사람을 // 고집쟁이는 / 고집이 센 사람을 // 거짓말쟁이는 / 거짓말을 잘 하는 사람을 말한다.

4) 구연을 위한 화술의 기본 요소

(1) 음속(tempo)

말하는 속도를 의미한다. 보통 사람의 말의 속도가 보통의 음속이라고 할 때 엄숙한 이야기나 다짐을 할 때는 그 속도가 느려진다. 반면, 다급하거나 위험이 닥쳐오는 클라이맥스 부분에서는 말의 속도가 빨라진다. 일정한 속도로 계속 이야기를 하면 청자에게 권태로움과 단조로움을 주어 집중력을 저하시킬 수 있다. 작품의 분위기와 흐름에 따라 천천히 또는 느리게 해야 할 부분에는 말의 속도를 다소 줄이고, 위기와 절정 부분에서는 긴장감을 주기 위해 다소 빠르게 표현해야 한다.

(2) 음량(volume)

소리의 풍부한 정도를 의미하는 말로 동화구연을 잘하려면 풍부한 성량을 가지고 있어야 한다. 구연자는 청자의 수나 공간의 크기에 따라 적절한 소리의 양을 조절할 줄 알아야 한다. 그리고 극적 분위기를 나타낼 때 또는 인물의 성격에 맞는 표현을 할 때 음량 조절 능력이 필요하므로 꾸준히 연습해야 한다.

(3) 음률(rhythm)

음의 강약·장단으로 일어나는 규칙적인 운율, 가락을 의미하는 것으로 이야기에 음악적인 리듬이 있는 것을 말한다. 즉 음률은 말의 리듬을 뜻하며 소리에 리듬이 있다는 것은 바로 생동감의 표현이다. 음률은 말하는 사람의 마음에 크게 작용하는 것으로 리듬이 있는 이야기는 청자들에게 지루함을 해소하고 흥미와 즐거움을 준다.

(4) 음색(timbre)

음을 만드는 구성 요소의 차이로 생기는 소리의 감각적 특색을 의미한다. 소리의 특색은 감정에 따라 달라지는 것이므로 음색은 말에 대한 감정표현으로 동화구연에 있어 필수 요소이다. 같은 말을 하더라도 어떤 분위기에서 어떤 음색으로 표현하느냐에 따라 청자에게 전달되는 느낌은 다르다. 이처럼 음색은 희(喜), 노(怒), 애(哀), 락(樂), 애(愛), 오(惡), 욕(欲) 등의 감정들을 모두 좌우하는 것이다.

① 감정에 따른 음색 연습

㉠ 아주 즐겁다

- 와, 성공이다. 성공!
- 복 굴러오고 혹 떨어지고. 경사 났네, 경사 났어!
- 야호! 우리가 이겼다. 생쥐 만세!

㉡ 기운이 없다

- 끄응! 늑대님, 이제 더는 못 버틸 것 같아요. 그동안 정말 고마웠습니다.
- 죄송해요. 오다가 그만 돈을 잃어버렸어요.
- 나는 썩 내키지 않았다. 달리기를 잘 못하니까.

㉢ 슬프다

- 난 가지를 잘라 버리기로 했어. 어차피 사과도 맺지 못할 테니. 흑!
- 아저씨, 괜찮아요? 흑흑흑! 아저씨, 아저씨!
- 뭐라고? 내가 아무짝에도 쓸모없다고? 으앙!

㉣ 화나다

- 아니, 도대체 왜 이렇게 시끄러운 거예요? 조용히 좀 해 주세요!
- 나쁜 녀석들, 정말 나빠!
- 흥! 싫어! 절대로 안 가.

㉤ 놀라다

- 그게 무슨 소리야? 스스로 가지를 자르는 나무라니?
- 으악! 이게 뭐야! 저 괴물은 뭐야?
- 내가 왜 이렇지? 귀가 왜 이렇게 커진 거야?

㉥ 웃다

- 하하하! 웃으면 복이 온대요.
- 다 같이 웃어 봐요. 하하하, 호호호, 후후후, 히히히!
- 정말 잘했다, 잘했어. 하하하!

㉦ 명령하다

- ○○야, 빨리 학원 가!
- 하나, 둘, 셋! 얼른 씻고 피아노 연습해!
- 빨리 일어나지 못해?

◎ 뾰로통하다

- 이제 너랑 안 놀 거야.
- 정말, 어른들은 왜 그러는지 모르겠어요.
- 칫! 형은 항상 나한테 바보 같은 놀이만 시켜.

㉧ 무섭다

- 어이쿠, 무서워! 여우 살려!
- 아악! 배고픈 거미가 나타났다! 거미님, 제발 살려 주세요!
- 이런, 산적들이잖아! 어떡해! 어떡해!

㉨ 부드럽다

- 엄마, 고마워요. 사랑해요.
- 우리 며느리, 아주 맛있게 잘 먹었다.
- 명이야, 엄마는 이 세상에서 너를 제일 사랑한단다.

[표 5-7] 상황별 · 표정별 음색 연습

말	상황 · 표정
엄마	평소에 부를 때 기쁜 일이 있을 때 부끄러울 때 용서를 빌 때 화가 났을 때 위로 받고 싶을 때 멀리서 보고 반가울 때 짜증이 났을 때 사랑하는 마음을 담아 부를 때 엄마를 위로할 때
응	평소에 대답할 때 힘이 없을 때 놀랐을 때 애교 떨 때 신났을 때 슬플 때 귀찮을 때 마지못해 승낙할 때 화가 났을 때
그래	부탁을 기꺼이 들어줄 때 공감하며 고개를 끄덕일 때 바쁜 일이 있을 때 어려운 부탁을 받았을 때 억울할 때 흐뭇할 때
그럼	몰라서 물어볼 때 승낙할 때 머뭇거릴 때 의아해질 때 놀랐을 때 결심할 때
좋아요	기쁜 일이 생겼을 때 고백할 때 슬플 때 행복할 때 마음에 안 들지만 어쩔 수 없을 때 부탁받았을 때 거만하게 물어볼 때 반항할 때 신났을 때
자, 어서	기분 좋게 안내할 때 애걸할 때 강요할 때 음흉하게 권할 때
○○야	뛰어오며 부를 때 문을 두드리며 부를 때 귓속말할 때 자는 아이를 깨우며 부를 때
알겠어요	잘하겠다고 다짐할 때 귀찮은 일을 맡았을 때 화를 낼 때 잘못했을 때
네	행복한 표정으로 두려운 표정으로 좋지만 안 그런 척하는 표정으로 놀란 표정으로 실망하는 표정으로
얘, 이리와	행복한 표정으로 화난 표정으로 거만한 표정으로 아주 급한 표정으로
어머나, 정말?	속상한 표정으로 실망하는 표정으로 놀라서 기뻐하는 표정으로 얼떨떨한 표정으로
아니, 이럴 수가!	기쁜 표정으로 실망한 표정으로 당황한 표정으로 세상이 무너진 듯한 표정으로

(5) 음성(voice)

사람의 목소리나 말소리를 의미한다. 이는 성대의 작용에 의해 비롯되는 것으로 성대를 팽팽히 폈을 때 높은 소리, 성대를 움츠렸을 때는 낮은 소리를 내게 된다.

(6) 강조(emphasis)

이야기의 어떤 부분을 특별히 강하게 주장하거나 두드러지게 한다는 의미로 강세를 어느 곳에 두느냐에 따라 의미가 다양해진다. 구연자 자신이 강조하고자 하는 단어에 강세를 두고 앞, 뒤의 단어를 약하게 구연함으로써 강조하는 단어의 맛을 살릴 수 있다.

(7) 어간(pause)

대사나 극적 흐름의 의도적인 일시적 휴지(休止)를 의미한다. 이는 구연을 할 때 말과 말 사이에 간격을 두어 이야기의 뜻 전달을 명확하게 하기 위한 것이다. 포즈는 대부분 띄어 읽는 곳과 일치하는 경우가 많으나 간격을 잘못 두면 뜻이 달라지거나 느낌이 약해지는 경우도 있다. 간격을 둘 때 숨, 시선, 얼굴 표정 등을 활용한다면 더욱 효과적으로 이야기를 전달할 수 있다.

(8) 억양(intonation)

말의 높낮이를 의미한다. 말에서 되풀이되는 소리의 높낮이를 말하며 보통 억양을 어디에 두느냐에 따라, 어떻게 변하느냐에 따라 말의 의미가 달라진다.

5) 제스처(gesture)

화술이 음성언어적 표현이라면 제스처는 비언어적 표현이다. 얼굴 표정, 눈짓, 고갯짓, 팔, 몸의 움직임 등을 사용하는 보조언어로서의 제스처는 이야기의 맛을 한층 더 살려 준다. 제스처는 언어를 쉽게 이해하고 자연스러운 언어로 표현할 수 있도록 돕는 동시에 화술을 완성하는 역할을 한다. 또한 언어만으로 표현하기 어렵거나 장면의 이미지를 생생하게 하기 위해서도 사용한다.

내용에 따른 제스처는 명확하게 하고 시선은 제스처 방향으로 바라보고 청자를 자연스럽게 쳐다보면서 구연한다. 제스처는 신체 전체를 움직이는 것이 아니라 일부분을 움직여 내용의 의미를 더해 주는 것이어야 한다. 한 작품(3분 원고)에서 보통 3~5회 정도의 제스처가 적당하다. 지나친 제스처는 주의를 산만하게 하고 내용을 이해하기보다는 구연자의 손유희나 율동을 감상하게 되므로 주의해야 한다. 제스처를 할 때는 꼭 들어갈 부분만 내용과 일치하도록 사용해야 한다.

(1) 표정

동화구연을 할 때 내용에 맞지 않는 표정은 그 의미를 정확하게 표현할 수 없다. 내용의 흐름에 맞는 적절한 표정을 짓기 위해서는 표정 연습을 꾸준히 하여야 하는데, 그 방법으로는 대사를 하기 전에 상황에 따른 감정 표정을 먼저 만들고 구연을 하면 된다. 이때 가장 중요한 것은 자연스러움이다. 무엇이든 억지로 꾸며서 하는 것은 보기에 어색하다. 이야기 내용에 맞게 표정과 몸짓을 자연스럽게 해야 한다.

구연자의 표정은 청자의 시선이 가장 집중되는 부분으로 동화의 내용에 따라 폭넓은 감정을 전달할 수 있다. 동화구연가는 내면의 밝은 마음이 나타날 수 있도록 미소를 띠고 청자와 교감하고자 하는 적극적인 태도가 필요하다. 구연을 위한 표정은 등장인물의 감정과 표정, 생김새를 표현하는 것인 만큼 끊임없이 연습하여야 한다.

(2) 시선

동화구연가의 시선은 관객들과 의사소통을 하는 것이다. 이야기를 듣고 있는 사람들을 골고루 쳐다보고 눈을 마주치면서 모든 시선이 구연자에게 집중할 수 있도록 하여야 한다.

구연 중의 시선은 얼굴의 방향과 눈의 방향이 일치하도록 하며 내용에 따라 시선을 움직여 준다. 동작을 할 때의 시선은 동작과 함께 움직여 주어야 하며 너무 많이 움직여 산만해지지 않도록 한다.

(3) 자세

구연자의 자세는 서서 발표하는 자세로 두발을 양쪽 어깨의 넓이만큼 벌리고, 어깨의 힘을 뺀 후 양팔을 자연스럽게 내린다. 발바닥에 중심을 두고 허리를 똑바로 펴 안정감 있게 선다. 구연이 시작되면 상체를 자연스럽게 구부린다. 양손은 달걀을 쥔 듯한 모양을 취한다.

동화구연전문가는 학습자가 각자의 개성대로 구연을 하도록 지도하여야 한다. 하나의 동화가 여러 편의 작품으로 다양하게 재현되는 것을 인정하고 학습자가 개성 있게 구연을 할 수 있도록 하여야 한다. 이때 학습자가 구연을 개성 있게 표현하기 위해서는 다양한 목소리들을 파악하는 과정이 무엇보다 중요하다. 그러므로 다른 사람들의 다양한 목소리를 들으면서 그 목소리에 실린 감정을 분석하는 훈련이 필요하다. 이러한 과정을 거치면 등장인물의 감정을 자연스럽게 이해할 수 있다.

동화구연은 상대방에게 감동을 주기 위한 마음의 표현이다. 따라서 구연 훈련이 의사를 전달하는 훈련과 다르지 않기 때문에 구연은 모든 일에서 필수적인 기술이 될 수 있다. 이는 구연 훈련을 통해 자신감이 상승할 뿐 아니라 상대방을 이해할 수 있게 되기 때문이다. 그 근거로 구연 연습 후 타인 앞에서 실연을 하며 얻는 효과는 이미 많은 학자들이 밝힌 연구 결과로 알 수 있다. 결국 구연은 여러 사람들 앞에서 자신을 표현하는 훈련이므로 일상의 다양한 활동에 자신감을 심어 주는 의사소통의 표현 활동이라 할 수 있다.

5 동화구연대회 심사 기준

구연자는 동화구연대회에 참가하기 전에 대회를 주최하는 기관의 대회 취지와 심사 기준을 살펴보아야 한다. 각 대회마다 약간씩 차이는 있으나 일반적인 심사 기준에 따라 구연자는 미리 자신의 구연 실력을 체크할 수 있다. 동화구연전문가들은 대회를 통해 자신의 미흡한 부분을 채워 갈 수 있어 한층 성장·발전하는 기회가 된다. 보통, 심사 기준은 네 가지에서 여섯 가지의 기준으로 분류한다. 예를 들면, 내용(30%), 표현력(30%), 화술(15%), 태도(15%), 시간(5%), 반응(5%)으로 구분 짓는 경우도 있고, 내용(30%), 화술(30%), 태도(20%), 반응(20%)으로 구분하여 평가하는 경우도 있다.

심사위원들은 3명에서 5명 정도이며, 때에 따라 청자의 반응을 살펴보기 위해 도우미 요원을 두어 점수에 반영하기도 한다.

[표 5-8] 동화구연대회 심사 기준표

예시 ①	예시 ②
내용(30%~40%)	내용(30%~40%)
화술(30%~40%)	화술(30%~40%)
태도(10%)	태도(20%)
반응(10%)	반응 + 시간(10%)
시간(10%)	
총 100%	총 100%

각 영역별 심사 기준의 항목을 살펴보면 다음과 같다.

1) 내용 심사

대회의 성격에 따라 대회의 취지에 맞는 내용이 포함되어 있는지를 이해하고 준비하여야 한다. 청자에게 전달하고자 하는 내용의 목적과 그들에게 꿈과 희망을 심어 줄 수 있고 흥미를 줄 수 있는 내용인지를 심사한다. 그리고 내용의 개작이 적절하게 이루어졌는지를 심사하는데 이는 전하고자 하는 문학을 대회의 취지에 맞는 구연의 원고로 개작하여 내용을 전달하는가를 보는 것이다. 구어체로 개작이 이루어졌는지, 해설과 대화 부분이 적절한 비율로 이루어져 이야기의 구성이 제대로 되어 있는지도 심사한다. 구연자는 처음·중간·마무리 부분(기승전결)이 적절하고, 알기 쉬운 단어와 줄거리로 적절한 운율·반복 등 음악적 요소가 있는지, 공포심을 유발하거나 지나치게 폭력적인 내용은 아닌지 등을 고려해야 한다. 특히 내용은 신선하고 새로운 내용이여서 청자의 호기심을 자극할 수 있는 것인지를 체크하여야 한다.

2) 화술 심사

구연의 표현력과 전달력 등을 심사하는 영역이다. 표현력으로는 등장인물의 특성에 따라 목소리 표현이 다양하게 연출되었는지, 해설과 대화체의 구별과 발음이 정확하며, 의성어와 의태어 등을 적절히 사용하였는지, 구연자가 개성 있게 이야기를 안정적으로 하고 있는지를 심사한다. 그리고 호흡 조절과 고저장단이 자연스러우며 청자에게 이야기의 의미와 감정이 잘 전달되고 있는지를 심사한다. 온화하고 밝은 얼굴 표정으로 이야기 하며, 이야기의 내용과 동작이 일치하는지, 동작의 횟수는 적당하고 시선 처리가 자연스러운지, 너무 과장된 몸짓이나 표현은 없는지를 살펴보게 된다. 그리고 개성 있는 자신만의 몸짓과 표정으로 청자들의 주의를 끌 수 있는 힘이 있는지를 심사한다.

3) 태도 심사

대회의 취지에 적합한 복장인지를 심사하는 것으로 단정한 복장이면 된다. 무대에 대한 예의 있는 태도와 시간 준수를 심사 기준으로 따로 하는 경우도 있으며, 태도 점수나 반응 점수 등을 함께 심사하는 경우도 있다. 시간은 보통 성인 기준 5분, 아동은 3분 정도의 시간이 주어진다.

4) 반응 심사

대회에서 가장 중요한 심사는 청자가 얼마나 재미있어 하는지이다. 구연자가 들려주는 내용이 청자에게 감동과 여운을 주어 전체적으로 작품의 내용에 공감하였는지, 구연자에 대한 청자의 반응이 신비로웠는지를 심사위원도 같은 청자의 입장이 되어 심사를 하게 된다.

이와 같은 심사 기준에 따라 동화구연대회의 평가가 이루어진다. 그러나 무엇보다 가장 중요한 것은 구연자, 청자, 내용이 삼위일체가 되어야 한다. 결국 구연자는 청자에게 작품의 내용을 감동적으로 잘 전달하여야 하며, 이 과정에서 구연자와 청자와 내용 간에 감동과 여운이 있어야 한다. 이로써 구연의 효과를 극대화할 수 있는 것이다.

대회를 위해 구연을 연습할 때 '앵무새처럼 따라 한다'는 이미지를 버리고 나만의 색깔이 잘 나타나는 구연을 준비한다면 좋은 결과와 함께 아동들에게 행복을 주는 구연자가 될 수 있을 것이다.

5장 구연 방법 :: 문제

5장 구연 방법		

문제1) 구연의 효과라고 말할 수 없는 것은?
① 구연을 잘하면 연기자가 된다.
② 구연은 자신이 살아왔던 경험이 표현된다.
③ 구연은 청자에게 흥미와 상상력을 불러일으킨다.
④ 구연자는 자신의 감정을 효과적으로 전달하는 방법을 익힐 수 있다.

문제2) 구연에 대한 설명으로 바른 것은?
① 구연은 단순히 성대모사를 하는 것이다.
② 구연은 이야기를 통해 희로애락의 감정을 주고받는 과정이다.
③ 구연의 표현은 작가의 생각에 따라서 표현되어져야 한다.
④ 구연은 표현하는 프로그램으로 교사 중심의 학습 방법이다.

문제3) 동화를 들려줄 때 알아야 할 사항이 아닌 것은?
① 어린이들에게 시선을 골고루 주면서 구연한다.
② 호흡은 대사 전달에 알맞도록 적절히 조절한다.
③ 모든 대사는 정확히 전달한다.
④ 도입부의 이야기 전개는 빠르게 한다.

문제4) 구연에 대한 설명으로 맞지 않는 것은?
① 구연은 의사소통의 훈련이다.
② 구연을 통한 개성 있는 표현은 자신의 생각을 표현하는 방법을 발견하게 되어 자존감이 높아진다.
③ 구연자의 개성이 중요하므로 구연자의 특성을 중심으로 연출한다.
④ 구연자는 크게 전체적 흐름 표현과 작게는 단어의 느낌 표현을 어떻게 할 것인가 설정해야 한다.

문제5) 좋은 목소리라고 할 수 없는 것은?
① 선천적으로 타고난 목소리
② 가성과 기교를 잘 낼 수 있는 소리
③ 건강한 목소리
④ 자신 있고 힘이 담긴 소리

정답	1. ① 2. ② 3. ④ 4. ③ 5. ②

5장 구연 방법	1. 호흡법	

문제1) 긴 문장을 구연할 때 필요한 호흡량을 가장 잘 늘려 주는 호흡법은?
① 두성호흡 ② 흉식호흡 ③ 단전호흡 ④ 복식호흡

문제2) 다음 중 호흡 훈련 시 주의 사항이 아닌 것은?
① 어깨에 힘이 들어가지 않도록 힘을 뺀다.
② 숨을 쉴 때 한꺼번에 많은 숨을 내보내도록 한다.
③ 꾸준한 반복 연습으로 호흡의 길이가 점차 늘어날 수 있도록 한다.
④ 시선은 먼 곳을 바라보면서 호흡의 길이를 길게 조절한다.

문제3) 호흡과 발성에 대한 설명으로 옳지 않은 것은?
① 힘 있고 안정된 목소리로 구연하기 위해서는 흉식호흡을 하면 된다.
② 구연 시 호흡은 발성을 보다 잘하기 위한 수단이 된다.
③ 복식호흡을 하면 몸 전체가 소리통으로 사용되어 깊이 있는 구연을 할 수 있다.
④ 호흡과 발성 연습을 많이 하면 음의 영역이 깊고 자연스러워진다.

문제4) 구연 연습 시 일반적인 호흡의 3단계에 속하지 않는 것은?
① 숨을 들이킨다(들숨).
② 숨을 내뱉는다(날숨).
③ 가만히 멈춘다(숨의 정지).
④ 호흡할 때는 발음을 하지 않고 연습하는 것이 효과적이다.

문제5) 다음 호흡에 대한 설명으로 올바른 것은?
① 모든 호흡 방법으로 숨을 들이마시면 배가 나오게 되며, 아랫배에서부터 가슴까지 많은 양의 공기를 저장할 수 있어 구연할 때 긴 문장을 안정적이고 깊이 있게 감정표현을 할 수 있다.
② 호흡의 과정에서 숨을 들이마실 때 공기의 이동은 코→기관지→기관→폐로 가고, 숨을 내쉴 때 공기의 이동은 폐→기관→기관지→코의 순으로 이동한다.
③ 복식호흡이란 뱃속 깊이 숨을 들이쉬었다가 내쉬는 호흡 방법이다.
④ 흉식호흡은 가슴으로 숨을 쉬는 호흡 방법으로 어깨를 올리거나 가슴을 움직이게 하여 흉곽이 확대되어 안정된 소리가 나온다.

정답	1. ④ 2. ② 3. ① 4. ④ 5. ③

5장 구연 방법	2. 발성법	

문제1) 발성 단계를 4단계로 나누어 보았을 때 적절한 표현법이 아닌 것은?
① 0 – 신음, 무성음에 가까운 중얼거림
② 25 – 슬픔, 감정이 가라앉아 있음, 독백
③ 50 – 즐겁거나 일상적인 대화
④ 99 – 대화나 해설에서 가장 많이 사용

문제2) 발성과 관련된 신체기관에 대한 설명으로 틀린 것은?
① 가슴은 제일 큰 공명기관이며 가장 낮은 음역을 소리 낸다.
② 날숨 때는 허파가 줄어들며 횡경막이 위로 올라오고 안으로 이완된다.
③ 두음을 통한 발성은 가장 높은음을 낸다.
④ 혀는 여러 가지 정확한 발음을 내는 데 중요한 역할을 한다.

문제3) 다음 중 발성기관은 어디인가?
① 구강 ② 비강 ③ 성대 ④ 인두

문제4) 다음 〈보기〉는 어떤 기관에 대한 설명인가?

〈보기〉 울림이 소리로 음색을 결정하는 기관이다.

① 발성기관 ② 공명기관 ③ 발음기관 ④ 조음기관

문제5) 발성 훈련 방법으로 바르지 않은 것은?
① 발성 훈련할 때의 자세는 상체에 힘을 빼고 편안한 마음으로 호흡을 한다.
② 다리에 힘을 주어 상체를 받쳐 주며 정확한 입 모양을 내도록 한다.
③ 목에 무리가 가더라도 5, 10단계의 발성을 계속해야 한다.
④ 과도한 소리 사용으로 발성기관에 질병이 생기지 않도록 해야 한다.

정답	1. ④ 2. ① 3. ③ 4. ② 5. ③

5장 구연 방법	3. 발음	

문제1) 다음 중 동화구연에서 발음의 중요성에 대한 설명으로 맞는 것은?
① 구연은 발음이 정확해야 하기에 항상 또박또박 천천히 해야 한다.
② 발음은 자신의 의사를 표현하고 상대방의 의사를 이해하는 소통으로 중요하다.
③ 구연은 단순한 내용을 전달하기 때문에 발음보다는 성대모사를 잘하면 된다.
④ 발음은 자신의 기본적인 습관으로 바꿀 수 없기 때문에 자연스럽게 그냥 유지한다.

문제2) 정확한 발음으로 맞게 연결된 것은?

〈보기〉 맛있는 음식이 부엌에 가득 있다.

① [맛잇는] – [부어게]　　② [마신는] – [부억케]
③ [마딘는] – [부어케]　　④ [마싣는] – [부어케]

문제3) 정확한 발음을 내기 위한 결정적인 역할을 하는 신체 부위는?
① 입술과 혀　② 공명통　③ 성대　④ 배

문제4) 한글을 읽는 발음의 기호가 바르게 연결된 것은?
① ㄱ(기억) ㄹ(리을) ㅁ(미음) ㅅ(시옷)
② ㄴ(니은) ㄷ(디읏) ㅂ(비읍) ㅈ(지읒)
③ ㅇ(이응) ㅊ(치읓) ㅋ(키읔) ㅅ(시옷)
④ ㅅ(시읏) ㅌ(티읕) ㅍ(피읖) ㅎ(히읗)

문제5) 다음 중 발음이 잘못 표시된 것은?
① 꽃을[초츨] 꺾지 마시오.
② 닭의[달게] 목을 비틀어도 새벽은 온다.
③ 이 물건의 값이[갑씨]어떻게 되나요?
④ 날씨가 더워 겉옷[거돋]을 벗었다.

정답	1. ② 2. ④ 3. ① 4. ③ 5. ①

5장 구연 방법	4. 화술	1) 해설구연

문제1) 다음 중 해설의 중요성이 아닌 것은?
① 속도와 느낌을 잡아 준다.
② 끝부분에 여운을 준다.
③ 안정감을 있게 이끈다.
④ 마무리를 큰 소리로 하여 메시지를 강하게 나타낸다.

문제2) 해설에 대한 설명으로 바른 것은?
① 좋은 동화를 선택하여 감정을 자제하며 표현하는 기술이다.
② 내용의 배경 설명과 스토리의 흐름을 연결해 주는 역할이다.
③ 음성이 고와서 이야기의 맛을 잘 표현하기 때문에 목소리가 좋아야 한다.
④ 크고 자신 있는 소리로 기교적인 음성을 쓰는 기술이다.

문제3) 대화와 해설구연의 관계를 잘못 나타낸 것은?
① 청자의 이해를 돕기 위하여 되도록이면 설명을 많이 한다.
② 화자의 성격을 잘 파악해서 성격이 잘 표현될 수 있도록 한다.
③ 쉼도 대화이며, 적절히 사용하면 긴장감도 주고 긴 호흡을 조절할 수 있다.
④ 슬픈 부분에 지나치게 울먹이면 발음이 불명확해져 내용 전달이 잘 안 된다.

문제4) 구연의 화술을 가장 잘 설명한 글은 어느 것인가?
① 대화 글은 말하는 사람의 성별, 나이, 성격, 심리 등이 담겨 있어 실감이 난다.
② 이야기를 들려줄 때 어린이를 웃기기 위해 은어나 유머를 많이 쓸수록 좋다.
③ 입 모양을 바르게 하여 바른 말을 쓰고, 군데군데 사투리나 비어를 써서 즐거움을 더한다.
④ 의성어나 의태어는 수식하는 말이므로 설명 글보다 높은 소리로 해야 좋다.

문제5) 구연동화에 필요한 화술을 제일 잘 설명한 것은?
① 음성이 예뻐서 이야기의 맛을 잘 나타내는 기술이다.
② 화술은 이야기를 전달하는 기술이다.
③ 좋은 동화를 선택하여 감정을 억제하며 표현하는 기술이다.
④ 이야기의 절정 부분은 중요하므로 크고 자신 있는 소리로 할 수 있는 기술이다.

정답	1. ④ 2. ② 3. ① 4. ① 5. ②

5장 구연방법	4. 화술	2) 성대모사

문제1) 등장인물의 목소리 설정 시 꼭 염두에 둘 사항으로 바르게 짝지어진 것은?
① 구연자의 성향, 청중의 수, 구연 장소
② 청자의 태도, 성격, 구연자의 성향
③ 상황, 구연자의 성향, 등장인물의 수
④ 등장인물의 성격, 성별, 등장인물의 상황

문제2) 신체 부위를 통한 발성으로 잘못 짝지어진 것은?
① 배 밑 : 어~흥 → 할아버지 – 우리 손주 착하지!
② 가슴 : 멍멍멍멍 → 아버지 – 자, 모두 모이세요.
③ 가슴 : 개굴개굴개굴 → 오빠 – 난 축구를 좋아해.
④ 배 : 꼬꼬댁 → 어머니 – 얘들아, 먼 곳에 가지 마라.

문제3) 기본적인 목소리 설정에 따른 분류이다. 어울리지 않는 것은?
① 언니 – 장미 – 여우 – 홍학
② 아기 – 개미 – 풀꽃 – 다람쥐
③ 호랑이 – 고목나무 – 독수리 – 할아버지
④ 큰 바위 – 요정 – 신령님 – 아기

문제4) 일반적으로 신체 부위를 통한 목소리 설정법이다. 어울리지 않는 것은?
① 배 밑 – 호랑이 울음소리
② 배 밑 – 요정
③ 목 – 여자아기
④ 가슴 – 새소리, 언니

문제5) 구연에서 성대모사에 대한 설명으로 틀린 것은?
① 성대모사는 등장인물의 개성이기 때문에 구연자가 낼 수 있는 소리로 설정한다.
② 성대모사는 등장인물의 성격, 나이에 맞도록 해야 한다.
③ '나라면~' 하는 마음으로 성대모사를 해야 한다.
④ 등장인물이 하고자 하는 의도를 함축하여 성대모사를 해야 한다.

정답	1. ④ 2. ② 3. ④ 4. ② 5. ①

5장 구연방법	4. 화술	3) 띄어 읽기의 중요성

문제1) 다음은 띄어 읽어야 하는 곳에 대한 설명이다. 바르지 않은 것은?
① 주어와 술어 사이는 띄어 읽는다.
② 부사 다음은 띄어 읽는다.
③ 년, 월, 일, 시, 숫자 뒤에는 띄어 읽는다.
④ 나열식 문장은 길기 때문에 띄어 읽지 않는다.

문제2) 바르게 띄어 읽기를 한 것은?
① 손주와 / 만난 할머니는 행복했어요.
② 고개가 숙여져 / 위를 볼 수 없는 엄마 벼는 몹시 궁금한가 봐요.
③ 오늘에야 / 비로소 그 사실을 알았어요.
④ 학교에서 돌아온 훈이는 / 가방을 휙 던지고 나가려다 엄마에게 붙들렸어요.

문제3) 말의 속도를 잘못 설명한 것은?
① 이야기의 내용에 따라 기쁘고 명쾌할 때는 느리거나 보통이다.
② 연령에 따라서 말의 속도가 차이가 난다.
③ 어린이의 말은 빠르고, 노인의 말은 느린 것이 일반적이다.
④ 속도가 빠른 경우 안정감이 없어 보이고 청자는 불안해진다.

문제4) 띄어 읽기에 설명으로 옳은 것은?
① 글을 읽기 위한 띄어 읽기와 말하기를 위한 띄어 읽기는 같다.
② 상대방에게 전달하듯이 말하기를 하면서 띄어 읽는다.
③ 띄어 읽기는 의미 전달과 상관이 없다.
④ 띄어 읽기는 호흡 조절을 위해서 하는 연습 읽기이다.

문제5) 구연에서 화술에 대한 설명으로 바른 것은?
① 화술에는 실감 나게 하는 것으로 성대모사, 제스처에 대한 공부를 하면 된다.
② 해설은 고저장단의 목소리 변화가 없어도 괜찮다.
③ 화술에서 띄어 읽기는 이야기의 긴장감과 전달력의 차이가 있다.
④ 구연에서는 성대모사가 가장 중요하다.

정답	1. ④ 2. ④ 3. ① 4. ② 5. ③

5장 구연방법	4. 화술	4) 구연을 위한 화술의 기본 요소

문제1) 구연을 위한 화술의 기본 요소이다. 설명에 대한 연결이 맞는 것은?
① 음색 – 말하는 속도를 의미한다.
② 음속 – 소리의 함량으로 풍부한 성량을 의미한다.
③ 음률 – 말의 리듬을 뜻하며 생동감 있는 표현을 의미한다.
④ 어간 – 말의 높낮이를 말한다.

문제2) 다음 문장의 괄호 안에 들어갈 말은 무엇인가?

〈보기〉 말의 (　　　)를 일정하게 유지하면 청자에게 권태로움과 단조로움을 주어 집중력을 저하시킨다.

① 소리　② 속도　③ 고저　④ 의미

문제3) 말하는 사람의 심리 상태가 묻어 나오도록 희로애락의 감정을 넣어서 구연하는 것으로, 이는 화술의 기본 요소 중 무엇인가?
① 음성　② 음률　③ 음속　④ 음색

문제4) 다음 글에서 감정에 따른 음색 연결이 바르게 연결된 대사는?
① 아주 즐겁게 – "야호! 우리가 이겼다. 생쥐 만세!"
② 기운이 없게 – "우와! 산타클로스 할아버지가 선물을 주셨네!"
③ 슬프게 – "방울 사려! 복 굴러 오는 방울 사려!"
④ 기운이 없게 – "혹도 떼고 보물도 생기다니 정말 신나는 걸!"

문제5) 다음 중 어간에 대한 설명은?
① 말에서 되풀이 되는 소리의 높낮이를 말한다.
② 말과 말 사이에 간격을 줄 때는 숨, 시선, 얼굴 표정 등을 활용한다.
③ 말과 말 사이로 이야기 뜻의 전달에 영향을 미치지 않는다.
④ 이야기를 할 때 내용을 강조해야 할 점을 설정하여 악센트를 주는 것이다.

정답	1. ③ 2. ② 3. ④ 4. ① 5. ②

5장 구연방법	4. 화술	5) 제스처

문제1) 동화구연에 어울리는 몸짓과 언어를 잘 표현한 것은?
① 저절로 따라 움직여지는 몸짓으로 상황에 어울리게 사용하면 이야기가 실감 난다.
② 관심을 끌기 위해 규칙적으로 몸을 좌, 우 방향으로 움직인다.
③ 구연 시 몸짓을 하면 산만하게 되므로 반듯하게 서거나 반듯하게 앉아서 한다.
④ 하늘을 가리킬 때 높은 곳을 바라보면 아이에게 시선이 멀어지므로 눈은 그대로 둔다.

문제2) 표정에 따른 화술에 대한 설명이다. 바르게 설명한 것을 고르시오.
① 성대모사를 할 때는 표정은 나타내지 않아도 괜찮다.
② 대사에 맞는 표정은 먼저 표정을 짓고 대사를 한다.
③ 대사에 맞는 표정은 대사를 하면서 표정을 짓는다.
④ 표정은 등장인물의 생김새를 연상하는 것이 아니라 감정을 나타내는 제스처이다.

문제3) 구연 시 적절하지 못한 동작과 자세는?
① 눈은 이야기를 듣고 있는 사람들과 마주치면서 골고루 바라본다.
② 이야기 내용에 맞추어 자연스럽게 구연한다.
③ 몸짓을 하면 구연에 도움이 되므로 가능한 많이 넣어 준다.
④ 청자의 연령에 따라 동작의 횟수를 조절한다.

문제4) 비언어적인 요소가 아닌 것은?
① 동작 ② 표정 ③ 시선 ④ 원근감

문제5) 동화구연에서의 자세에 대한 설명으로 틀린 것은?
① 발표하는 자세는 두 발을 양쪽 어깨의 넓이만큼 벌리고 선다.
② 어깨에 힘을 주고 양손을 꽉 쥔다.
③ 양손은 계란을 잡은 듯한 모양을 한다.
④ 동화마다 특색이 있으나 보통 3분 원고 동화에 3~5회의 제스처가 적당하다.

정답	1. ① 2. ② 3. ③ 4. ④ 5. ②

5장 구연방법	5. 동화구연대회 심사 기준	

문제1) 동화구연대회에서 화술에 대한 평가 사항으로 옳지 못한 것은?
① 적절한 크기의 음성으로 자연스럽게 구연했는가?
② 절정 부분을 고음으로 처리하며 청자가 긴장을 느끼도록 하였는가?
③ 희로애락의 정서를 잘 표현하였는가?
④ 원고를 충분히 소화하여 동화의 감동이 잘 전달되었는가?

문제2) 동화구연대회에 참가하는 참가자의 자세로 바른 것은?
① 동화구연대회는 주최 기관의 취지에 맞도록 기존 원고를 사용하는 것이 좋다.
② 특별하게 눈에 띄는 것이 좋으니 화려한 복장을 하고 가는 것이 좋다.
③ 원고를 개작하였을 때는 원작의 이름과 출판사의 이름을 알려 줘야 한다.
④ 원고를 외우는 것이 중심이기에 강도 높은 훈련을 받아야 한다.

문제3) 동화구연 심사에 대한 설명이다. 바르게 설명되어진 것은?
① 보통 내용, 화술, 태도, 반응으로 나눠서 하지만 대회 목적에 따라 배정 점수의 차이가 있을 수 있다.
② 구연은 내용 전달이 우선이기 때문에 반응 점수는 생략해도 괜찮다.
③ 내용을 앵무새처럼 따라서 외우면 되므로 잘하는 강사님의 모습을 흉내 낸다.
④ 구연 참가자는 청자들보다는 심사위원을 바라보고 구연을 해야 한다.

문제4) 동화구연의 내용에 대한 심사 항목을 찾으시오.
① 복장이 아름답고 대회용으로 준비한 복장인가?
② 시선 처리가 편안하고 적당하게 제스처를 사용하고 있는가?
③ 구연자의 개성 있는 구연으로 관객들과 이야기를 하고 있는가?
④ 개작이 청자들에 맞게 개작되어 기승전결이 잘 이루어져 호기심을 자극할 수 있는 내용인가?

문제5) 동화구연대회의 반응 심사에 대한 설명으로 바른 것은?
① 대회는 흥미성이 중요하기 때문에 유머감이 있는 것이 반응 점수가 높다.
② 구연자가 청자와 내용에 대해 감동과 여운을 함께 느끼면서 공감을 하고 있는가?
③ 심사위원은 구연하는 화술에 대한 심사로 관객과 분리해서 심사석을 배정한다.
④ 반응 점수를 높이기 위해 관객을 동원한다.

정답	1. ② 2. ③ 3. ① 4. ④ 5. ②

CHAPTER 06

개작의 이해

동화구연을 위해서는 인간의 희로애락의 감정이 잘 전달될 수 있도록 문자언어인 글을 음성언어인 말로 바꾸는 개작 과정이 반드시 필요하다. 개작에는 원작의 철학뿐 아니라 구연자의 철학이 함께 묻어나기 때문에 동화구연전문가들은 개작에 대한 깊이 있는 이해가 필요하다.

동화구연에서 개작은 동화를 구연자 자신의 이야기로 재해석하고 구연하기 용이한 언어로 스토리텔링 할 수 있도록 한다. 이렇게 개작된 내용을 상대방에게 전달하여 공감을 불러일으키는 것이 개작의 목적이다. 그러므로 동화구연에서 개작은 문학에 대한 이해를 선행하여 어떻게 하면 청자에게 잘 전달이 될 수 있을지를 연구하면서 개작을 하여야 한다.

동화구연가로서 개작은 청자의 발달 특성을 바탕으로 구연하는 이가 청자와 소통할 수 있는 방법을 연구하는 영역이라고 할 수 있다. 이때 문학작품에서 작가가 말하고자 하는 내용을 손상시키지 않기 위해서는 작가의 의도를 바르게 이해해야 하며, 개작 시 자신의 표현 방법을 덧붙일 수 있는 자유가 주어지는 예술이므로 개작을 할 때는 전문성과 책임감이 더욱더 요구된다. 또한 동화구연전문가들은 원작에 대한 표시를 하여 작가에 대한 예의를 지켜야 할 것이다.

1 개작의 필요성

개작(改作)이란 구연하기에 알맞도록 작품을 고치고 다듬는 일을 말한다. 동화의 내용이 지나치게 길거나 복잡하고 청자의 수준에 맞지 않을 때 개작을 해야 한다. 특히 문자언어로 된 것을 음성언어로 고치고 다듬어 새롭게 재창조하여 말로 표현하기 좋게 바꾸어 준다.

그리고 청자의 발달 수준과 심리적 특성, 작품의 이해 수준에 따른 개작이 필요하다. 또한 고전을 현대에 맞게 재구성하고 지역적, 시대적 정신에 맞지 않을 경우에도 개작의 과정이 필요하다.

동화구연에서 개작은 교수매체 없이 순수구연동화로 구연을 하기 위한 개작 방법과 교수매체를 통해 내용의 전달을 더 재미있고 이해하기 쉽게 하기 위한 개작 방법이 필요하다. 특히 구연동화는 구연자의 화술과 표정, 제스처로 구연하기 좋게 다듬는 개작 과정이 필수적이다.

이러한 구연에 적합하도록 개작하기 위한 동화를 선택하기 위해 고려할 점을 살펴보면 다음과 같다.

첫째, 동화의 내용이 청자와 구연자의 흥미를 끌 수 있는 내용인가를 살핀다. 구연은 청자와 구연자의 흥미를 끌 수 있을 때 더 전달이 잘되므로 구연자는 관심 있는 작품을 선택하고 동화에 대한 이해와 스토리를 분석하는 것이 개작에서 매우 중요하다.

둘째, 스토리의 구성이 잘된 작품을 선택한다. 기승전결이 분명한 이야기의 구성으로 사용된 말이 쉽고 인물 묘사, 극적 요소가 있는 등의 비교적 플롯이 쉬운 작품을 선택한다면 개작을 하는 데 용이하다.

셋째, 청자의 연령, 성별, 발달 수준에 적합해야 하며 친밀성이 있어야 한다. 청자의 수준에서 상상이 잘될 수 있는 내용으로 선택하고 생활 속에서 경험할 수 있는 화제나 친근한 인물로 쉽고 재미있는 이야기를 선택한다.

넷째, 목적이 뚜렷하고 교육적인 내용의 동화를 선택한다. 긍정적인 사고를 유발할 수 있는 밝고 아름다운 동화를 선택하는 것이 좋다.

다섯째, 동화의 형식은 간결하면서도 동화를 들으면 인물들의 활동과 배경이 잘 표현되어져 있는 활동적인 묘사의 줄거리 중심으로 구성되어 있는 동화를 선택한다.

여섯째, 사건이 점진적인 방법으로 진행되어 자극을 주며 클라이맥스가 있는 동화를 선택하여 사건의 흐름을 잘 파악할 수 있는 동화를 선택한다.

일곱째, 청자의 수준에 따라 길이와 시간이 달라져야 하기에 내용의 사건을 간결하게 줄일 수 있는 동화를 선택하면 개작을 하기가 쉽다.

2 개작의 원리

개작의 기본 원리는 보존, 삭제, 첨가이다. 개작은 구연에 적합하도록 동화의 내용과 형태를 바꾸는 것으로 동화를 선정한 후 작품이 가지고 있는 내용의 본질은 보존하고 청자가 구연 내용을 이해할 수 있도록 삭제를 하거나 첨가를 하는 방식의 개작을 해야 한다.

1) 보존

원작의 뼈대가 되는 중심 생각과 작가의 인생관이 담겨진 내용은 작품에서 전체적인 골격이 되는 부분이므로 반드시 보존이 되어야 한다. 내용상의 개작은 본질적인 정신을 변경하는 것이 아니다. 이 부분을 바꾸게 되면 개작이 아니고 창작이 되어버리기 때문에 어떠한 작품이든 작가의 중심 사상을 보존해야 청자가 원작의 맛을 느낄 수 있다.

예시

생쥐는 여우에게 다가가 왜 그렇게 슬프게 우느냐고 물었습니다. 여우는 울면서 자기는 틀림없이 마음이 없어 슬픈 거라고 대답했습니다.

⇨ “왜 슬픈 거니, 여우야?”
“흑흑, 나에겐 마음이 없나 봐. 틀림없어.”

2) 삭제

동화 내용이 구연 시간보다 긴 경우 내용을 줄이기 위해 삭제를 하게 된다. 또 내용 면에서 시대적 정서에 맞지 않거나 불필요한 부분이 있는 경우, 교육적이지 못한 경우에도 삭제를 한다. 삭제를 할 경우 주의점은 동화에서 전하고자 하는 주제를 건드리지 않아야 하며 구연 시간의 제약으로 많은 삭제는 내용의 흐름이 흐트러지는 경우가 있으니 주의하여야 한다.

예시

– 중간 생략 –

미나의 청바지가 다리를 잡으라고 내 쪽으로 뻗었어. 내 별명인 공주의 체통을 지키려고 처음엔 혼자 버텨보려 했지. 하지만 빠른 물살에 휩쓸려 가지 않으려고 나중에는 아무나 꽉 붙잡았어. 내 신분을 생각할 새도 없었어. 그리고 모두들 귀찮아하지 않고 나를 붙들어 주었어.

빙빙 세상이 돌았어. 세상이 정신없이 빠르게 돌아갈수록 우리는 서로를 끌어안았어. 누구도 떨어져 나가 혼자가 되지 않도록 애를 썼어. 그래서 세탁이 끝나갈 때쯤엔 모두 똘똘 뭉쳐 있었지.

마침내 세탁기가 멈추었어.

"야! 다 끝났다!"

미나 청바지가 너무나 행복해서 소리쳤어.

– 이하 생략 –

⇨ "어어~~ 어지러워."

"하얀 원피스야, 내 다리를 어서 잡아."

"내가 너의 소매를 잡아 줄게."

세탁기 속의 옷들은 서로 똘똘 뭉쳐 있었어요.

마침내 세탁기가 멈추었어요.

"야! 다 끝났다!"

미나의 청바지가 소리쳤어요.

– 조윤주 동화 『새를 부르는 허수아비』 중 –

3) 첨가

첨가는 청자의 이해와 흥미를 돕기 위해서 내용을 늘리는 것으로 청자의 발달 수준을 고려하여 짧은 내용에 설명이 들어가거나 이해를 돕기 위해 내용을 추가하는 것을 말한다. 길게 지루한 내용을 흥미롭고 재미있는 내용으로 추가하여 넣는 것과 짧은 글로 압축되어 있는 내용에 설명을 첨가하는 방법이 있다. 그림의 내용에 대한 첨가는 동화구연전문가의 상상력과 창의력이 돋보이는 부분이며, 개작의 재미성이 들어 있는 부분이다.

예시

연필은 종이에 하나, 둘씩 적어 나갔어요.
어느덧 밤이 지나고…….
연필은 아주 작은 몽당연필이 되어 버렸어요.

⇨ 연필은 생각이 떠오를 때 마다 하나하나 적기 시작했어요.
'음, 오늘은 바람이 솔솔솔~ 나에게 고맙다고 인사를 했지.'
'어머, 달님이 지나가면서 윙크를 하잖아. 내일 또 만나자고.'
연필은 아침이 되도록 창문에서 보았던 이야기를 쓰고 또 썼어요.
자신의 몸이 점점 작아지는 줄도 모르고 말이에요.

3 개작 방법

일반적인 동화는 그림과 문장이 서로 상호 보완하도록 구성되어 구연하기에 적합하지 않은 경우가 많다. 그러므로 개작을 하기 위해서는 먼저 청자에 대한 수준과 욕구 사항에 대한 이해가 먼저 선행되어야 한다. 청자의 발달 단계에 맞도록 수준을 고려하고 작가가 전달하고자 하는 내용을 청자에게 적합하게 개작해야 하며 구연자 본인의 구연 수준 또한 고려해야 한다.

동화작품에 따라 아동들이 이해하기 어려운 부분도 있으며 표현이나 이야기 전개 방식이 구연하기에 적합하지 않은 부분도 많다. 그러므로 문어체(읽는 동화)적 요소를 구어체(듣는 동화)적 요소로 바꾸어야 하며 청각의 즐거움을 고려해 주어야 할 뿐 아니라 쉽게 이해하고 느끼도록 도와주어야 한다.

개작 시 유의점은 다음과 같다.

첫째, 자신감을 갖고 개작해야 한다. 개작의 주체자는 구연자이기 때문에 자신감을 가져야 한다. 창작이 아니라 개작을 하는 것이므로 기본적인 원작의 튼튼한 뼈대가 있어 누구나 개작할 수 있다는 자신감과 용기만 있다면 얼마든지 개작을 할 수 있다.

둘째, 억지로 꾸며서 쓴 글은 진실성이 없다. 개작은 청자에게 공감을 줄 수 있는 자연스러운 문장으로 개작되어야 한다. 그러기 위해서 동화구연전문가들은 문학에 대한 이해와 아동발달, 심리적인 부분에 대한 이해를 바탕으로 개작을 해야 한다.

셋째, 구연자의 감각을 최대한 활용하여 개작해야 한다. 동화의 내용은 나라에 따라 시대별로 차이가 있으므로 우리의 정서에 맞는 구연을 하기 위해서 시대에 뒤떨어지지 않는 감각을 최대한 활용하고 다방면으로 관심을 갖고 있어야 한다.

넷째, 구연이라는 기법을 활용하지만 내용은 문학작품이다. 청자에게 바람직한 인성교육이라는 목표를 가지고 개작해야 한다. 동화를 듣고 마음이 아름다워지고 남을 사랑할 줄 알게 되며 자신의 슬픔과 불행을 이겨 나갈 수 있는 용기를 갖게 되는 내용으로의 개작이 바람직한 방향으로 나아가고 있다고 할 수 있다.

개작을 하는 방법으로는 내용 개작과 형태를 개작하는 두 가지 방법이 있다.

1) 내용의 개작

동화구연의 내용 개작이란 동화 내용에 관련된 것을 다듬고 고쳐 나가는 작업을 말하는 것으로 청자의 수준과 장소에 따라 동화 내용의 길이가 조절될 수 있도록 개작해야 한다.

● **내용을 개작해야 할 경우**

① 시내에 뒤떨어진 작품과 외국작품은 현대에 맞춰 시대성을 고려하여 청자의 생활과 정서에 맞게 전체적 개작이 되어야 한다.

② 동화 내용 중에 살인, 약탈, 공포심을 일으키는 등 비교육적인 내용이 있어 청자의 정서를 해치는 부분이 들어 있으면 반드시 개작을 해야 한다.

③ 너무 도덕성을 강조하는 내용이 직접적으로 들어가 있는 동화는 동화 전체로 교훈이 스며들어 갈 수 있도록 개작을 해야 하고 부정적인 내용은 긍정적인 내용으로 바꿔 주어야 한다.

④ 동화의 내용을 구연할 시간에 맞게 길이를 줄이거나 늘려야 한다.

⑤ 외국어 및 어려운 낱말은 표준어로, 청자가 이해하기 쉬운 말로 바꿔야 한다.

⑥ 그 나라의 풍토에 알맞게 이해될 수 있는 환경과 주인공으로 바꾸어 개작한다. 또한 사건의 변화를 통하여 새로운 이야기로 만들어 낼 수 있다.

예시

민수는 갑자기 복통을 호소했다.

⇨ 민수는 갑자기 배가 아파왔어요.

예시

신하들은 언니들에게 버려진 신발 한 짝을 신어 보라고 내밀었다. 첫째 딸의 발이 신발에 맞지 않자 새엄마는 다섯 발가락을 자르라고 소리 질렀다. 그렇게 신발을 신고 신하 앞에 선 첫째 딸은 신발 밖으로 흐르는 피로 인해 발각되고 곧 내침을 당했다.

⇨ 신하들은 큰언니에게 신발을 신어 보라고 내밀었어요.
"이 신발은 제 딸의 신발이 맞다니까요."
새엄마는 억지로 신발을 신겨 보려 했으나 소용이 없었어요.
"이 아가씨는 발이 너무 커서 안 되겠는걸요."

2) 형태적 개작

동화의 형태적 개작은 이야기를 구성하고 있는 틀을 고치고 다듬는 것으로 읽는 동화(문장동화)에서 듣는 동화(음성동화)로 개작할 때 필요한 형식 등을 고치고 다듬는 것이다. 개작이 필요한 것은 읽는 글과 구연의 차이로, 평면적인 언어와 입체적인 언어의 변화 차이라고 볼 수 있다. 문장체의 평면적인 언어보다는 활동감 있고 율동적인 입체감 있는 문장이 된다면 이야기 내용에 더욱 흥미를 느끼게 될 것이다.

● 형태를 개작해야 할 경우

① 문어체(읽는 동화)를 구어체(듣는 동화)로 바꾼다. 설명에 해당되는 해설 부분의 어미를 단조롭지 않게 이야기하듯이 바꾼다.

② 설명체를 대화체로 바꾼다. 설명 부분을 있는 그대로 구연을 하게 되면 지루하고 청자가 흥미를 갖지 못하므로 대화체로 바꿔 다양한 등장인물과 성대모사로 변화를 준다. 대화체는 작품 전체의 2/3 정도가 되면 실감 나는 동화구연이 된다.

③ 긴 문장은 짧고 말하기 쉽게 고친다. 너무 긴 문장은 청자가 들으면서 이미지화하기가 어려우므로 짧은 문장으로 바꿔 주어 장면을 쉽게 연상할 수 있도록 한다. 그리고 긴 문장은 구연하는 데 호흡이 길어 전달이 어려울 수 있으므로 구연자의 호흡을 확인해 가면서 고치도록 한다.

④ 불필요한 접속사와 인용격 조사를 가능한 줄인다. 그리고, 그런데, 그러나, 또, 왜냐하면 등의 접속사와 ~라고, ~하고 등의 인용격 조사는 개작 과정에서 해설과 대화체로 정리하면 이야기의 흐름을 방해하지 않아 구연의 효과를 높일 수 있다.

⑤ 점층법, 과장법, 반복법, 의인법, 직유법 등의 많은 수사법을 사용하고 반복어를 사용하여 흥미롭고 변화 있는 문장으로 바꾸고, 언어의 리듬감을 살려서 활동적인 언어가 되도록 한다.

⑥ 의성어, 의태어를 적절히 넣어서 생동감을 느끼도록 한다. 이 방법은 율동적인 문장으로 만드는 데 많이 사용한다.

⑦ 이해하기 어려운 단어는 쉬운 단어로 바꾼다. 외국어나 한자어 등 이해를 못하는 어려운 단어는 듣는 이의 수준에 따라 이해하기 쉬운 단어로 바꿔 준다.

⑧ 평면적이고 밋밋한 언어를 사용하기보다는 활동적이고 율동적인 언어를 사용하여 변화 있는 문장으로 아동들의 정서를 기쁘게 만들고 즐겁게 개작을 한다.

예시

~했습니다. ⇨ ~했지요.

~하였다. ⇨ ~했답니다, ~했어요.

예시

할머니가 밭에서 돌아와 보니 정말 큰일이 생겼는데 그건 집에서 키우는 돼지 새끼가 보이지 않았던 것이었습니다.

⇨ 할머니가 밭에서 돌아왔어요. 그런데 정말 큰일 났어요. 아기 돼지가 보이질 않는 거예요.

예시

바람이 불어 나뭇잎이 떨어졌습니다.

⇨ 바람이 '휘잉~' 하고 불어오더니 나뭇잎이 우수수 떨어지는 거예요.

예시

새끼 오리가 걸어갔습니다.

⇨ 아기 오리들이 '꽥꽥' 거리며 뒤뚱뒤뚱 바삐 걸어갔어요.

3) 수사법

평면적인 언어를 입체적인 언어로 개작하기 위해서 다양한 수사법을 이용하여 문장을 바꿔 주는 것이 좋다. 소리로 표현되어지는 구연의 특징상 다양한 언어 표현을 활용하는 수사법을 통해 예술적인 개작이 필요하다.

수사법은 어떤 생각이나 표현을 특별한 방식으로 전달하는 언어적 기법이다. 즉 문장을 보다 아름답고 효과적으로 표현하기 위해 꾸미는 표현 방법이다. 수사법 중 비유법은 대상을 다른 대상에 빗대어 표현하는 것이고, 변화법은 문장에 생기를 불어넣기 위해 단조로운 문장을 바꾸어 표현하는 방법이고, 강조법은 표현하려는 내용을 강하고 분명하게 나타내어 읽는 이에게 뚜렷한 인상이 느껴지도록 하는 것이다.

[표 6-1] 수사법의 종류

비유법	직유법, 은유법, 풍유법(우화법), 의인법, 의성법, 의태법
변화법	도치법, 인용법, 경구법, 생략법
강조법	과장법, 반복법, 영탄법, 열거법, 점층법, 대조법

(1) 직유법

원 관념과 보조 관념을 직접 드러내어(비교하여) 빗대는 표현이다. '같이', '듯이', '양' 등의 말을 붙여서 나타낸다.

예시
- 달달 무슨 달 쟁반같이 둥근달.
- 꿀처럼 달콤하고 아이스크림처럼 시원했지.
- 마음 편히 실있딘 예진처럼 말이야.

(2) 은유법

원 관념은 숨기고 보조 관념만 드러내어 표현하려는 대상을 설명하거나 그 특질을 묘사하는 표현 방법이다.

예시
- 내 마음은 호수.
- 눈은 하얀 지우개다.
- 텔레비전은 바보상자다.

(3) 풍유법(우화법)

원 관념은 숨기고 보조 관념만 드러내어 그 숨은 뜻을 넌지시 나타낸다. 교훈적 풍자적인 내용을 동식물 등에 빗대어 표현하며, 속담 등은 대개 이에 속한다.

예시
- 빈 수레가 더 요란하다.
- 못된 송아지 엉덩이에 뿔난다.
- 개구리 올챙이 적 생각 못한다.

(4) 의인법

사람이 아닌 것을 사람인 것처럼 나타내는 표현 방법이다. 특히 유아기의 특징으로 유아는 모든 사물에 생명이 있다고 믿는 물활론적 사고를 하기 때문에 사람처럼 인격과 감정을 주어 감정이입을 하는 내용이 많이 나타난다.

예시
- 두더지가 땅속에서 고개를 내밀며 인사를 했어요.
- "자, 이건 네 생일 선물이야." 여우가 말했어요.
- 파도가 나에게 노래를 불러 줘요.

(5) 의성법

사물의 소리를 그대로 흉내 내어 나타내는 방법으로 단어의 뜻을 더욱 부각시켜 생동감 있는 사실적인 감정 전달이 된다.

예시
- 시냇물은 졸졸졸.
- 배에서 꼬르륵꼬르륵 소리가 났어요.
- 이불을 첨벙첨벙 신나게 빨기 시작했어요.

(6) 의태법

사물의 모양이나 동작 등을 그 느낌이나 특징대로 표현하는 방법으로 단어의 뜻과 리듬감을 더해 준다.

예시
- 토끼가 귀를 움찔움찔 움직여.
- 여우가 폴짝 뛰어올라.
- 수박이 대굴대굴 구른다.

(7) 도치법

문장 성분의 정상적인 배열을 뒤바꾸어 놓음으로써 중심 내용을 더욱 두드러지게 하는 표현 방법이다.

예시
- 함박눈 같아 꽃잎이.
- 잘도 먹는구나, 밥을.

(8) 인용법

글의 뜻을 분명히 드러나게 하기 위해 남의 말이나 글, 또는 고사(故事)나 격언 등에서 필요한 부분을 인용하는 방법이다. 직접 인용법은 다른 이의 말이나 글을 그대로 옮기는 방법이고, 간접 인용법은 다른 이의 말이나 글을 수정하여 옮기는 방법이다.

예시
- 시작이 반이라는 말이 있습니다.
- 인생은 60부터라고 하지요.

(9) 경구법

독자의 주의를 불러일으키는 속담, 격언, 금언 등을 인용하여 문장에 변화 효과를 나타내는 표현 방법이다.

예시
- 공든 탑이 무너지랴.
- 아닌 밤중에 홍두깨.

(10) 생략법

문장의 불필요한 부분을 줄이거나 생략하여 나머지는 독자의 상상이나 판단에 맡기는 방법이다.

예시
- 늑대는 한바탕 싸워 볼까 생각했지만…….
- 양은 가만히 지켜보며 때를 기다렸어. 그러더니…….

(11) 과장법

어떤 사물을 실제보다 훨씬 더하게, 또는 훨씬 덜하게 나타내는 표현 방법이다. 강조를 통하여 청자의 호기심을 자극하며 동화 내용의 흥미와 맛이 더욱 나게 한다.

예시
- 소리가 너무 커 하늘이 무너지는 것 같았다.
- 여우 누이를 본 오빠는 간이 콩알만 해졌다.
- 영희네 앞마당에 주먹만 한 대추가 열렸어요.

(12) 반복법

갈거나 비슷한 어구를 되풀이하여 문장의 의미를 강조하는 표현 방법이다.

예시
- 옛날 옛날 하늘에 별이 반짝반짝하더니.
- 아빠 몰래 별을 따고 엄마 몰래 달을 따고.
- 몇 번이나 소리를 지르고 또 질렀습니다.

(13) 영탄법

감탄사나 감탄형 어미 등을 써서 놀라움, 슬픔, 기쁨 따위의 감정을 강하게 또는 간절하게 나타내는 표현 방법이다.

예시
- 세월이 빨리도 흘러가는구나!
- 우와~ 달이 정말 밝군요!

(14) 열거법

비슷한 어구나 내용적으로 관련이 있는 어구를 늘어놓음으로써 표현 효과를 높이려는 방법이다.

예시
- 오물오물, 냠냠, 쩝쩝, 꿀꺽!
- 아빠가 좋아하는 불고기 엄마가 좋아하는 잡채 민수가 좋아하는 만두

(15) 점층법

갈거나 비슷한 어구를 겹쳐 써서 문장의 뜻이 점점 강조되고, 커지고, 높아지게 하여 독자의 감흥을 고조시키거나 절정으로 이끄는 표현 방법이다. 사건의 발전에 점층법을 많이 쓴다.

예시
- 가자 가자, 어서 가자.
- 날자 날자 날자꾸나, 한 번만 날자꾸나.

(16) 대조법

뜻이 상반되거나 정도가 다른 사물을 대조시켜 어떤 한 사물을 강조하여 효과를 높이는 표현 방법이다.

예시
- 펜은 칼보다 강하다.
- 인생을 짧고 예술은 길다.
- 달면 삼키고 쓰면 뱉는다.

4 개작의 예

개작을 할 때는 문어체를 구어체로, 설명체를 대화체로 바꾼다. 긴 문장은 짧은 문장으로 바꾸고 불필요한 접속사는 가능한 줄인다. 원작의 주제를 훼손하지 않으면서 다양한 수사법을 사용하여 변화 있고 흥미 있는 문장으로 바꾸고, 언어의 리듬감을 살려 활동적인 언어로 바꾸어 준다. 또 비교육적인 부분은 교육적으로 바꾸어 준다.

다음은 개작의 예이다.

원문 :: 깨끗해서 좋아요(전래동화)

옛날, 아주 먼 옛날에 있었던 일입니다.

깊은 산속 외딴 마을에 할아버지와 할머니가 함께 살고 있었습니다.

너무 깊은 산속이라 찾아오는 사람도 없었습니다. 가을이 깊어지고 찬바람이 불어오기 시작하자 사람이 찾아오는 일이 더 드물어졌습니다.

할아버지와 할머니는 둘이서만 있는 날이 많아지다 보니 조금 게을러졌습니다. 그래서, 매일 빨던 빨래도 이틀에 한번, 나흘에 한번, 열흘에 한번… 점점 미루게 되었습니다. 매일 닦던 거울도 이틀에 한번, 나흘에 한번, 열흘에 한번… 점점 미루게 되었습니다.

더군다나 할머니는 화장실에 가서 볼일을 볼 때도, 바깥에 나갔다 올 때도, "아이고, 귀찮아."하며 손을 씻지 않았습니다.

그리고 할아버지는 자고 일어나도, 아침을 먹고, 점심을 먹어도, "아이고, 귀찮아."하며 이를 닦지 않았습니다.

이렇게 지내던 어느 날 할아버지가 할머니에게 말했습니다.

"아, 여보게 할멈. 내 배자 못 보았소? 뼈에 바람이 드는가, 추워서 못살겠구려."

그러자 할아버지의 말을 들은 할머니가 귀찮은 듯이 말했습니다.

"아이고, 아직 견딜 만하구먼. 빨래하기가 얼마나 힘든데, 뭔 배자를 달라 난리예요? 그냥 어제 입던 거나 입어요!"

할머니의 대답을 들은 할아버지는 화가 나서 버럭 소리를 질렀습니다.

"아니, 이 할망구가! 추워 죽겠다는데, 빨래도 안 해 놓고, 뭐 잘했다고 소리를 지르누. 손도 시커메가지구!"

"아니, 뭐라구요? 손이 시커메요?" 할머니도 소리를 질렀습니다.

"아, 그럼 그 손이 시커멓지, 허연가? 꼭 시커먼 까마귀 같구만!"

할아버지의 말을 들은 할머니가 이야기했습니다.

"아이고, 똥 묻은 개가 겨 묻은 개 나무란다더니만. 이보슈, 이는 누래가지고. 왜? 금땡이 만들라고 안 닦았나 보지?"

할머니와 할아버지는 화가 나서 각자 다른 방으로 들어가 방문을 '쾅'하고 닫았습니다.

해가 지기 시작하자 할아버지 방에서 콜록콜록 기침 소리가 들렸습니다. 밤이 되어 잠자리에 누운 할머니가 마음속으로 생각했습니다.

'날씨가 조금 춥기는 허네. 저 영감탱이 감기 들면 안 되는데.'

다음날 할머니가 할아버지 배자를 가지고 빨래터로 나갔습니다.

그 모습을 본 할아버지는 왠지 미안한 마음이 들었습니다.

"흠흠. 나도 집안 청소나 좀 할까."

냇가로 간 할머니가 할아버지 배자를 빨았습니다.

배자의 때가 술술술 씻겨 나가자, 할머니 손의 때도 술술술 씻겨 나갔습니다.

깨끗해지고 하얘진 손을 보고 할머니가 신이 나서 말했습니다.

"아이고~ 곱다. 내 손이 이리 예뻤나. 호호호."

집에 있던 할아버지는 쓱쓱 마루를 닦고, 방을 닦고, 거울을 닦았습니다.

거울에 모습이 비치자 할아버지는 자신의 모습을 보고는 깜짝 놀랐습니다.

"아이구마~ 이가 이게 뭐고? 누래가지고. 하이고 창피시릅구로."

할아버지는 얼른 이를 싹싹 씈씈 닦았습니다.

빨래를 마치고 돌아온 할머니가 배자를 널며 손 자랑을 하면서 말했습니다.

"아이구마~ 요래 하얀 게 빨랜지, 내 손인지 모르겠네."

그러자 할아버지가 방에서 달려 나오며 천천히 말했습니다.

"할멈, 빨.래.하.고.왔.는.가? 히."

할아버지가 하얀 이를 내보이며 말했습니다.

할아버지와 할머니는 서로의 깨끗한 손과 이를 보고 기분이 좋아졌습니다.

할아버지가 할머니의 하얀 손을 잡으며 말했습니다.

"아따, 할멈 손이 허~연 것이 백옥 같구먼."

할머니가 할아버지를 보고 웃으며 말했습니다.

"아이고, 백옥은 우리 영감님 입속에 있는데요."

그날부터 할머니와 할아버지는 사람들이 있으나 없으나 매일 같이 깨끗하게 청소하고 깨끗하게 씻게 되었답니다.

개작 예시 ① :: 깨끗해서 좋아요

옛날 깊은 산속에 할머니와 할아버지가 살고 있었어요.

날이 추워지자 할머니와 할아버지는 자꾸만 게을러졌어요.

"아이고, 이젠 빨래하기도 귀찮아."하며 할머니는 빨래를 하지 않았어요.

"아이고, 귀찮아 정말. 이는 가끔 닦아도 되겠지."

할아버지는 이도 닦지 않았어요.

"아, 여보게 할멈. 내 겨울옷 못 보았소? 뼈에 바람이 드는가, 추워서 못살겠구려."

"아니, 뭐가 추워 죽겠다고 그러는 거예요. 그냥 입던 걸로 입어요."

"아니, 이 할멈이, 빨래도 안 해 놓고 뭐 잘했다고 소리를 지르누. 손도 시커메 가지고!"

"아니, 뭐라구요? 손이 시커메요?"

"아, 그럼 그 손은 꼭 시커먼 까마귀 같구만!"

"영감 이도 누~래 가지고 꼭 금니 같네요, 금니."

할머니와 할아버지는 화가 나 각자 방으로 들어가 방문을 '쾅'하고 닫아 버렸어요.

해가 지기 시작하자 할아버지 방에서 콜록콜록 기침 소리가 들려왔어요.

할머니는 곰곰이 생각했어요.

'이젠 춥기는 허네. 저 영감이 저러다 감기 들면 안 되는데.'

다음날 할머니는 빨래를 가지고 빨래터로 나갔어요.

그 모습을 지켜본 할아버지도 왠지 미안한 마음이 들었어요.

"어디 보자. 할멈이 빨래를 하러 가는구먼. 그럼 슬슬 나도 청소나 해 볼까."

할아버지도 집안 청소를 하기 시작했어요.

빨래를 하고 돌아온 할머니는 집이 깨끗해져 있자 기분이 좋아졌어요.

'아니, 우리 영감이 나 없는 사이 청소를 다 해놨구먼.'

"영감, 영감~ 나 왔어요."

"할멈, 빨래하고 왔는가? 히히."

할아버지가 하얀 이를 내보이며 말했어요.

"아이고, 우리 영감 이가 백옥 같네요. 백옥."

"허허허, 할멈 손이 허~연 게 더 백옥 같구먼."

할머니와 할아버지는 언제 그랬냐는 듯 서로 웃으며 깨끗하게 살자고 약속했대요.

개작 예시 ② :: 깨끗해서 좋아요

옛날 깊은 산속 마을에 할아버지와 할머니가 살고 있었어요.
할아버지는 귀찮다고 이를 잘 닦지 않았구요.
할머니도 귀찮다고 손을 잘 씻지 않았지요.
"할멈, 할멈 손은 시커먼 게 까마귀 같구만."
"영감, 영감 이도 누런 금니에요, 금니."
할아버지와 할머니는 서로 흉을 보았지요.
어느 날 할머니가 냇가에서 빨래를 했어요.
"어머나, 내 손이 이렇게 고왔나. 깨끗하니 참 예쁘네. 호호."
집에 있던 할아버지는 거울을 닦다가 깜짝 놀랐어요.
"아이고, 내 이가 이렇게 누렜나. 얼른 닦아야지."
할아버지는 누런 이를 싹싹 닦았어요.
집에 돌아온 할머니가 빨래를 널며 말했어요.
"이렇게 하얀 게 빨랜지 손인지 모르겠네."
할아버지가 이를 내 보이며 말했어요.
"할멈, 빨.래.하.고.왔.는.가? 히."
할머니의 손은 보송보송, 할아버지의 이는 반짝반짝했지요.
그날부터 깨끗한 손과 깨끗한 이를 자랑하며 행복하게 살았답니다.

6장 개작의 이해 :: 문제

6장 개작의 이해	1. 개작의 필요성	

문제1) 동화구연 개작의 정의에 대한 설명으로 잘못된 것은?
① 개작은 구연하기에 알맞도록 작품을 고치고 다듬는 것을 말한다.
② 동화구연의 개작은 구연자가 희망하는 방향으로 바꿔 쓰는 것을 말한다.
③ 음성으로 전달하는 독특성으로 인해 전달하기 쉽게 고쳐 쓰는 것을 말한다.
④ 청자에게 내용의 전달이 잘 되도록 고치는 것을 말한다.

문제2) 구연을 위한 동화의 선택 시 고려되어야 할 사항은 무엇인가?
① 구연자에게 흥미 있는 작품 위주로 선택한다.
② 스토리의 구성보다는 재미성이 강한 작품을 선택한다.
③ 청자의 요구에 맞는 작품을 선택한다.
④ 기승전결의 구성이 분명한 옛이야기만 작품으로 선택한다.

문제3) 개작을 하는 동화구연가의 자세로 바른 것은?
① 동화구연전문가들의 전문성과 책임감이 더욱더 요구되는 작업이다.
② 개작 후 원작에 대한 소개는 하지 않아도 된다.
③ 개작은 새로 바꾸는 것이기에 작품에 대한 분석이 필요치 않다.
④ 개작은 동화구연가의 철학을 강조할 수 있기 때문에 글쓰기를 잘해야 한다.

문제4) 동화구연 개작에 대한 설명으로 기술이 잘못된 것을 고르시오.
① 구연 원고는 인간의 희로애락의 감정을 주고받는 과정을 표현하는 원고를 말한다.
② 구연을 위한 원고와 교수매체를 통한 구연을 위한 원고 등으로 개작되어진다.
③ 구연은 구연자의 중심 철학이 묻어나는 것이므로 동화구연가는 개작을 하기 위해서 문학에 대한 이해가 선행되어야 한다.
④ 동화 작가의 철학을 그대로 전달해야 하므로 가능하면 원작 그대로 표현하여야 한다.

문제5) 개작 시 고려 사항으로 가장 거리가 먼 것은?
① 청자의 요구 사항　② 동화구연가의 작품에 대한 흥미도
③ 청자의 작품 이해 수준　④ 작품 등장인물의 수

정답	1. ② 2. ③ 3. ① 4. ④ 5. ④

6장 개작의 이해	2. 개작의 원리	

문제1) 구연에 맞도록 동화를 개작할 때 개작의 3요소는 무엇인가?
① 생략, 비유, 리듬 ② 인물, 배경, 사건
③ 전개, 고비, 결말 ④ 보존, 삭제, 첨가

문제2) 다음은 구연하기에 알맞도록 개작할 때 주의할 점이다. 맞는 것은?
① 구연자의 호흡은 자율적으로 한다.
② 구연자의 특성에 따라 개작하여야 한다.
③ 긴 문장, 바탕글, 정화되지 않은 낱말 등은 모두 삭제한다.
④ 개작 시 등장하는 인물의 파악 및 설정이 가장 중요하다.

문제3) 구연으로 들려줄 동화를 개작 시 삭제 부분에 해당되지 않는 것은?
① 장소 ② 문장의 길이 ③ 바탕글 ④ 비속어

문제4) 구연으로 들려줄 동화를 개작 시 바꾸어도 괜찮은 것은?
① 주제 ② 주인공 ③ 과학적인 상식 ④ 의성어

문제5) 동화 개작 시 첨가 대상으로 어울리지 않는 것은?
① 말투 ② 새로운 단어 ③ 새로운 주인공 ④ 결말

정답	1. ④ 2. ④ 3. ① 4. ④ 5. ③

6장 개작의 이해	3. 개작 방법	1) 내용의 개작

문제1) 동화구연을 위해 동화를 선정할 때 비교육적인 부분을 교육적으로 개작할 시 유의점을 바르게 설명한 것은?
① 도덕성을 더욱 강조한다.
② 무서운 내용은 실감 나게 표현한다.
③ 이야기 속의 악한 등장인물은 모두 삭제한다.
④ 악한 행위는 상세하게 묘사하지 않는다.

문제2) 다음 중 동화의 개작 방법을 바르게 설명한 것은?
① 반드시 교훈을 주는 내용으로만 개작한다
② 공포심을 유발하는 모든 것은 삭제한다.
③ 청자의 연령에 따라 등장인물의 수를 증가시킨다.
④ 청자가 공감할 수 있는 방법으로 개작한다.

문제3) 다음 중 구연을 위한 개작 방법이 바르게 기술된 것은?
① 악인은 아동이 모방할 우려가 있으므로 모두 제외한다.
② 이야기의 길이는 교사가 구연하기 가장 편안한 시간에 맞춰 조절한다.
③ 비교육적인 내용은 교육적으로, 부정적인 내용은 긍정적인 내용으로 바꿔 준다.
④ 교훈의 수단이 목적인 동화는 교육적이므로 내용을 그대로 살린다.

문제4) 내용을 개작해야 하는 경우인 것은?
① 시대적으로 뒤떨어진 외국작품
② 대화체로 되어 있는 글
③ 플롯 구조가 단순하게 구성되어 있는 작품
④ 우리의 생활과 정서를 다룬 작품

문제5) 동화 내용 개작 시 주의할 점이 아닌 것은?
① 아동의 연령에 맞는 쉬운 단어와 문장으로 고친다.
② 생활동화인 경우 과학적인 상식이 조금 틀려도 된다.
③ 동화의 내용은 희망적인 내용으로 바꾼다.
④ 동화의 전편과 후편을 상상하여 만들어 본다.

정답	1. ④ 2. ④ 3. ③ 4. ① 5. ②

6장 개작의 이해	3. 개작 방법	2) 형태적 개작

문제1) 형태적 개작에 대한 설명으로 맞지 않는 것은?
① 이야기를 구성하고 있는 틀을 고치고 다듬는 것을 말한다.
② 읽는 동화를 듣는 동화로 바꾸는 것을 말한다.
③ 음성동화를 문자동화로 바꾸는 것을 말한다.
④ 개작할 때 필요한 형식을 고치고 다듬는 것을 말한다.

문제2) 개작 시 평면적인 언어를 활동적인 언어로 바꾸어 변화를 준다. 활동적인 언어와 거리가 먼 것은 무엇인가?
① 설명문 ② 느낌말 ③ 언어의 리듬 ④ 의성어 · 의태어

문제3) 다음 설명은 무엇에 대한 설명인가?

〈보기〉 동화의 내용을 점층법, 과장법, 의인법, 직유법 등과 같은 수사법을 사용하여 흥미롭고 변화 있는 문장으로 바꾼다.

① 구연을 위한 내용적 개작 방법 ② 구연을 위한 형태적 개작 방법
③ 화술을 위한 구연 지도 방법 ④ 글쓰기를 위한 지도 방법

문제4) 형태적 개작으로 바르지 못한 것은?
① 구성의 단계를 배열한다. ② 소설의 3요소를 요약한다.
③ 바탕글을 많은 부분 대화체로 고친다. ④ 구어체를 문어체로 고친다.

문제5) 읽는 문장동화에서 듣는 음성동화로 고치는 이유에 해당하지 않는 것은?
① 긴 문장은 말하기 쉽도록 리듬감을 살려서 고친다.
② 접속사를 늘린다.
③ 어미 처리를 변화 있게 사용한다.
④ 과장법이나 점층법을 사용하여 흥미를 살린다.

정답	1. ③ 2. ① 3. ② 4. ④ 5. ②

6장 개작의 이해	3. 개작 방법	3) 수사법

문제1) 수사법 중 대조법에 대한 예문은 어느 것인가?
① 방귀를 뀌자 주먹만 한 대추가 떨어졌어요.
② 여자는 약하나 어머니는 강하다.
③ 비둘기가 하늘 높이 날아가고 있어요.
④ 사월은 잔인한 달

문제2) 다음에서 의인법으로 표현한 문장은 어느 것인가?
① 생글생글 웃는 꽃 ② 쟁반같이 둥근 달
③ 주먹만큼 큰 대추 ④ 엉덩이에 뿔난 송아지

문제3) 언어 표현 기법인 수사법의 분류로 바르지 않은 것은?
① 비유법 – 직유, 열거, 점층
② 변화법 – 인용, 도치, 생략
③ 강조법 – 과장, 반복, 대조
④ 비유법 – 직유, 은유, 의인

문제4) 다음 〈보기〉에 해당되는 수사법은 무엇인가?

〈보기〉 교훈적 · 풍자적인 내용을 동식물 등에 빗대어 표현하는 방법이다.

① 상징법 ② 역설법 ③ 우화법 ④ 열거법

문제5) 연상적인 효과를 얻을 수 있는 상징법은 암시적인 의미를 표현하는 방법이다. 다음 중 상징법의 비유에 해당되지 않는 것은?
① 지렁이도 밟으면 꿈틀한다.
② 내 남편은 소 같은 사람입니다.
③ 조용히 비둘기가 날아가고 있어요.
④ "넌 누구니?" 나비가 물었어요.

정답	1. ② 2. ① 3. ① 4. ③ 5. ④

CHAPTER 07

교수매체의 이해

동화구연전문가는 동화구연 수업을 진행할 때 동화 내용의 전달성과 학습자의 흥미성에 중요한 영향을 미치는 교수매체를 많이 활용한다. 동화구연 수업에서 다양한 매체를 활용하는 것은 동화 내용을 구체적으로 전달할 수 있어 분명하게 이해하는 데 유익하며(조민순, 한경님, 2015), 학습자가 동화의 본질을 이해하고 주의 집중을 유지하는 데 효과적이기 때문이다(권영례, 1986; 이송은, 2006; 황정현, 2007). 그러나 적절하지 못한 교수매체의 활용은 오히려 학습을 저해할 수 있다. 그러므로 동화구연전문가는 교수매체를 활용할 때 동화의 내용에 따라 적절한 제작 방법과 전달 방법을 고려해야 하며, 학습자의 수준과 욕구에 따라 변화를 주도록 노력해야 한다.

동화구연전문가가 교수매체를 제작하는 것은 교육자적인 입장에서 학습자에게 제공할 프로그램과 학습 활동이 계획한 목표에 도달하는 데 가장 효율적인 교수 방법을 고민한 결과이다. 그렇게 제작된 자료와 교구는 학습자가 자발적으로 참여하는 데 동기 부여가 되며 이러한 자발적인 활동은 학습자 중심으로 진행되는 효과가 있다. 따라서 동화구연전문가는 지속적으로 학습자의 수준과 욕구를 관찰하여 그들의 발전을 도울 수 있는 다양한 교수매체 개발을 위해 노력할 필요가 있다.

효과적인 교수매체 개발을 위해서는 아동발달에 대한 이해를 바탕으로 신체, 인지, 언어, 정서, 사회성 등 모든 영역의 발달을 도모할 수 있는 다양한 종류의 교수매체에 대한 이해가 필요하다.

본 장에서는 교사가 학습자에게 동화의 내용을 보다 효과적으로 전달하기 위한 듣기 중심의 교수매체와 아동들이 직접 활용할 수 있는 활동 중심의 교수매체에 대해 다양하게 살펴보고자 한다.

1 교수매체의 필요성

교수매체란 교사가 교육 목적을 달성하기 위해 수업에 활용하는 모든 수단이나 보조물, 교육 환경 등을 의미한다. 이때 교육 환경은 교사, 교수 기술, 학습 분위기까지 모두 포함된다.

동화구연 수업에서 좁은 의미의 교수매체란 동화를 들려주기 위한 보조 자료로 동화의 내용을 보다 정확하게 전달하여 이해를 돕기 위해 활용되고 있는 동화매체를 의미한다. 그러나 넓은 의미의 교수매체는 동화구연 수업에 필요한 모든 시청각 기자재와 교재, 교육 환경을 포함한 학습자들의 활동에 필요한 모든 자료를 의미한다. 즉 교사가 제작한 것뿐만 아니라 학습자를 중심으로 활용할 수 있는 모든 것을 다 포함하는 종합적인 개념이다.

특히 인적 자원인 교사는 동화구연 수업에서 가장 좋은 교수매체로 꼽을 수 있다. 만약 교사가 동화구연전문가로서의 자질을 갖추지 못했다면 아무리 훌륭한 보조 자료를 가지고 있더라도 소용이 없을 것이다.

동화구연 수업에서 교수매체의 필요성은 다음과 같다.

첫째, 이야기를 들려줄 때 내용의 전달이 용이하다. 동화 속 등장인물들의 특징을 살려 구연하므로 학습자가 동화의 내용을 이해하기 쉽다.

둘째, 동화 내용의 전달에 일관성을 가질 수 있다. 모든 학습자가 동일한 매체를 접하게 되므로 동일한 내용을 전달받게 된다. 또한 교수매체를 사용하면 동화구연전문가의 능력에 따른 차이를 줄일 수 있으며 동화 내용을 여러 번 반복하여 들려줄 수 있다는 장점이 있다.

셋째, 교수매체의 활용은 수업에 대한 흥미를 높여 수업이 효과적으로 이루어지게 한다. 교수매체의 다양성은 학습자의 흥미를 끌게 하는 특성이 있어 수업에 대한 동기를 유발시킨다. 또한 다양한 효과의 교수매체 사용은 전달하고자 하는 메시지를 명료화할 수 있으며 교수매체를 통한 변화 있는 전개는 학습자가 주의 집중하도록 돕는다.

넷째, 동화구연 수업 시 교수매체를 활용하면 교사와 아동, 아동과 아동, 아동과 동화 내용 등 서로 상호작용하는 효과가 높아진다. 교수매체를 활용할 때는 아동들을 참여시키고 피드백, 강화 등을 사용함으로써 계속적인 상호작용을 유지시켜 수업의 질을 높일 수 있다. 아동들은 교사의 추상적인 설명이나 책자를 통한 해설보다는 감각을 이용하는 교수매체를 활용할 때 훨씬 구체적인 정보를 얻게 되며 전달하는 내용을 분명히 이해하게 된다.

다섯째, 교수매체의 활용은 현실적으로 체험하기 어려운 환상적인 경험을 제공한다. 교수매체는 시간적, 공간적 한계를 극복할 수 있어 현실에서는 만날 수 없는 다양한 상상을 경험할 수 있도록 한다.

여섯째, 아동들이 수업 과정 자체에 대해 긍정적인 태도를 갖게 된다. 아동들은 교수매체를 사용하는 과정에서 동기가 유발되고 즐거움과 만족감을 느끼게 되어 학습을 성공적으로 이끌어 갈 수 있게 된다. 또한 이러한 성공적인 경험은 아동이 신뢰하는 마음을 가질 수 있게 한다.

일곱째, 학습자 중심의 매체는 아동들이 스스로 계획하고 진행하므로 활동이 효율적으로 지속되도록 지도할 수 있다.

여덟째, 교수매체를 통한 구연 지도는 내용의 암기를 용이하게 할 뿐 아니라 부끄러워하는 아동들을 위한 지도에 용이하다.

동화구연전문가는 원하는 학습 목표에 도달하기 위하여 매체를 활용하거나 제작한다. 이때 교수매체를 제작하는 기준은 선정된 동화의 학습 목표, 학습자의 요구와 발달 특성, 동화 내용, 사용 용도에 따라 정해진다.

교수매체가 교수를 위한 보조물로 활용될 때는 내용 전달을 위한 자료로서 동화의 내용을 보다 효과적으로 들려주기 위한 교사 중심 매체이다. 그러나 학습자 중심의 학습을 위한 보조물로 교수매체를 활용할 경우에는 학습자가 적극적으로 참여할 수 있는 활동 중심의 놀이매체로 제작 방법과 내용이 다르게 표현되어진다.

동화구연 수업은 동화의 내용이 잘 전달되어야 구연 지도가 가능하기 때문에 많은 동화구연전문가들은 들려주기를 돕기 위한 교사 중심의 교수매체를 제작한다. 교사 중심의 교수매체도 학습자의 수준에 맞게 제작되어야 하므로 제작 시 다음과 같은 사항에 유의해야 한다.

① 학습자의 발달 단계에 따라 알맞게 제작하고 연령, 인원, 흥미, 사회 환경 등을 고려해야 한다.
② 학습자의 흥미, 주의를 끌 수 있도록 교수매체의 모양이나 색을 고려한다.
③ 동화의 내용을 잘 전달하기 위해서는 동화의 특징에 따라 다르게 표현한다.
④ 교수매체의 사용자가 누구인가에 따라 제작 방법이 달라야 한다.
⑤ 교수매체를 사용하는 동화구연가의 능력에 따라 제작 방법이 달라야 한다.

동화구연 수업의 교사 중심 교수매체 사용 시 유의점을 살펴보면 다음과 같다.

① 동화의 내용을 교사가 일방적으로 전달해 주는 것이 아니라 학습자의 반응을 살피면서 사용해야 한다.
② 학습자의 언어 능력, 상상력, 주의 집중 시간 등을 고려하여 수준에 맞게 사용해야 한다.
③ 교수매체의 분위기와 이야기의 분위기에 맞게 들려주어야 한다.
④ 교사 스스로가 즐거워야 하며 실제 구연 전에 충분히 연습하여 자연스럽게 사용해야 한다.
⑤ 교사는 학습자의 위협 수단으로 교수매체를 사용하지 않도록 주의해야 한다.
⑥ 교사는 예쁜 목소리보다 이야기 속에 담긴 상황이나 인물의 성격과 감정을 효과적으로 전달할 수 있도록 구연하여 교수매체에 관심을 갖게 한다.

⑦ 동화의 내용에 따라 구연 기법을 활용하여 극적인 분위기를 살리는 것처럼 매체도 극적인 효과를 높이는 것이 좋다.

⑧ 교수매체에 대한 학습자의 호기심이 충족될 수 있도록 충분히 볼 수 있는 시간적 여유를 주어 여운이 남을 수 있도록 한다.

2 교수매체의 종류

교수매체의 종류를 구분하는 것은 기준에 따라 달라질 수 있다. 이에 크게 시각과 청각 또는 투사와 비투사를 기준으로 나누어서 구분한다. 시각매체는 수업에 가장 많이 활용되는 매체로 학습자에게 내용을 이해시키고자 제작된 인쇄물, 낱말카드, 풍선 등 시각을 사용하는 교수매체를 말한다. 청각매체는 구연가의 목소리, 녹음기, CD, 마이크, 확성기 등 청각을 이용하여 사용하는 교수매체를 말한다.

투사매체는 주로 전기나 빛을 이용한 투사 방법을 이용한 교수매체로 OHP, 슬라이드, 그림자극 등을 말한다. 비투사매체는 교수매체 활용 시 전기적·기계적 장치를 필요로 하지 않는 모든 교수매체로 그림 자료, 융판 자료, 자석 자료, 입체 자료 등이 있다. 동화구연 수업에서는 다양한 종류의 매체를 사용하여 보다 수업에 적절한 방법으로 제작하고 있다.

1) 그림동화

그림동화는 교육 현장에서 가장 많이 사용되는 그림 자료 교수매체이다. 그림동화는 동화의 줄거리를 중심으로 주요 장면을 선정하여 큰 종이 위에 그린 후, 순서대로 보여 주는 평면적 그림을 말한다. 그림동화는 한 장씩 보여 주는 낱장식 그림동화가 대표적이며, 재료나 제작 방법을 달리하여 괘도식 그림동화, 병풍식 그림동화, TV동화, 원판 그림동화, 투명지 그림동화 등 다양한 종류가 있다.

(1) 낱장씩 그림동화 제작 방법

① 동화의 줄거리를 고려하여 그림을 그릴 장면을 선정한다. 동화 장면의 수는 겉표지를 포함하여 13~15장이 적절하다.

② 그림의 크기는 수업에 참여하는 인원수를 고려하여 결정한다. 보편적으로 대집단인 경우는 4절 크기를 많이 사용하는데, 너무 얇은 종이는 찢어지거나 휘어지질 수 있으므로 피한다.

③ 겉표지에 동화의 제목을 쓰고 중심이 되는 내용이 잘 드러나도록 그림을 그린다.

④ 종이 위에 정해진 장면을 한 장면씩 그리거나 그림을 확대 복사하여 사용할 수 있다.

⑤ 그림을 그릴 때에는 정해진 장면을 스케치한 후 물감, 색연필, 크레파스, 파스텔 등을 이용하여 채색한다. 부직포나 한지, 신문지, 색지, 천 등 다양한 소재를 사용하면 보다 다채로운 질감을 표현할 수 있다.

⑥ 그림의 뒷면에 페이지와 그림 내용을 기록하여 붙이는데, 첫 장 뒷면에 두 번째 장면의 내용이 오도록 순서대로 붙인다.

⑦ 그림동화의 보존력을 높이기 위해서는 투명 시트지나 아스테이지를 씌운다. 단, 시트지나 아스테이지를 씌울 경우 빛이 반사될 수 있으므로 무광이나 반투명을 사용하는 것이 좋다.

(2) 낱장씩 그림동화 제시 방법

① 그림동화는 모든 아동이 잘 볼 수 있는 위치에서 교사의 얼굴을 가리지 않도록 두 손으로 안정되게 들고 제시한다. 이때 손이 그림을 가리지 않도록 유의한다.

② 교사는 동화의 내용을 충분히 파악하여 뒷면의 내용을 보고 들려주기보다 아동의 반응을 살펴 가며 들려준다.

③ 동화를 들려줄 때에는 동화의 분위기와 등장인물의 성격 등이 잘 드러나도록 구연하는 것이 바람직하다.

④ 그림 장면을 바꿀 때에는 그림이 교사의 손에 가리지 않도록 이전 장의 오른쪽 끝과 다음 장의 왼쪽 끝을 잘 잡고 왼쪽에서 오른쪽으로 넘긴다.

⑤ 그림동화를 다 들려준 다음 그림만 다시 보여 주거나, 주요 장면을 다시 보여 주며 이야기를 나누어 아동이 내용을 다시 회상할 기회를 줄 수도 있다.

(3) 낱장씩 그림동화 응용 방법

낱장씩 그림동화의 평면적인 느낌을 보완하기 위해 한지, 솜, 부직포, 구김지, 천 등을 이용하여 다양한 느낌을 주거나 자석, 낚싯줄, 할핀, 칼집, 벨크로 등을 이용하여 움직임을 표현하기도 한다. 동화구연전문가는 동화의 내용을 보다 흥미있고 효과적으로 전달하기 위해 동화에 따라 다양한 그림동화 제작 방법을 적용할 수 있도록 융통성과 창의성을 발휘하여야 한다.

① 낚싯줄 그림동화

낚싯줄을 이용하는 그림동화는 등장인물의 움직임을 표현하는 데 효과적이다. 제작 방법은 먼저 움직일 그림을 따로 그려 낚싯줄에 붙여 준다. 움직임을 주고자 하는 길이의 시작과 끝에 송곳으로 구멍을 뚫고 낚싯줄을 통과시킨 후 움직일 그림이 시작 부분에 오도록 놓고 뒷면에 매듭을 묶는다. 낚싯줄은 매듭이 잘 풀리므로 매듭 부분을 테이프나 펠트지 등으로 잘 고정시켜 손잡이로 사용한다. 그림동화 뒷면의 손잡이를 움직이며 동화를 들려준다.

낚싯줄을 이용하는 방법은 직선의 움직임만 표현되는 단점이 있으나 거리를 두고 감상을 하면 줄이 보이지 않아 움직임이 신기하게 여겨진다.

명이가 꽃길을 따라 움직이는 모습

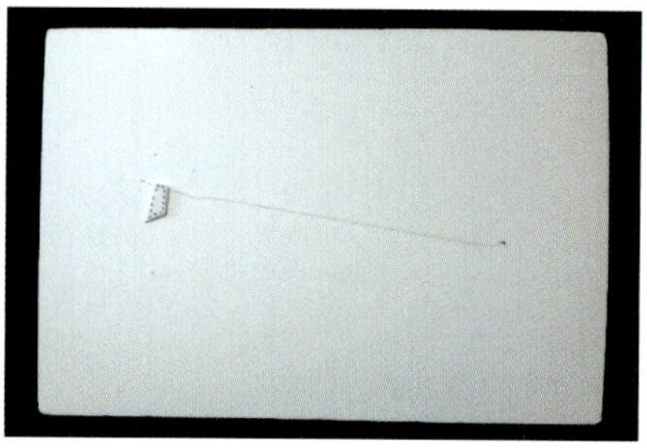
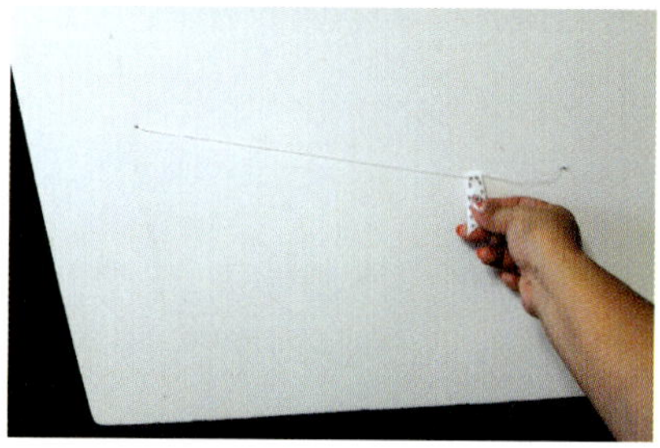

낚싯줄의 손잡이로 명이를 움직이는 모습(뒤편의 손잡이는 반대로 움직인다.)

낚싯줄을 이용한 그림동화 : 베개 애기(2014)

② 할핀(Y핀) 그림동화

할핀을 이용한 그림동화는 등장인물을 좌우로 움직이거나 회전을 하고자 할 때 사용하는 방법이다. 움직임을 넣을 팔이나 다리, 얼굴 등 부분 그림을 따로 그리고, 이 부분이 겹치는 부분을 송곳으로 뚫어 할핀을 넣는다. 할핀의 뒷부분을 벌려 고정시키고 부분 그림을 움직여 준다. 큰 움직임이 필요할 경우에는 송곳으로 뚫지 않고 칼집을 내어 할핀으로 고정시킨 후 할핀의 뒷부분을 이용해 움직임을 줄 수도 있다. 송곳으로 뚫는 것은 작은 움직임을, 칼집을 내는 것은 큰 움직임이나 곡선의 움직임을 표현하기에 적절하다.

도치가 좌우로 움직일 수 있도록 할핀으로 고정시키고 도치의 뒷면에 아스테이지를 붙여 움직이는 모습(할핀의 앞부분에 그림을 붙여 할핀이 드러나지 않도록 제작)

할핀을 이용한 그림동화 : 화내지 말고 예쁘게 말해요(2008)

③ TV동화

TV동화는 종이나 천에 동화 내용에 따라 그림을 그려 이어 붙인 후 뒷면에 내용을 적고 TV 모양의 틀에 끼워 좌우 또는 상하로 돌려 나온 그림에 따라 동화를 들려준다. TV 모양의 틀이 있으면 내지만 바꿔 계속 사용할 수 있다. TV 모양이 아동의 흥미를 유발할 뿐 아니라 교사의 모습이 보이지 않도록 하여 구연하면 더욱 TV를 보는 느낌을 줄 수 있다.

TV 모양의 상자 또는 틀에 이어 그린 그림을 넣어서 움직이는 모습

TV동화 : 상어가 나타났다(2016)

④ 다양한 그림동화

다양한 재료와 제작 방법을 활용한 그림동화의 예는 다음과 같다.

아스테이지를 이용한 그림동화 : 내 말이 맞아!(2008)
검정 바탕지 위에 아스테이지를 올려 그림을 그리고 흰 종이로 비추어 가며 이야기를 들려준다.

티슈를 이용한 그림동화 : 각시각시 풀각시(2006)
그림을 헝겊에 그린 후 뽑는 티슈의 접기 방법을 이용해 접어 티슈 상자에 넣고 한 장씩 뽑으며 이야기를 들려준다.

줄인형을 이용한 그림동화 : 개미나라에 간 루카스(2006)
등장인물을 따로 만든 후 낚싯줄로 고정하여 이동하며 이야기를 들려준다.

상자를 이용한 그림동화 : 결혼식 가는 길(2008)
내용에 따라 상자를 쌓거나 포개며 이야기를 들려준다.

구멍을 이용한 그림동화 : 구름빵(2004)
움직임이 있는 장면에 구멍을 만들어 손을 넣어서 동작을 표현하며 들려준다.

병풍 배경을 이용한 그림동화 : 멍청한 늑대 룰루(2000)
펼쳐진 배경에 따라 이야기가 전개되며, 등장인물들이 배경에 나타나면서 이야기를 들려준다.

다양한 그림동화 활용의 예

2) 융판동화

두꺼운 판에 융지나 펠트지와 같이 보풀이 있는 천을 씌워 배경판을 만들고, 등장인물이나 소품 등에 벨크로를 붙여 배경판에 붙였다 떼었다 하며 들려주는 교수매체이다. 비교적 만들기와 제시하기가 쉬우면서도 아동의 호기심과 흥미를 유지시켜 교육기관에서 많이 사용되고 있다. 융판동화는 등장인물 및 간단한 배경에 변화를 주며 활용하기에 용이하므로 배경 중심보다는 인물 중심의 그림으로 진행되는 동화, 등장인물이 너무 많지 않은 동화에 어울린다.

융판동화의 판 모양을 동화 내용에 따른 배경 속 모양으로 만들거나, 앞치마 등 다양한 형태로 만들면 더 흥미롭고 재미있게 동화를 들려줄 수 있다. 뿐만 아니라 동화에 따라 등장인물을 혼용하여 사용할 수 있어 활용도가 높다.

배경판에 솜을 넣은 나무를 붙여 입체감을 살린 융판동화 : 또또와 사과나무(2003)	**앞치마를 배경판으로 활용한 융판동화** : 고양이가 찍찍(2011)

냉장고의 모양을 본떠 만든 융판동화
: 꽁꽁꽁(2016)

내용에 따라 길게 이어진 융판동화
: 꿈틀꿈틀 애벌레 기차(2014)

주머니를 이용한 융판동화
: 하양이와 까망이(창작물)

장갑을 이용한 융판동화
: 아씨방 일곱동무(2009)

융판동화 활용의 예

3) 자석동화

자석동화는 자석의 붙는 성질을 이용하여 제작한 교수매체이다. 자석이 붙는 함석판이나, 자석의 힘이 통과되는 아크릴판에 자석을 붙인 등장인물을 붙이고 움직여 동화를 들려준다.

자석동화는 자석을 이용하여 등장인물의 움직임을 나타낼 수 있고 그림과 자료를 겹쳐서 붙여 볼 수 있어 내용 이해와 흥미의 효과를 높일 수 있다. 그러나 자석의 세기와 자석의 음극과 양극 방향을 고려하여 작품을 배열하지 않으면 자석의 성질에 의해 작품이 의도와 다른 방향으로 움직이기 때문에 주의하여야 한다. 또 뒤에서 움직임을 조정할 경우에는 보여지는 작품의 크기와 재료에 따라 뒤에서 당겨 주는 자석의 세기를 조절해야 한다.

자석을 이용한 동화 : 따라가면 안돼요(2008)

자석동화 활용의 예

4) 입체동화

입체동화는 실제 사물이나 모형, 장난감, 인형 등을 활용하거나 평면이 아닌 입체로 제작된 교수매체를 말한다. 입체동화는 평면적인 교수매체보다 등장인물의 움직임을 입체적으로 볼 수 있어 조금 더 구체적인 경험을 제공할 수 있다. 특히 등장인물의 특성을 살려 만든 인형을 활용하거나 동화 내용에 알맞은 장난감, 주변 소품 등을 활용하면 아동들에게 보다 친숙하게 다가갈 수 있다. 인형은 동화구연뿐만 아니라 수업의 사전·사후 활동, 전이 활동에도 이용할 수 있다. 입체동화로 사용되는 인형은 신체의 사용 부위에 따라 손가락인형, 손인형, 가면, 탈인형으로 구분하거나 재료에 따라 줄인형, 막대인형, 깡통인형, 종이인형, 장갑인형, 봉투인형 등으로 구분하기도 한다.

손가락인형 동화는 손가락에 인형을 끼워 손가락을 움직이면서 들려주는 교수매체이며, 손인형 동화는 인형 안에 손을 넣어 인형의 입, 머리, 팔, 다리를 움직이며 들려주는 교수매체이다. 막대인형 동화는 종이나 펠트지 등으로 만든 인형에 막대를 붙여 막대를 움직이며 동화를 들려주는 매체로 비교적 만들기가 쉽고 조작하기 간편하다. 반면, 줄인형 동화는 인형에 낚싯줄을 연결하여 만든 것으로 다양한 움직임과 멋진 연출이 가능하지만 만들기와 조작이 어려운 단점이 있다. 이외에도 종이에 색칠을 하거나 종이를 덧붙여 만든 종이인형 동화, 장갑을 활용한 장갑인형 동화 등이 있다.

손인형 동화 : 무지개 물고기(1994)	**줄인형 동화** : 누구 알이야?(2016)

막대인형 동화
: 사랑해주세요(2005)

상자인형 동화
: 엄마는 토끼, 아빠는 펭귄, 나는 토펭이!(2014)

때타올 동화
: 악어오리 구지구지(2003)

우산을 이용한 동화
: 거울 보는 박쥐(2009)

입체동화 활용의 예

5) 기타 다양한 교수매체

(1) 패널시어터동화

패널시어터동화는 P페이퍼가 융판에 붙으면서 보풀의 마찰로 인해 생동감 있게 연출이 가능한 교수매체이다. P페이퍼에 그림이 비치기 때문에 밑그림을 놓고 따라 그린 후 색연필, 사인펜, 물감 등을 이용하여 채색하면 되기 때문에 비교적 쉽게 그릴 수 있다. 특히 형광물감을 이용하여 채색하면 블랙라이트를 비추었을 때 환상적인 분위기가 난다. 제작 방법은 P페이퍼에 앞과 뒷면을 그려 오린 후 풀로 붙이면 앞뒤 장면 전환이 가능하고, 팔이나 다리와 같은 연결 부위를 각각 그려 오린 후 실로 매듭을 지어 움직이게 하는 등 다양한 기법을 활용한 다채로운 연출이 가능하다. 가벼워 보관하기 용이하지만, 바람에 날아갈 수 있어 실외에서 사용하기에는 적절하지 않다.

(2) 그림자동화

그림자동화는 광목천이나 종이 등을 세워 만든 막의 뒷면에 빛을 비추고, 막과 빛 사이에서 등장인물을 움직이며 들려주는 교수매체이다. 단순한 흑백 그림자뿐만 아니라, 셀로판지를 이용하면 다양한 색을 표현할 수 있으며, 아동의 상상력을 자극하고 특별한 분위기를 연출할 수 있다.

(3) OHP동화

OHP동화는 OHP 필름에 유성 매직이나 셀로판지를 이용해 그림을 그려 만든 장면을 OHP(오버헤드 프로젝터)에 하나씩 겹쳐 가며 들려주는 교수매체이다. 이때 OHP 대신 흰 종이를 바탕지로 활용할 수도 있다. OHP 필름 자체의 특징을 활용하여 순서가 겹치는 동화에 활용하기 좋다.

(4) 테이블동화

테이블동화는 테이블을 무대로 하여 등장인물을 움직이며 들려주는 교수매체이다. 등장인물의 뒷면에 요구르트 병, 필름 통 등을 대어 잘 서 있을 수 있도록 하고 배경판도 만들어 세우면 인형극을 보는 것과 같은 느낌을 준다.

(5) 빛그림동화

동화책의 내용을 디지털 카메라나 스캐너를 이용하여 이미지 파일로 변환한 후 빔 프로젝터 등을 이용해 들려주는 교수매체이다. 이때 파워 포인트 프로그램을 사용하면 쉽고 효과적으로 편집이 가능하다. 단, 저작권 등을 고려하여 제작, 활용하는 것이 바람직하다.

패널시어터동화
: 무지개 물고기와 특별한 친구(2017)

그림자동화
: 혼자 사는 생쥐 줄리앙(2019)

OHP동화
: 씨앗이 자라요(창작물)

테이블동화
: 물을 싫어하는 아주 별난 꼬마악어(2015)

기타 다양한 교수매체의 예

3 학습자 중심 교수매체

학습자 중심 교수매체는 학습자가 만들거나 학습자의 학습 활동을 위해 만들어진 교수매체를 뜻한다.

동화구연 원고는 주로 대화체로 구성되어 학습자 중심의 교수매체를 활용하여 표현 연습과 구연 연습을 하는 데 효과적이다. 구연 연습에 교수매체를 사용하면 등장인물의 특성과 그 상황을 보다 잘 이해하여 자연스러운 감정표현과 역할 연습을 할 수 있다. 교수매체를 통해 표현할 때, 자신의 생각을 매체에 이입하여 공감 능력과 감정표현 능력을 향상시킬 수 있다. 또 학습자 중심의 교수매체를 활용하는 것은 학습자의 수업 참여도를 높이는 데 효과적이다. 동화책을 읽어 주기만 하는 것보다 막대인형극 활동이나 역할극 활동을 하는 것이 더 많은 언어적, 비언어적 반응을 불러일으킨다는 것이며, 이는 조민순과 한경님(2015)의 연구를 통해서도 알 수 있다.

동화구연 수업에서 동화의 내용을 바탕으로 한 역할극, 아동극, 상황극과 즉흥극 같은 극놀이를 활용하는 것은 동화의 내용을 자신의 이야기로 재해석하여 표현하도록 돕고, 타인의 감정을 보다 잘 이해하게 하여 마음이론이 발달하는 효과가 있다.

극놀이는 학습자의 직접 참여 없이는 이루어질 수 없는 활동으로 학습자가 주체가 되어 적극적으로 수업에 참여해야 가능하다. 그러므로 동화구연전문가는 동화구연 수업에 활용되는 극놀이가 학습자 중심으로 이루어 질 수 있도록 다양한 방법을 연구해야 한다. 많은 동화구연전문가들은 이를 위해 극놀이에 활용할 다양한 학습자 중심의 교수매체를 직접 만들어 수업에 활용하거나, 극놀이에 활용될 소품 등을 학습자가 직접 만들 수 있도록 지도하고 있다.

극놀이를 하지 않더라도 동화의 내용을 이해하여 내면화하고 이를 표현하는 데 도움이 되는 소품, 인형, 작은 책 등 다양한 매체를 아동이 직접 제작할 수 있다. 이러한 매체를 스스로 제작하는 것은 수업에 집중하게 하는 효과가 있을 뿐 아니라 문학 속의 내용을 체험으로 배우는 것과 같은 효과를 가진다. 예를 들어, 그림책 『테푸할아버지의 요술 테이프』(2016) 이야기를 들려주고 다양한 테이프 제작 재료를 제공하여 학습자가 직접 요술 테이프를 만들고 나누어 주도록 하는 것이다. 이는 듣기를 통해 알게 된 요술 테이프의 의미를 이해하고 테푸할아버지와 같이 사랑을 베푸는 마음을 내면화하여 직접 이를 실천하도록 하는 훌륭한 학습자 중심의 교수매체가 될 수 있다.

역할극 가면 : 분홍 몬스터(2015)	**요술 테이프** : 테푸할아버지의 요술 테이프(2016)

종이컵 인형 : 판다 목욕탕(2014)	**종이접시 인형** : 파리와 꿀벌(2013)

학습자 중심 교수매체의 예

7장 교수매체의 이해 :: 문제

7장 교수매체의 이해	1. 교수매체의 필요성	

문제1) 동화구연 수업에서 활용하는 교수매체에 대한 설명을 잘못 기술한 것은?
① 동화구연 수업은 동화의 내용을 잘 이해하기 위해 다양한 교수매체를 사용한다.
② 학습자의 자연스러운 표현을 위한 교수 방법으로 교수매체를 활용한다.
③ 동화구연 수업은 구연을 중심으로 하기 때문에 교사의 녹음 파일이 가장 좋은 교수매체이다.
④ 동화구연 수업에서 교수매체는 수업 자료뿐만 아니라 교실의 환경 등 모두가 교수매체이다.

문제2) 교수매체로 적합한 동화의 특성을 바르게 설명한 것은?
① 자유로운 사건의 전개
② 탄탄한 기승전결의 플롯
③ 정형화된 성 역할이 포함된 내용
④ 복잡한 줄거리를 그림으로 잘 묘사할 수 있는 동화

문제3) 교수매체 제작 시 유의 사항이 아닌 것은?
① 교수매체는 학습 대상자의 연령에 상관없이 화려하고 큰 것이 좋다.
② 교수매체를 전달하는 곳의 환경 여건에 따라서 제작 방법이 달라야 한다.
③ 학습자의 흥미, 주의를 끌 수 있도록 교수매체의 색이나 모양을 고려해야 한다.
④ 동화의 특징을 잘 표현하여 제작하기 때문에 제작 방법에 따라 전달 방법이 달라진다.

문제4) 동화구연 수업에 사용되는 교사 중심 교수매체 사용 시 유의점은?
① 동화구연전문가 스스로가 즐거워야 하며 충분한 연습을 한 후 구연해야 한다.
② 내용 전달에 충실해야 하기 때문에 매체를 바라보면서 구연한다.
③ 학습자의 수준보다는 동화 원본에 충실하게 구연하여야 한다.
④ 매체 보관을 위해 구연이 끝나면 바로 정리한다.

문제5) 동화구연 수업에서 교수매체의 필요성에 대한 설명이다. 틀린 것은?
① 등장인물의 특징에 따라 매체를 제작하면 이야기의 내용 전달이 용이하다.
② 동일한 내용을 반복적으로 전달할 수 있다.
③ 전달하고자 하는 메시지를 명료화할 수 있으며 주의 집중을 돕고 동기를 유발시킨다.
④ 흥미를 위해서 매시간 꼭 다른 교수매체를 사용해야 한다.

정답	1. ③ 2. ② 3. ① 4. ① 5. ④

7장 교수매체의 이해	2. 교수매체의 종류	1) 그림동화

문제1) 그림동화의 그림을 그릴 때 유의할 사항은?
① 같은 인물에 동일한 색 사용 ② 성 역할 강조
③ 가능한 한 많은 그림 제작 ④ 도입 부분의 그림은 생략

문제2) 다음은 무엇을 정의한 것인가?

〈보기〉 동화에 기초하여 그린 그림들을 이야기의 순서대로 정리하여 보여 주면서 들려주는 문학의 전달매체 중 하나이다.

① 그림동화 ② 인형극 ③ 전래동요 ④ 동시

문제3) 그림동화의 종류에 따른 제시 방법이 바른 것은?
① TV동화는 그림 뒷면에 적힌 내용만을 보면서 그대로 들려준다.
② OHP동화는 아동들이 필름을 올리고 내리는 과정을 확인할 수 있도록 주의한다.
③ 그림동화는 아동들의 주의가 흐트러지지 않도록 반응을 살피며 들려준다.
④ 낱장씩 그림동화를 넘길 때는 이야기의 흐름이 끊어지지 않도록 무조건 빨리 넘긴다.

문제4) 낱장씩 그림동화에 대한 설명으로 바르지 못한 것은?
① 교육 현장에서 가장 많이 사용하는 교수매체이다.
② 장면을 중심으로 그림을 표현하는 동화를 말한다.
③ 그림 제시를 다양한 방법으로 전달하는 매체이다.
④ 괘도식 그림동화, 병풍식 그림동화, 종이인형 동화, 낱장씩 그림동화 등이 있다.

문제5) 낱장씩 그림동화를 제시하는 방법으로 바른 설명은?
① 그림동화는 모든 아동들이 볼 수 있도록 무조건 큰 것이 좋다.
② 그림 장면이 전환될 때 손이 그림을 가리지 않도록 왼쪽에서 오른쪽으로 넘긴다.
③ 뒷면에 글이 적혀 있어서 동화구연가는 외우지 않아도 괜찮다.
④ 그림동화를 다 보여 준 후 회상하기를 통해 다시 읽어 준다.

정답	1. ① 2. ① 3. ③ 4. ④ 5. ②

7장 교수매체의 이해	2. 교수매체의 종류	2) 융판동화 3) 자석동화

문제1) 융판동화에 적합한 이야기는 다음 중 어떤 것인가?

① 등장인물이 반복적으로 나오는 이야기 ② 삽화적 형식의 이야기

③ 등장인물이 많은 이야기 ④ 배경 설정이 중요한 이야기

문제2) 융판 동화의 특징을 나열한 것이다. 아닌 것은?

① 동화 속 등장인물을 여러 가지 재료를 사용하여 그린 후 오려 사용한다.

② 어린이들에게 시각적인 동화로 도움이 되는 동화 활용법이다.

③ 추상적 동화로 활용되는 구연 방법이다

④ 그림을 이야기 줄거리에 맞추어 붙여 가며 구연한다.

문제3) 융판동화와 자석동화를 제시할 때 유의할 사항을 바르게 기술한 것은?

① 유아는 융판과 간격을 두지 말고 앉게 한다.

② 제시하기 전에 등장인물들을 모두 융판에 붙여 둔다.

③ 동화 제시 도중이라도 이해를 돕기 위해 반드시 부연 설명을 한다.

④ 제시 도중에 유아들과 눈을 자주 맞추어 주의를 유지한다.

문제4) 다음 중 융판동화에 대해 바르게 설명한 것은 어느 것인가?

① 눈의 피로를 예방하기 위해 이야기 배경을 초록으로 한다.

② 자리와 간격을 두지 않아 유아들이 잘 볼 수 있도록 한다.

③ 같은 등장인물이라도 등장할 때마다 색을 다르게 한다.

④ 등장인물이 적고 단순한 동화가 적합하다.

문제5) 자석동화의 주의 사항이 아닌 것은?

① 등장인물에 자석을 붙일 경우에는 함석으로 되어 있는 스틸보드판을 이용한다.

② 자석의 세기와 상관없이 강한 자석을 사용해야 한다.

③ 자석의 음극과 양극을 고려하여 매체를 제작해야 한다.

④ 자석을 이용하여 등장인물을 뒤에서 이동시킬 때는 떨어짐을 주의해야 한다.

정답	1. ① 2. ③ 3. ④ 4. ④ 5. ②

7장 교수매체의 이해	2. 교수매체의 종류	4) 입체동화

문제1) 교수매체 중 입체동화의 활용에 대한 설명으로 바르게 기술된 것은?
① 입체동화는 사물을 이용한 구연으로 인형 등을 활용하여 구연하는 것이다.
② 어떤 내용이더라도 평면으로 되어 있는 교수매체보다 학습의 효과가 높다.
③ 대화 형식보다는 줄거리 중심의 동화를 구연할 때 사용된다.
④ 입체동화는 동화에 맞는 매체이기 때문에 수업 전후의 활용이 어렵다.

문제2) 입체동화 매체의 이름으로 어울리지 않는 것은?
① 손가락에 끼워서 구연하는 손가락인형
② 봉제로 만들어진 인형을 사용하는 봉제인형
③ 장갑을 활용하여 만들어진 장갑인형
④ 낱장씩 그림을 활용하여 만들어진 그림동화

문제3) 종이의 질감이나 색깔에 따라 다른 색을 칠하거나 다른 종이를 발라 인형의 특징을 나타내는 매체는?
① 양말인형 ② 종이인형 ③ 장갑인형 ④ 그림자인형

문제4) 인형 동화 중 만들기와 조작하기는 어렵지만 가장 다양한 동작과 멋진 장면을 연출해 낼 수 있는 것은?
① 그림자인형 ② 줄인형 ③ 막대인형 ④ 손가락인형

문제5) 인형 동화가 유아들에게 흥미 있고 유익하기 위해 고려할 사항이 아닌 것은?
① 유아가 이해하기 쉽고 흥미를 느낄 수 있는 줄거리를 갖고 있어야 한다.
② 인형의 움직임이 적어야 한다.
③ 이야기의 대사가 간결하고 명확해야 한다.
④ 등장인물의 개성이 강해야 한다.

정답	1. ① 2. ④ 3. ② 4. ② 5. ②

7장 교수매체의 이해	2. 교수매체의 종류	5) 기타 다양한 교수매체

문제1) 다음은 어떤 교수매체 활용 방법에 대한 설명인가?

〈보기〉 광목판에 빛을 비추어 광목판 뒤에 있는 등장인물을 움직이면서 이야기를 들려주는 방법이다. 이 교수매체는 상상력을 높일 수 있고 청자는 특별한 느낌을 받을 수 있다.

① 그림자동화 ② 융판동화 ③ 슬라이드동화 ④ 실물동화

문제2) 동화책의 내용을 이미지 파일로 변환한 후 컴퓨터로 편집하여 빔 프로젝터 등을 이용한 빛그림동화로 들려줄 때 가장 적당한 프로그램은 무엇인가?

① 엑셀 ② 엑세스 ③ 파워 포인트 ④ 마이워드

문제3) 동화의 내용을 바탕으로 그린 낱장 그림을 겹쳐 가면서 어떤 모양이 형성되도록 사용할 때 효과적인 그림동화의 종류는?

① 낱장씩 그림동화 ② OHP동화 ③ TV동화 ④ 융판동화

문제4) 패널시어터에 대한 설명이다. 잘못된 것은?

① P페이퍼라는 얇은 종이에 그림을 그려 융판에 붙이는 융판동화 기법이다.
② 매듭을 지어서 관절을 움직이게 하는 종이인형 기법이다.
③ 작품이 가벼워서 이동 또는 보관이 용이한 교수매체이다.
④ 실내외 어디서나 활용할 수 있는 교수매체이다.

문제5) 다음은 무슨 동화에 대한 설명인가?

〈보기〉 책상 위에서 이야기를 따라 등장인물이 나오면서 움직이며 책상을 무대 삼아 연극을 하듯 이야기가 펼쳐지는 동화 활용 방법이다.

① 평판동화 ② 행동동화 ③TV 동화 ④ 테이블동화

정답	1. ① 2. ③ 3. ② 4. ④ 5. ④

7장 교수매체의 이해	3. 학습자 중심 교수매체	

문제1) 다음은 학습자 중심의 교수매체에 대한 설명이다. 잘못된 것은?
① 학습자 중심의 교수매체는 아동들이 사용하는 교수매체이다.
② 구연 원고는 대화체가 많기 때문에 학습자 중심의 교수매체로 효과적이다.
③ 극놀이 활동은 등장인물의 성격과 상황을 자연스럽게 표현하게 한다.
④ 교수매체에 자신의 감정을 이입시킴으로써 공감 능력을 발달시킬 수 있다.

문제2) 막대동화의 특징이 아닌 것은?
① 등장인물의 뒤에 막대를 붙여 만드는 것으로 만들기 쉽다.
② 그림과 이야기를 함께 등장시키며 입체적으로 동화를 들려줄 수 있다
③ 아이들의 흥미를 반감시키지 않도록 소품의 막대는 보이지 않게 처리한다.
④ 등장인물을 이용하여 이야기의 흐름에 따라 구연 연습을 할 수 있는 매체이다.

문제3) 손가락인형을 학습자 중심 매체로 사용할 때의 장점이 아닌 것은?
① 학습자들의 기분 전환이나 주의 집중을 위해 사용할 수 있다.
② 등장인물에 대한 감정적인 호소력을 가지고 있다.
③ 가족 형태의 인물 유형을 만들어 극놀이에 쉽게 사용할 수 있다.
④ 손가락인형은 손이 작은 아이들을 위한 교수매체로 사용하는 것이다.

문제4) 학습자 중심의 교수매체를 활용한 극놀이에 대한 설명이다. 바르지 않은 것은?
① 극놀이를 통해 상대방의 마음을 이해하는 마음이론이 발달된다.
② 극놀이는 동화구연 수업에서만 이루어지는 활동이다.
③ 극놀이는 교사의 지도와 참여가 중요하다.
④ 극놀이는 학습자가 적극적으로 참여하는 활동이다.

문제5) 교수매체에 대한 동화구연전문가의 역할에 대한 설명이다. 잘못 기술한 것은?
① 동화구연 수업에서 학습자가 동화의 내용을 분석하여 표현할 수 있도록 학습 목표에 따른 교수매체의 종류와 제작 방법에 대한 연구를 꾸준히 해야 한다.
② 교수매체를 이용한 구연은 학습자들의 특성보다는 동화구연전문가의 능력에 따라 제작되어야 한다.
③ 동화구연전문가 자신이 교수매체라는 생각을 가지고 수업에 임해야 한다.
④ 동화구연전문가는 교수매체에 대해 이해를 충분히 하여 학습자들의 특성에 따라 준비해야 한다.

정답	1. ① 2. ③ 3. ④ 4. ② 5. ②

CHAPTER 08

동화구연 수업의 이해

1. 동화구연 수업의 특징
2. 동화구연 수업 시 교사의 역할
3. 동화구연 수업의 계획
4. 동화구연 수업의 실제

8장 동화구연 수업의 이해 :: 문제

동화구연은 문학작품을 음성으로 표현하는 예술이다. 동화구연전문가는 문학작품이 가지는 문학성에 구연의 특징을 더하여 동화구연으로 충분한 감동을 전달할 수 있어야 한다. 즉 동화구연전문가는 문학작품을 분석하고 전달하는 능력과 구연을 통해 감동을 전달할 수 있는 능력을 모두 갖출 필요가 있다. 이러한 능력이 바탕이 되었을 때, 학습자는 동화구연 수업을 통해 문학작품을 상상하고 이해하면서 문학이 주는 감동을 충분히 경험할 수 있다. 또한 동화구연전문가는 학습자의 수업 효과를 높이기 위해 동화의 내용을 다양한 활동과 연관시킨다. 동화의 스토리와 요리, 그림 그리기, 과학 실험 등 다양한 활동을 경험할 수 있도록 진행할 때 학습자는 보다 능동적인 태도로 수업에 참여하게 된다.

동화구연전문가의 역할은 단순히 동화를 소리로 전달하는 것이 아니라 학습자가 인간의 삶과 지혜가 녹아든 동화의 인문학적 특성을 내면 깊이 받아들일 수 있도록 돕는 것이다. 학습자는 동화의 긍정적인 내용을 내면화시킴으로서 삶에 대해 보다 긍정적인 사고를 갖게 되고 이는 학습자의 자존감 향상으로 연결되어 삶에 큰 변화를 가져올 수 있다. 따라서 동화구연전문가는 학문의 체계화와 자질 향상을 위해 문학에 대한 공부를 보다 심도 있게 하여 전문성을 배양할 필요가 있다. 또 문학을 통해 올바른 인성을 배양하는 것을 목적으로 하는 동화를 다루기 위해서는 높은 윤리관과 책임감이 요구된다.

동화구연 수업을 위해서는 학습자의 특성과 시대의 흐름을 이해하여 학습자가 수업에서 좋은 작품을 바르게 이해하고 작품에 대한 즐거움을 느끼며 자신이 생각하는 것들을 효과적으로 표현할 수 있도록 해야 한다. 따라서 본 장에서는 동화구연 수업을 통해 문학을 내면화하고 이를 바탕으로 보다 효과적으로 표현할 수 있도록 지도하기 위해 필요한 것들을 알아보고자 한다.

1 동화구연 수업의 특징

동화구연 수업은 학습자 스스로 글을 읽어 가는 읽기 과정과 학습자가 책의 내용과 주제를 파악할 수 있도록 읽어 주기 과정이 포함된다. 이는 문학을 바탕으로 문학에 대한 이해교육 수업과 문학에 대한 감상표현 방법인 구연 수업으로 나눌 수 있다.

동화구연전문가는 동화구연 수업에서 읽기 과정을 통해 문학을 충분히 이해한 후 내용의 의미나 단어가 주는 의미를 파악하여 학습자에게 들려주는 읽어 주기 과정을 모두 수행하게 된다. 이러한 과정을 '의미 중심의 읽기'라고 한다.

의미 중심 읽기란 글자를 읽기만 하는 것이 아니라 낱말이나 문장, 그림이 가진 의미를 분석하여 글의 내용을 이해하고 문학이 가진 의미를 찾아내어 읽는 방법을 말한다. 의미 중심 읽기는 문학이 가진 의미를 보다 잘 이해하고 이를 바탕으로 자신이 생각하고 느낀 감상을 표현하게 한다는 점에서 동화구연전문가뿐 아니라 동화구연 학습자에게도 필요하다.

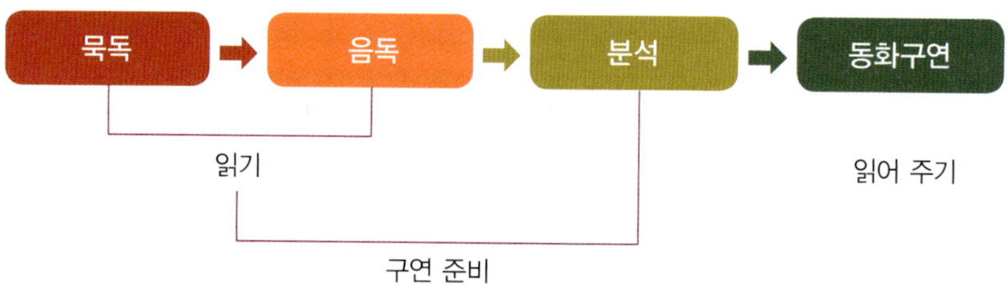

[그림 8-1] 읽어 주기 과정

의미 중심 읽기 방법은 다음과 같다.

① 시간적, 공간적인 배경을 따라가며 읽는다.
② 등장인물의 심리와 감정의 변화를 읽는다.
③ 이야기의 흐름(기승전결)을 이해하며 읽는다.
④ 이야기의 문제를 파악하고 그 해결 과정을 이해하며 읽는다.
⑤ '무엇을, 왜, 어떻게'라는 질문으로 작가가 말하고자 하는 내용을 읽는다.
⑥ '만약에 나라면'이라는 생각을 하며 읽는다.
⑦ 이야기하고자 하는 것이 무엇인지 다양한 각도로 생각하며 읽는다.
⑧ 해설 문장이나 등장인물들의 대화 문장 표현이 바른 의도인지, 다른 표현 방법은 없는지를 찾아보며 읽는다.
⑨ 글과 그림을 읽고 발견한 것이 어떤 것인지 알아보고, 마음속에서 일어난 감동을 읽는다.
⑩ 그림책에서 찾아낸 즐거움이 읽는 자신이나 듣는 이의 삶에 어떤 영향을 미칠 것인지 생각하며 읽는다.
⑪ 글을 읽을 때 스스로 의미를 부여하여 읽어 내지 않으면 글을 읽는 의미가 없음을 알고 능동적으로 읽는다.

이러한 의미 중심의 읽기를 한 것을 바탕으로 구연을 들려주고 학습자 스스로 구연하게 하면 문학의 의미를 충분히 이해하고 내면화하여 그 감상을 충분히 표현할 수 있게 된다.

동화구연 수업은 문학에 대한 이해 수업과 의미 중심 읽기를 통한 감상표현 방법인 구연 수업의 혼합으로 학습자가 등장인물의 삶에 자신의 삶을 투영하여 스스로 수용하고 공감할 기회를 제공한다. 이러한 수용과 공감은 학습자가 자신을 이해하고 반성할 기회가 되며 타인에 대한 배려와 희망적인 삶에 대한 태도를 가짐으로 문제를 해결해 나가도록 한다(나정심, 2018).

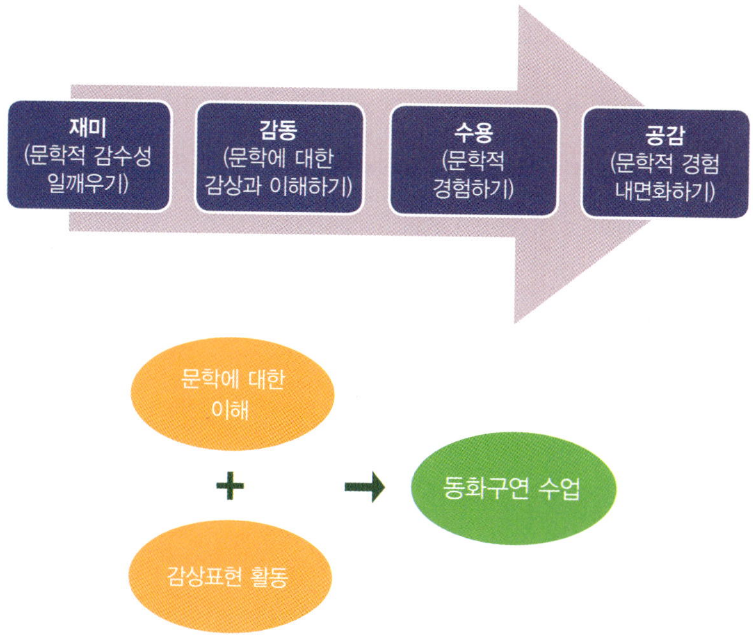

[그림 8-2] 동화구연 수업의 과정

동화구연전문가는 동화구연 수업이 문학에 대한 이해교육과 감상표현교육으로 자연스럽게 진행될 수 있도록 해야 하며, 특히 학습자가 아동일 경우 총제적 언어교육의 장이 될 수 있도록 해야 한다.

1) 문학에 대한 이해교육

동화구연의 구연 원고는 문학작품을 구연하기 적합하도록 개작한 것이다. 따라서 동화구연전문가는 구연 원고의 원작을 찾아 원작이 가진 의미를 제대로 파악하려는 노력이 필요하다.

나정심(2018)은 동화에 담긴 인간답게 살아가는 삶의 보편적 지혜는 아동뿐만 아니라 누구에게나 적용되기 때문에 동화는 아동만을 위한 문학이 아니며, 동화구연 수업은 문학을 통해 인간이 바르게 살아갈 수 있는 변화를 경험하는 과정이라고 하였다.

동화구연 수업에서 진행되는 문학 이해교육은 동화 속 등장인물들의 갈등과 그들의 삶에서 일어나는 사건들을 통해 타인의 생활과 경험, 감정을 공감할 수 있게 한다. 이찬숙 등(2012)은 그림책의 갈등 상황과 주인공을 통해 독자는 자신의 문제를 일정한 거리를 두고 바라볼 수 있다고 하였다. 즉 동화의 내용과 등장인물에 대해 충분히 공감해야 자신의 상황을 보다 객관적으로 조망할 수 있게 된다. 이는 이야기를 통한 간접 경험이 타인에 대한 이해 능력을 넓혀 대인 관계 문제를 더 효율적으로 다룰 수 있다고 한 김여경(2012)의 연구에서도 살펴볼 수 있다.

동화의 다양한 등장인물들을 구연하기 위해 그들의 특성을 파악하는 과정에서 자신의 모습과 성격을 입체적으로 파악하여 잘 이해하고 발견하는 기회를 갖게 된다. 자신이 이야기 속의 주인공이 되어 현실 세계에서 겪지 못한 다양하고 폭넓은 사건을 간접 경험하면서 문제를 해결하고, 장애를 뛰어넘는 정신적 훈련을 경험하고, 자신의 정체성을 확립하여 삶의 목표를 형성하도록 도와준다(조경자 외, 2013).

동화구연 수업은 문학 그 자체에 대한 교육뿐 아니라 문학작품의 주제를 여러 학문과 활동, 발달 영역과 통합하여 교육적 경험을 하도록 하는 문학을 통한 교육 방법이다. 즉 문학적 소양을 갖추기 위한 문학적 지향 활동이면서 이를 자신의 일상생활 속으로 받아들이는 일상 지향형 활동이다(나정심, 2018). 그러므로 동화구연 수업을 통해 나 아닌 다른 사람들의 다양한 삶과 이전에는 몰랐던 삶의 지혜를 이해하여 올바른 인간관계를 형성하게 하고 현 시점에서 실천 가능한 노력을 찾아보는 바람직한 변화를 지향하게 된다.

2) 감상표현교육

동화구연 수업에서 듣기는 청자가 화자(구연자)의 말을 듣고, 화자(구연자)가 산출한 메시지를 분석, 종합, 비판, 감상하면서 의미를 새롭게 재구성하는 인지적 과정이다. 학습자가 직접 보고 읽을 때보다 듣기를 통해 내용을 이해하기 위해서는 더 높은 집중력이 요구되고 상상력과 창의력이 결합된 고차원적인 사고 능력이 필요하다.

문학 듣기를 위한 교수학습 활동의 요인(교사, 학습자, 교육 환경, 교재)이 갖추어야 할 요건은 다음과 같다.

① 교사(구연자)는 아동들의 듣기 학습 모델이다.
② 듣기의 중요성을 반드시 인식해야 한다.
③ 듣기를 방해하는 요인들을 미리 제거하므로 효과적인 듣기를 위한 환경을 조성해야 한다.
④ 효과적으로 듣는 훈련이 되기 위해서는 좋은 듣기 프로그램이 개발되어야 한다.

동화구연 수업에서 구연은 상상력을 확장하고 감정을 효과적으로 전달하는 듣기 교수학습이면서 의사를 표현하는 말하기 교수학습이다. 학습자가 동화구연 수업을 통해 동화의 내용을 이해하고 이를 자신의 말로 표현하는 것은 동화 내용을 자신의 것으로 받아들이는 연습 과정이다. 이렇듯 동화를 많이 듣거나 읽고, 직접 구연하는 경험은 언어를 이해하는 수용언어 능력과 표현언어 능력을 자연스럽게 터득하는 가치를 지닌다(박경희, 2016). 표현언어 능력의 향상은 자신의 의견과 생각을 보다 잘 표현할 수 있도록 하므로 자신에 대한 긍정적인 인식을 불러오고 이는 자기표현에 대한 자신감으로 이어진다.

동화구연 수업에서 구연 지도 방법은 구연을 답습하는 훈련이 아니라 내용에 대한 이해와 등장인물이 처한 상황에 대한 공감을 바탕으로 스스로 표현할 수 있도록 지도해야 한다. 이때 동화구연은 구연자가 그 내용을 어떻게 분석하고 이해했는가에 따라 표현하는 언어에 차이가 있다. 따라서 학습자의 구연을 지도할 때는 호흡과 발성 등 기본기 훈련을 충실히 하고, 동화의 내용과 등장인물의 상황을 이해하고 공감할 수 있도록 충분히 소통해야 한다.

또한 구연은 성대모사보다 등장인물의 정서적 감정을 이해하여 등장인물이 말하고자 하는 본질을 찾아 표현하는 것이다. 이때 구연을 통한 내용 전달 방법은 각자 등장인물을 분석하여 이해한 것에 따른 감상의 표현이기 때문에 학습자에 따라 개성적인 표현이 가능하다. 특색 있는 구연을 위한 목소리와 표정 변화는 동화 내용에 대한 감상을 표현하는 동시에 자신의 의사를 전달하는 효과적인 의사소통 매체인 것이다. 이처럼 동화구연 수업은 동화구연전문가가 동화를 이해하고 분석한 것을 바탕으로 들려주고, 이를 통해 학습자가 동화의 내용을 이해하고 분석하여 자신이 받은 감동을 구연으로 표현하는 감상표현 방법이다.

[표 8-1] 감상표현 방법

감상표현의 절차	
내용 이해	동화의 내용을 이해
내용 분석	원고 분석
구연	실연
문학교육을 통한 구연 지도는 감상표현	

3) 총체적 언어교육

동화구연 수업은 좋은 작품을 통해서 즐거움을 얻으며 작품을 바르게 이해하고 감상하는 능력과 태도를 갖추는 문학적 사고를 할 수 있도록 함이 목적이다. 동화구연전문가는 수업 대상이 아동일 때 그들의 요구와 발달 특성에 적절한 동화를 선택하고, 선택한 동화를 적합한 방법으로 제시하여 교육의 효과를 최대화할 수 있어야 한다.

문학작품을 중심으로 이루어지는 총체적 언어접근법은 언어 활동을 통한 사고력을 신장시키는 방법이다. 동화구연 수업은 듣기 + 말하기 = 음성언어, 읽기 + 쓰기 = 문자언어, 듣기 + 읽기 = 이해언어, 말하기 + 쓰기 = 표현언어 등을 총체적으로 사용하므로 총체적 언어접근법의 개념 원리와 같다.

먼저 총체적 언어란 단편적인 이론이 아니라 광범위한 이론이자 철학적 신념이다. 굿맨(Goodman)은 총체적 언어를 아동이 이해할 수 있는 언어의 관점에서 보고, 언어학습은 작은 단위에서 시작하여 전체를 알아 가는 것이 아니라, 의미를 이루는 전체를 이해하려고 하는 욕구에서 출발하여 그것을 예측하고 수정하면서 지속적인 학습 동기를 유발시켜 점차 작은 단위까지 학습하게 하는 것이라고 하였다.

또한 총체적 언어교육의 원리를 다음과 같이 제시하였다.

첫째, 학습에 관한 책임으로 아동이 본인 스스로 기준을 가지고 선택하여 사용하도록 한다.

둘째, 언어 사용의 실수를 허용함으로써 실제 경험의 중요성을 강조한다.

셋째, 의미의 강조로 표준화된 형태의 언어보다는 그 순간 아동이 가지려고 하는 의미에 더 초점을 둔다.

넷째, 어문의 통합으로 아동의 필요와 요구에 따라 듣기, 말하기, 읽기, 쓰기를 통합적으로 접근한다.

다섯째, 내용 영역의 통합으로 모든 교과와 통합하여 언어교육을 한다.

여섯째, 학부모의 개입을 통해 총체적 언어교육의 철학과 신념을 이해하도록 돕는다.

일곱째, 언어학습을 촉진할 수 있는 교실 환경으로 구성한다.

여덟째, 학습 지향적인 평가를 지지하며 학습자에게 자신의 정보를 제공함으로써 보다 나은 학습을 할 수 있도록 돕는다.

이와 같은 원리를 통한 언어교육법을 총체적 언어접근법이라 한다.

버거론(Bergeron)은 총체적 언어를 구체화된 교수 접근일 뿐만 아니라, 언어발달의 철학을 구체화하는 개념으로 보았다. 이 개념은 학습의 과정에 있어서 아동들의 동기와 흥미를 발달시키고자 의미 있고 기능적이며, 협동적인 경험들의 맥락에서 실제 문학과 쓰기의 사용을 포함하는 것이다. 모로우(Morrow)는 총체적 언어란 아동들이 어떻게 배우는지, 교육자들이 교수를 위한 전략을 무엇으로부터 끌어내는지에 대한 철학이라고 하였다. 또 언어를 총체적으로 교육한다는 것은 언어의 의미를 기본 단위로 보고 언어의 여러 영역을 통합적으로 교육하는 것뿐 아니라 모든 교과와 통합하여 언어를 교육하는 것을 의미한다. 아동은 문학 속에서 더 쉽고 재미있게 언어에 대한 호기심과 필요성을 경험한다. 아동들에게 흥미 있는 동화, 동시, 동요 등의 문학은 아동들의 삶과 실제로 연관되어 경험하고, 상상하게 하는 매개체로 좋은 총체적인 언어교육의 접근 방법이다.

총체적 언어에 내재된 근본 믿음은 의미를 가진 언어를 실생활 속에서 자연스럽게 전체적으로 사용할 수 있어야 한다는 것이다. 총체적 언어에 내재된 근본 믿음과 같이 문학을 통한 총체적 언어 접근은 현재 아동에게 구체적이고 실제 사용이 가능한 의미 있는 학습 활동이 되게 하므로 아동의 사고력을 신장하는 언어교육의 한 방법으로 적합하다.

총체적 언어교육의 의미를 동화구연과의 관계에서 살펴보면 다음과 같다.

첫째, 문학을 바탕으로 한 동화구연은 구연을 함에 있어 의미 중심 읽기를 거치므로 언어의 기본 단위를 의미로 본다.

둘째, 동화구연 수업은 문자언어, 음성언어, 이해언어, 표현언어를 모두 사용하는 통합적 언어교육이다.

셋째, 동화구연 수업은 동화 내용에 따라 모든 교과와 통합하여 실시한다.

이처럼 동화구연 수업은 총체적 언어교육에 적합한 교육프로그램이다.

동화구연 수업은 문학작품을 경험하는 차원에서 진행되어진다. 동화의 주제, 등장인물, 사건, 배경 등의 요소는 생활주제와 교육 과정에 밀접하게 연관되어 있다. 교육기관에서 동화구연 수업의 목표는 교육 과정의 구체적인 내용과 연결되지만, 수업의 활동 내용은 교육기관과 교사, 그때의 상황에 따라 다양해질 수 있다.

동화구연 수업의 진행 과정을 정리해 보면 다음과 같다.

[표 8-2] 동화구연 수업 진행 과정표

수업 진행 단계	문학의 이해와 방법	동화구연 수업 내용	내용에 따른 활동의 예
도입	문학적 감수성 일깨우기	• 경험 회상하기 • 감정표현 기회 제공하기 • 동기 유발을 위한 경험하기	• 자신의 경험 발표하기 • 견학 후 문학 접하기 • 관련 단어 맞추기 놀이하기 • 그림이나 사진으로 관심 갖기
전개	문학에 대한 감상과 이해하기	• 즐거운 마음으로 문학감상하기 • 문학적 소재에 관심 갖기 • 문학 내용 이해하기	• 동화 감상하기 • 동화 회상하기 • 언어적 표현 이해하기 • 내용 배경 이해하기 • 다양한 문화 이해하기
	문학적 경험하기	• 1차 감상표현하기 • 작가의 의도 이해하기 • 문학적 경험하기 • 관심 분야 체험하기	• 작가 의도에 따른 경험하기 • 문학작품 속의 문화적 체험하기 • 주인공 이해하기 • 다양한 표현 활동하기
마무리	문학적 경험 내면화하기	• 문학작품 평가하기 • 삶의 간접 경험하기 • 작품 이해를 통한 내면화하기 • 2차 감상표현하기 (내면화된 표현)	• 등장인물의 행동에 대해 토론하기 • 나의 모습을 돌아보기 • 다양한 활동으로 자신의 생각 재표현하기
확장 활동	문학적 태도 함양하기	• 책을 소중히 다루기 • 책을 좋아하기	• 서점이나 도서관 방문하기 • 책 수선하기 • 작가 분석하기 • 관련 도서 찾기 • 추후 관련 활동 찾기

출처: 나정심·김정남·홍길회(2013). 현장교사를 위한 동화구연의 실제. 문화콘텐츠개발원.

2 동화구연 수업 시 교사의 역할

동화구연 수업을 진행하는 동화구연전문가는 예술가이며 교육자의 자질을 함께 갖추어야 한다. 교육자의 입장에서 수업을 계획하고 진행해야 하며 동화의 감동을 전달하는 예술성도 갖추어야 한다. 즉 학습자의 입장에서 수업의 주 소재가 되는 동화를 선택하고 작가의 입장에서 동화가 주고자 하는 감동과 작가가 가진 철학을 전달하는 과정 모두 학습자에게 교육적이어야 한다.

동화구연전문가는 동화의 내용을 이해하고 동화가 주고자 하는 철학을 충분히 알아야 학습자에게 제대로 전달할 수 있으며, 그들에게 긍정적인 영향을 미칠 수 있다. 이에 동화구연 수업에서 가장 기본 전제가 되는 교사의 역할을 살펴보고자 한다.

1) 정서적인 안정감 제공하기

동화구연 수업은 과정이 중심이 되는 수업이므로 동화구연전문가는 학습자들의 생각을 존중하고 진지하게 들어주는 수용적인 태도로 그들의 의견과 요구를 존중해 주어야 한다. 이러한 반응적 태도는 학습자의 생각이나 의견을 수용하면 학습자 스스로가 교육의 중심이 되어 수업에 자신의 경험을 반영하고 표현하므로 수업이 효과적으로 이루어 질 수 있다.

이때 동화구연전문가는 학습자들의 수준에 적절한 도움을 주고 학습 과정의 실패를 수용하며, 자신감을 갖고 활동이나 상황에 임할 수 있도록 격려해 주어야 한다. 특히 학습자 스스로 문학을 이해해야 하고 충분히 자신의 것으로 소화시킬 수 있도록 정서적 안정감을 제공해야 한다.

2) 사회적 기술 장려하기

동화구연 수업을 통해 구연 실력을 발전시키기 위해서는 혼자서 하는 연습보다 상대방에게 전달하는 의사소통 능력의 발전으로 진행되어야 한다.

의사소통 능력의 발전을 위해서는 학습자들의 사회적 기술 향상이 필요하다. 이를 위해 수업을 진행할 때 다음의 것들을 고려할 필요가 있다.

① 사회적으로 부적절한 행동보다는 바람직한 행동을 강화해야 한다.
② 교사 자신이 사회적 기술의 모범이 되어야 한다.
③ 인형극이나 동극과 같은 역할놀이를 통해 올바른 방법에 대해 생각할 수 있는 기회를 제공한다.
④ 사회적 기술이 부족하다고 판단될 경우에는 사회적 기술을 직접적으로 지도한다.
⑤ 사회적 상호작용의 기초가 되는 의사소통 능력을 길러 준다.
⑥ 책을 통해 친사회적 행동을 보여 주고 직접 재연해 볼 기회를 제공한다.
⑦ 다양한 사회적 상황에 대해 이야기를 나누고 결과를 추측해 볼 수 있도록 기회를 제공한다.

3) 사고 촉진자로서 비계설정하기

동화구연 수업은 정규교육 과정 외에서 진행되기 때문에 학습자들의 연령과 수준에 차이가 날 수 있다. 따라서 학습자 개개인에 적절한 비계를 설정하여 사고를 촉진해 주어야 한다.

'비계설정'이란 학습자가 과제를 수행할 때, 교사가 학습자의 능력에 맞게 필요한 도움을 조절하여 효과적으로 과제를 수행 할 수 있도록 하는 것을 의미한다. 효과적인 비계설정을 위한 다섯 가지 요소는 다음과 같다.

① 공동으로 흥미 있어 하고 의미 있는 문제해결에 참여할 수 있도록 한다.

② 서로 협의하고 타협하는 과정을 통해 공통된 의견을 얻을 수 있도록 격려한다.

③ 학습자들이 자신감을 갖고 문제를 해결할 수 있도록 칭찬하고 격려해 주어야 한다.

④ 학습자들에게 약간의 도움만으로 수행할 수 있는 과제를 제공하고 그들의 요구와 능력에 맞게 도움을 조절해 나간다.

⑤ 교사는 지시하기보다 학습자가 적극적으로 문제해결에 참여할 수 있도록 하는 질문을 하여 자기조절 능력을 길러 줘야 한다.

4) 교사의 질문 방법 이해하기

동화구연 수업을 통해 창의적인 사고를 발휘할 수 있도록 예, 아니오와 같이 정해진 단답을 요구하는 폐쇄적 질문보다는 다양한 정답이 허용되는 개방적 질문을 사용해야 한다. 허용적이고 개방적인 질문은 학습자 스스로가 자신의 생각을 보다 잘 표현할 수 있게 한다.

질문을 사용할 때에는 다음과 같은 사항을 고려해야 한다.

① 구체적이며 완전한 문장의 질문인가?(예 : '왜?'보다는 '왜 그렇게 생각하니?')

② 질문 후 생각할 시간이 충분한가?

③ 학습자의 반응을 충분히 수용하였는가?

④ 학습자의 반응에 대해 경청하는 태도를 보였는가?

⑤ 활동을 계속할 수 있도록 격려하였는가?

⑥ 학습자들 간의 상호작용을 촉진하도록 고려하였는가?

⑦ 정보를 제공할 경우에는 문제의 원인을 충분히 탐색하고 이해할 수 있도록 설명하였는가?

5) 동화구연전문가에게 요구되는 지식

동화는 누구나 들려줄 수 있지만 동화구연 수업에서 동화구연전문가가 들려주는 동화는 보다 학습자들에게 유익해야 한다. 특히 동화를 구연하는 동화구연전문가는 자신이 동화의 전달매체가 되어 학습자들을 이야기 속으로 초대하고 함께 즐기며 공통의 경험을 창조해 나가는 것이기 때문에 교사의 자질이 더욱 강조되어야 할 것이다.

이야기를 들려주고 아동의 경험에 대해 지도하는 일에는 훈련이 필요하다. 동화구연전문가는 이야기를 들려주기 위해 충분히 준비해야 하며, 개방성을 가지고 아동들의 열린 생각과 마음을 함께 구연할 수 있도록 노력해야 한다. 또한 동화구연전문가는 듣는 이에 대한 사랑과 정성이 있어야 한다. 구연자로서 탁월한 구연 능력에 치중하기보다는 이야기 들려주기에 대한 열정을 갖고 학습자를 위해 꾸준히 노력해야 한다.

동화구연전문가는 기술자가 아니고 전문가이다. 기술자는 다른 사람이 가르쳐 주는 대로 또는 지시하는 대로 일을 잘 수행하는 사람이지만, 전문가는 자신이 배운 지식이나 기술을 토대로 이를 응용하거나 종합, 정리하여 매 상황에 적절한 해결책을 찾아내어 일을 하는 사람을 뜻한다. 동화구연전문가는 많은 지식을 받아들이는 것뿐만 아니라 받아들인 지식을 상황에 맞게 응용하고 종합하는 창의적인 능력도 가지고 있어야 한다.

동화구연전문가는 정보의 전달을 책임지는 전달자이며, 학습자의 인격과 행동, 사고를 형성하는 데 도움을 주는 교육자의 역할을 한다. 또 인생을 살아가는 데 올바른 지표를 가지고 안내해 주는 지도자이며 문학과 예술의 전달에 많은 노력을 필요로 하는 예술가이다.

전문가로서 동화구연가에게 요구되는 지식을 살펴보면 다음과 같다.

[표 8-3] 동화구연전문가에게 요구되는 지식

지식 분야	특징	구체적 내용
학습자 이해	• 학습자는 스스로 지식을 구성해 나가는 능력이 있다. 능력에 적절한 환경이 주어졌을 때 최대화될 수 있다. • 개별적 특성에 적합한 교육을 실천할 수 있는 지식이 필요하다.	• 아동발달 특성 이해 • 아동 평가 방법에 대한 지식과 활용 • 사회, 문화적 상황에 따른 이해 • 학습자의 특성 및 요구에 대한 이해
교육 과정 이해	• 학습자의 요구에 맞는 수업 진행을 위해서는 풍부한 지식이 필요하다. • 교육 과정에 대한 평가, 효율적인 학습 운영, 학습자를 위한 핵심적인 교수 방법에 대한 이해를 넓힐 수 있는 다양한 내용을 제공해야 한다.	• 동화구연 교육 과정의 특수성에 대한 이해 • 동화구연 교재, 교구의 제작 및 활용 기술에 대한 이해 • 학급 운영 및 관리에 대한 이해 • 통합적 접근에 관한 이해
사회 현상 이해	• 동화구연전문가 자체가 모델링이기 때문에 참된 의미의 교양인이 되어야 한다. • 폭넓은 학문의 기초 지식과 사회적 현상과 변화를 이해하고 있어야 한다.	• 사회적 맥락 및 지역적 특성에 대한 이해 • 미래 지향적 사고 형성을 위한 기초 지식 형성 • 인간과 문화에 대한 이해 • 전통과 민족의식에 대한 지식과 이해
현장 이해	• 전문가 양성 프로그램에서 이수한 이론적 기초를 다양한 교육 현장에 적용시키는 능력을 배양해야 한다.	• 수업 참관 및 봉사 활동 적극 참여 • 실제적인 현장 경험 • 동화구연대회 경험
전문성 이해	• 동화구연전문가 스스로의 전문성에 대한 인식이 필요하다.	• 교육학의 기초 지식에 대한 이해 • 동화구연전문가로서 교육에 대한 사명감 및 교사로서의 자신감 형성 • 동화구연전문가의 역할에 대한 이해 • 전문성, 전문화에 대한 이해
의사소통 기술	• 동화구연전문가는 아동뿐만 아니라 모든 사람들과 긍정적인 관계를 형성하는 것이 중요하며 의사소통 기술을 가지고 있어야 한다.	• 학습자와의 의사소통 기술 • 원만한 인간관계 형성 기술 • 효율적인 의사소통 기술 • 지역사회 인적 자원과의 의사소통 기술
연구 능력	• 효율적인 교수학습 과정, 학습자에게 필요한 가치 있는 지식 등 교육 실천에 관한 문제의식을 가지고 스스로 탐구하는 능력을 가지고 있어야 한다.	• 현장 연구가로서의 연구 방법에 대한 이해와 적용 • 반성적 사고 및 실천적 지식 형성

동화구연전문가가 문학의 내용을 전해 주는 태도와 자질은 학습자에게 중요한 영향을 미치므로 보다 인격적으로 성숙하고 진실하며 열정적인 자질이 요구된다.

동화구연가전문가는 늘 자신의 동화구연 수업에 대해 비판적인 태도를 유지하여 좋은 점과 그렇지 못한 점을 구별하는 안목을 길러야 한다. 이를 바탕으로 끊임없이 수정, 보완해 나감으로써 보다 발전적인 동화구연전문가로 나아갈 수 있을 것이다.

3 동화구연 수업의 계획

학습자들에게 유익한 수업을 진행하기 위한 가장 기본적인 준비는 수업계획안을 작성하는 것이다. 동화구연전문가와 학습자 간의 교육적인 상호작용은 교육의 질을 결정하는 중요한 요소가 된다. 따라서 수업을 계획할 때 학습자들의 흥미, 요구, 발달 수준 및 그룹의 형태, 장소 등을 고려하여 적절한 교수-학습 방법을 선택하고 활용할 수 있어야 한다.

동화구연 수업계획안을 작성하는 것은 다음과 같은 이점을 가진다.

① 동화구연 수업의 목적에 맞는 수업을 하게 된다.
② 학습자들의 발달 단계와 능력에 따른 체계적인 지도를 하게 한다.
③ 주어진 시간을 효율적으로 활용할 수 있게 한다.
④ 학습 내용을 다양하게 조직적으로 구성할 수 있게 한다.
⑤ 차시별 평가, 목표의 재평가 등을 용이하게 한다.
⑥ 교재 및 자료 등의 공급을 원활하게 한다.

따라서 수업계획안을 작성하는 것은 효과적인 수업 진행을 위해서 필요하다.

1) 통합적 교육계획

동화구연 수업은 통합적 교육 활동으로 듣기, 말하기, 읽기, 쓰기와 같은 언어 영역뿐 아니라 사회·정서, 인지, 수·과학 영역까지 통합하여 실시하는 포괄적 활동으로 구성된다(김소희, 이연우, 2019). 다양한 활동을 통합하여 수업을 계획하는 통합적 접근의 시작은 실용주의 철학가 듀이(Dewey)의 경험이 계속적으로 재구성될 때 성장할 수 있다고 보는 경험교육론에서 찾을 수 있다. 아동은 통합된 경험을 통해 배우므로 수업 내용과 주제에 따라 극놀이, 신체놀이, 그림 그리기, 요리하기 등 다양한 활동과 통합하여 진행하는 것은 수업의 효과를 높일 뿐 아니라 전인적 발달에 유익하다(박혜경 외, 1999).

통합적 교육을 위한 계획안을 작성할 때에는 학습자가 수업에 적극적으로 참여하도록 학습자에게 흥미 있는 것들이 무엇인지 고려해야 한다. 학습자와 밀접한 생활주제로부터 핵심적인 개념을 추출하여 개념별 활동을 계획해야 한다.

통합적 문학교육은 문학작품에 나타난 개념들을 문학의 주제를 중심으로 여러 학문(과목), 발달 영역, 활동을 통합하여 교육적 경험을 갖게 하는 방법이다. 통합적 문학교육계획안에서 문학교육을 위해 작품 속에 내포된 개념과 관련된 활동을 조직하는 방법은 거미줄 망 활용하여 계획안을 구성하여 프로그램의 전체나 특정 부분을 시각화하여 조직하는 것이 좋다. 이때 나오는 개념들은 작품 내용을 중심 주제로 하고 학습자들이 희망하는 예측 가능한 개념들로 구성하여 관련된 활동을 조직하므로 적극적인 반응을 이끌어 낼 수 있다.

2) 수업계획서 작성 원칙

동화구연 수업을 위한 계획서를 작성하기 위해서는 학습의 효과를 높이기 위한 몇 가지 원칙이 있다.

(1) 통합성

학습자의 과거 경험과 현재 경험을 통합시켜 재구성하고 미래의 경험으로까지 통합하도록 한다. 학습자와 교사의 경험 통합, 교육 내용 간의 통합, 지역사회 생활 간의 통합, 학습자 개인이 가지고 있는 지식이나 개념 통합, 학습자 개인의 발달 간 통합 등 모두 고려해서 계획해야 한다.

(2) 계열성

수업을 진행할 때는 자신으로부터 시작해서 가족, 이웃, 나라, 우주 등으로 나아가야 한다. 교육 내용 자체의 논리적 순서나 학습자의 심리에 가까운 것에서 먼 것으로 수업계획서를 작성해야 한다. 계열성이 떨어지면 학습자들의 관심이 감소하여 학습자 중심의 수업 진행이 어렵다.

(3) 다양성

일상생활에서 경험하게 되는 모든 것들로부터 다양한 체험 활동을 계획해야 한다. 수업 계획을 할 때 문학 이해교육과 감상표현교육이 다양한 경험 및 체험 활동을 통해서 이루어져 동화구연 수업의 목표에 도달할 수 있도록 계획해야 한다.

(4) 융통성

동화구연 수업은 작가의 사상뿐만 아니라 들려주는 이의 사상과 이해하는 청자의 사상까지도 함께 공감되어야 하므로 같은 내용의 동화라도 대상과 그들의 관심에 따라 주제와 활동 계획이 달라질 수 있다. 수업 진행 상황에서 교사가 준비한 수업 외의 활동이 생길 수도 있음을 인지하고 융통성 있는 사고로 수업을 계획해야 한다.

3) 수업계획서 작성 방법

동화구연 수업계획서는 동화의 주제와 관련된 활동들을 모아 다양한 방법으로 접근해 활동을 제시하여야 한다.

수업 시 진행되는 활동은 전체적인 개요와 연관성 있는 개념 중심으로 작성하도록 한다. 수업계획서 작성은 작성자들이 필요한 항목들을 첨가하여 작성하기 때문에 자유로운 형식을 사용하도록 한다. 다만 주제, 활동 목표, 학습자 특성, 활동 내용, 평가 등은 반드시 포함되어야 할 기본 사항으로 계획서 작성 시 포함되도록 작성해야 한다.

(1) 생활주제 선정

교사가 선택한 동화의 내용에 따라 생활주제를 선정하기도 하고, 생활주제에 따라 동화를 선택하기도 한다. 생활주제는 친숙하면서 학습자들이 직접 느낄 수 있는 생활주제로 선정하는 것이 좋다.

(2) 활동 목표 설정

수업의 활동 목표는 교육 후 최종 도달점으로 아동들이 익혀야 할 지식, 기능, 태도로 서술한다. 지식은 '안다, 이해한다, 경험한다.' 등으로 서술하고, 기능일 때는 '비교한다, 관찰한다, 기른다, 순서를 지을 수 있다.' 등으로 서술한다. 태도는 '함양한다, 호기심을 기른다.' 등으로 목표로 제시한다. 이는 수업을 진행하면서 교사에 의해 관찰된다. 교육 후 평가는 교육 목표 도달에 대한 여부를 확인하는 평가가 되어야 한다.

(3) 학습자 특성

간단하게 학습자의 연령과 성별, 참여 인원에 따라 대소집단으로 구분하여 파악할 수 있다. 본 수업을 들어가기 전이나 후에 보다 학습자의 특성에 맞는 수업을 계획하고 싶다면 아래 표의 내용을 참고하여 학습자들에 대한 사전 조사 후 수업을 계획하도록 한다.

[표 8-4] 학습자 특성 분석 계획안

<table>
<tr><th colspan="2">내용</th><th>분석 결과</th></tr>
<tr><td rowspan="3">일반적인 특성</td><td>연령(인원)</td><td></td></tr>
<tr><td>성별</td><td></td></tr>
<tr><td>교육기관 경험</td><td></td></tr>
<tr><td rowspan="2">출발점의 특징</td><td>활동 사전 경험</td><td></td></tr>
<tr><td>활동을 위해
갖추어야 할 능력</td><td></td></tr>
<tr><td colspan="2">개인 및 사회적 특성</td><td></td></tr>
<tr><td colspan="2">특별히 요구를 필요로 하는
아동의 특성</td><td></td></tr>
</table>

(4) 활동 내용

수업의 진행 순서에 따라 도입, 전개, 마무리의 순으로 활동 내용을 작성하고 초보 교사일 경우에는 교사 반응과 학습자 반응으로 나누어서 세부적인 활동 내용을 작성하는 것이 바람직하다. 수업 준비물과 유의 사항 등이 활동 내용에 함께 계획되어야 한다. 또 '활동을 위한 교사의 준비'를 제시하여 교사가 아동들과 활동을 시작하기 전에 준비해야 할 내용을 알 수 있게 작성할 수도 있다.

4 동화구연 수업의 실제

본 장에서는 실제 동화구연 수업에서 사용되는 다양한 주제별 일일 수업계획안 작성의 예를 살펴보고자 한다.

1) 봄 : 덩쿵따 소리씨앗

<table>
<tr><th>동화 제목</th><th colspan="8">덩쿵따 소리씨앗 (이유정 글·그림/ 느림보)</th></tr>
<tr><td>대 상</td><td>유치, 초등저</td><td>인원</td><td>15명</td><td>시간</td><td>50분</td><td>영 역</td><td colspan="2">언어, 음률, 신체, 사회, 미술</td></tr>
<tr><td>목 표</td><td colspan="8">• 자진모리장단에 대해 알 수 있다.
• 판소리하듯 구연해 봄으로써 우리 소리의 즐거움을 느낄 수 있다.
• 종이장구로 장단을 맞추며 '남생아 놀아라' 전래동요를 부를 수 있다.</td></tr>
<tr><td>활동 단계</td><td colspan="7">지도 내용</td><td>준비물</td></tr>
<tr><td>도 입</td><td colspan="7">• 음원 감상하기
– 감상 후 떠오르는 느낌 이야기 나누기</td><td>'덩쿵따 소리씨앗' 음원</td></tr>
<tr><td>전 개</td><td colspan="7">• 표지 그림 보며 이야기 나누기
– 그림에 보이는 것들을 이야기해 볼까요?
– 어떤 이야기가 숨어 있을까요?
• '덩쿵따' 장단과 추임새 함께 배우기
– 덩, 쿵, 따, 따따, 척, 따르따닥 등을 함께 구음해 보기
– 얼씨구, 좋다, 얼쑤 등을 함께해 보기
• 동화 들려주기
• 동화 듣고 이야기 나누기
– 씨앗이 눈뜰 때, 새싹이 나올 때 등에서 어떤 구음이 나왔나요?
– 어떤 표현이 인상 깊었나요?
• 구연 연습하기
– 판소리하듯 창, 아니리, 추임새 등을 넣어 구연해 보기
(예 : 추운 겨울, 씨앗이 눈을 뜬다! 허이!)
• 자진모리장단 배워 보기
– 구음에 맞춰 장단 쳐 보기
• 종이장구 만들기
– 종이장구 DIY패키지를 이용해 종이장구 만들기</td><td>그림책

종이장구 DIY,
목공풀,
가위,
사인펜,
색연필</td></tr>
<tr><td>마 무 리</td><td colspan="7">• '남생아 놀아라' 전래동요 부르기
– 장구로 장단을 맞추며 다 함께 노래 부르기
– 함께 장단을 맞추어 본 소감 나누기</td><td></td></tr>
<tr><td>평 가</td><td colspan="8">• 자진모리장단에 대해 알 수 있었는가?
• 판소리하듯 구연해 봄으로써 우리 소리의 즐거움을 느낄 수 있었는가?
• 종이장구로 장단을 맞추며 '남생아 놀아라' 전래동요를 부를 수 있었는가?</td></tr>
<tr><td>관련 동화</td><td colspan="8">• 『호랑이, 오누이 쫓아가는디, 궁딱!』 우리교육.
• 『사물놀이』 길벗어린이.</td></tr>
</table>

2) 여름 : 상어가 나타났다!

<table>
<tr><td>동화 제목</td><td colspan="8">상어가 나타났다! (천미진 글/ 한상언 그림/ 키즈엠)</td></tr>
<tr><td>대 상</td><td>유치, 초등저</td><td>인원</td><td>15명</td><td>시간</td><td>50분</td><td>영 역</td><td colspan="2">언어, 사회,
과학, 미술, 음률</td></tr>
<tr><td>목 표</td><td colspan="8">• 입장에 따라 생각이 다를 수 있음을 안다.
• 바다를 보호하는 방법을 알고 실천할 수 있다.
• 역할극을 통해 상대방의 기분을 이해할 수 있다.</td></tr>
<tr><td>활동 단계</td><td colspan="7">지도 내용</td><td>준비물</td></tr>
<tr><td>도 입</td><td colspan="7">• '상어가족'(작사 핑크퐁, 작곡 외국곡) 노래 부르기
• 상어에 대한 이야기 나누기</td><td>'상어가족' 음원</td></tr>
<tr><td>전 개</td><td colspan="7">• 동화 들려주기
• 동화 듣고 이야기 나누기
– 어부(상어)는 어떤 문제를 가지고 있었나요?
– 상어가 잡혔을 때 상어의 기분 vs 어부의 기분은 어떠했나요?
– 상어는 왜 어부에게 다가갔나요?
– 상어가 어부에게 다가올 때 상어의 기분 vs 어부의 기분은 어떠했나요?
– 상어(어부)와 친구가 된 기분은 어떨까요?
• 어부와 상어의 입장 이야기하기
– 주어진 상황에서 어부와 상어는 어떤 기분인지 이야기해 보기
• 역할극 하기
– 제시된 장면에 따른 등장인물의 상황을 이해하고 감정을 살려 역할극하기
• 물속 물고기의 기분 알아보기
– 깨끗한 물과 더러운 물속 물고기의 기분이 어떨지 생각해 보고 얼굴 표정 그려 보기</td><td>집게동화
매체

활동지</td></tr>
<tr><td>마 무 리</td><td colspan="7">• 바다를 지키기 위한 나의 약속
– 깨끗한 바다를 위해 할 수 있는 일이 무엇인지 생각해 보고 실천을 다짐해 보기</td><td></td></tr>
<tr><td>평 가</td><td colspan="8">• 입장에 따라 생각이 다를 수 있음을 알게 되었는가?
• 바다를 보호하는 방법을 알고 실천을 다짐하였는가?
• 역할극을 통해 상대방의 기분을 이해하였는가?</td></tr>
<tr><td>관련 동화</td><td colspan="8">•『나는 코뿔소랑 친해요』 정인출판사.
•『고래상어 팀발이 배탈이 났어요』 문학사상사.</td></tr>
</table>

3) 가을 : 바가지 꽃

<table>
<tr><td>동화 제목</td><td colspan="7">바가지 꽃 (정하섭 글/ 노인경 그림/ 웅진주니어)</td></tr>
<tr><td>대 상</td><td>유치, 초등저</td><td>인원</td><td>15명</td><td>시간</td><td>50분</td><td>영 역</td><td>언어, 사회, 인지, 미술</td></tr>
<tr><td>목 표</td><td colspan="7">• 바가지의 쓰임새를 안다.
• 바가지로 다양한 상상놀이를 즐길 수 있다.
• 상황에 따른 감정을 실감 나게 표현할 수 있다.</td></tr>
<tr><td>활동 단계</td><td colspan="6">지도 내용</td><td>준비물</td></tr>
<tr><td>도 입</td><td colspan="6">• 창작동시 '바가지로'를 듣고 낭송해 보기
– 동시를 낭송하며 바가지의 쓰임에 대해 이야기 나누기</td><td>바가지</td></tr>
<tr><td>전 개</td><td colspan="6">• 동화 들려주기
• 동화 듣고 이야기 나누기
– 선이는 바가지로 무엇을 하였나요?
– 바가지가 깨어졌을 때 선이의 마음은 어떠했을까요?
– 깨진 바가지는 어떻게 되었나요?
– 바가지에서 어떤 꽃이 피었나요?
– 선이는 새 바가지로 무엇을 할까요?
• 상황에 따른 감정표현놀이
– 선이가 처한 상황에 따른 선이의 표정을 상상해 보고 주어진 대사를 실감 나게 구연해 보기
• 바가지 창의놀이
– '달달 무슨 달'(작사·작곡 미상) 노래에 맞추어 "박박 바가지로 무엇을 할까?"라고 묻고 답하기
• 바가지 화분에 핀 꽃 그리기
– 깨진 바가지 화분에 어떤 꽃이 피면 좋을지 상상해 보고 자유롭게 그려 보기</td><td>그림책

플라스틱 바가지, 네임펜, 매직</td></tr>
<tr><td>마 무 리</td><td colspan="7">• 만약 바가지가 깨진다면 깨진 바가지로 무엇을 할 수 있을지 이야기 나누기</td></tr>
<tr><td>평 가</td><td colspan="7">• 바가지의 쓰임새를 아는가?
• 바가지로 다양한 상상놀이를 즐기는가?
• 상황에 따른 감정표현을 실감 나게 하는가?</td></tr>
<tr><td>관련 동화</td><td colspan="7">•『빨간 줄무늬 바지』 보림.
•『요셉의 작고 낡은 오버코트가』 베틀북.</td></tr>
</table>

4) 겨울 : 세상에서 가장 완벽한 눈사람

<table>
<tr><th>동화 제목</th><th colspan="7">세상에서 가장 완벽한 눈사람 (크리스 브릿 글 · 그림/ 봄의 정원)</th></tr>
<tr><td>대 상</td><td>초등</td><td>인원</td><td>10명</td><td>시간</td><td>50분</td><td>영 역</td><td>국어, 도덕, 체육</td></tr>
<tr><td>목 표</td><td colspan="7">• 나눔에 대한 경험을 이야기할 수 있다.
• 외톨이를 만들어 보고 새로운 이름을 지어 줄 수 있다.
• 외톨이 따라쟁이를 해 봄으로써 외톨이의 마음을 이해할 수 있다.</td></tr>
<tr><td>활동 단계</td><td colspan="6">지도 내용</td><td>준비물</td></tr>
<tr><td>도 입</td><td colspan="6">• 경험 나누기
– '~한 적이 있다' 영상 시청하기
– 나눔을 경험한 이야기 나누기</td><td>'~한 적이 있다' 영상</td></tr>
<tr><td>전 개</td><td colspan="6">• 동화 들려주기
• 동화 듣고 이야기 나누기
– 외톨이는 어떻게, 어떤 모습으로 만들어졌나요?
– 외톨이는 친구들이 놀 때 무엇을 하였나요?
– 외톨이에게 어떤 변화가 생겼나요?
– 물건과 마음을 나누어 준 친구들을 보며 어떤 마음이 들었을까요?
– 여러분도 고맙고 따뜻한 감정을 느낀 적이 있나요?
– 외톨이는 왜 토끼에게 목도리를 나눠 주었을까요?
• 외톨이 따라쟁이 게임하기
– 눈사람 가면을 쓰고 다양한 외톨이의 감정을 비언어적 몸짓으로 표현해 보기
• 새로운 외톨이 만들기
– '눈'(작사 이태선, 작곡 박재훈) 동요에 맞춰 훌라후프 놀이하기
– 교사가 특정 단어를 외치면 그 음절 수에 따라 모여 눈사람 만들기 놀이하기
– 눈사람에게 새로운 이름을 붙여 주기
(훌라후프대신 공이나 신체를 이용할 수 있다.)</td><td>그림책

눈사람 가면

훌라후프</td></tr>
<tr><td>마 무 리</td><td colspan="6">• 찰칵 인증샷 남기기
– 함께 만든 눈사람과 사진 찍기
– 놀이에 참여할 때와 제외되었을 때 어떤 마음이었는지 이야기 나누기</td><td>스마트폰이나 카메라</td></tr>
<tr><td>평 가</td><td colspan="7">• 나눔에 대한 경험을 이야기할 수 있었는가?
• 외톨이를 만들어 보고 새로운 이름을 지어 주었는가?
• 외톨이 따라쟁이를 해 봄으로써 외톨이의 마음을 이해할 수 있었는가?</td></tr>
<tr><td>관련 동화</td><td colspan="7">• 『눈사람아 춥겠다』 바우솔. • 『꼬마 눈사람, 말미』 키즈엠.
• 『두더지의 소원』 사계절.</td></tr>
</table>

5) 나 : 누구 알이야?

<table>
<tr><th>동화 제목</th><th colspan="7">누구 알이야? (정은영 글/ 박미정 그림/ 계수나무)</th></tr>
<tr><td>대 상</td><td>유치, 초등저</td><td>인원</td><td>15명</td><td>시간</td><td>50분</td><td>영 역</td><td>언어, 사회,
과학, 미술, 음률</td></tr>
<tr><td>목 표</td><td colspan="7">• 자기소개를 할 수 있다.
• 나를 표현하는 알을 꾸밀 수 있다.
• 새와 알을 알맞게 짝지을 수 있다.
• 바람의 크기에 알맞은 발성을 사용하여 구연할 수 있다.</td></tr>
<tr><td>활동 단계</td><td colspan="6">지도 내용</td><td>준비물</td></tr>
<tr><td>도 입</td><td colspan="6">• 자기소개 해 보기
– '당신은 누구십니까?'(작사 미상, 작곡 외국곡) 노래에 맞추어 자신을 소개하기</td><td></td></tr>
<tr><td>전 개</td><td colspan="6">• 동화 들려주기
• 동화 듣고 이야기 나누기
– '하늘색 동그란 것'의 이름은 무엇이었나요?
– 이름을 갖게 된 동글이의 마음은 어떠했을까요?
– 등장하는 새의 알은 동글이와 어떤 차이가 있었나요?
– 동글이가 자신이 누구 알인지 알기 위해 노력을 하지 않았다면 어떻게 되었을까요?
• 새와 알 짝 찾기
– 제시된 새가 무엇인지 알고 새에 알맞은 알을 찾아보기
• '똑똑똑!' 발성을 위한 손유희하기
– 그림책 속 바람의 크기에 따라 발성 연습하기
• 나만의 알 꾸미기
– 나의 모습이나 내면을 잘 표현하는 형태, 색 등이 무엇인지 생각해 보고 알 꾸미기</td><td>디오라마와
줄인형
동화매체

짝 찾기
그림 카드

플라스틱 알,
색연필</td></tr>
<tr><td>마 무 리</td><td colspan="6">• 나만의 알 발표하기
– 내가 꾸민 알을 친구들에게 보여 주고 알을 꾸민 이유와 특징 등을 이야기 나누기</td><td></td></tr>
<tr><td>평 가</td><td colspan="7">• 자기소개를 할 수 있었는가?
• 알 꾸미기를 통해 나를 표현할 수 있었는가?
• 새에 따른 알을 알맞게 연결하였는가?
• 바람의 크기에 알맞은 발성을 사용하여 구연하였는가?</td></tr>
<tr><td>관련 동화</td><td colspan="7">• 『너는 어떤 씨앗이니?』 책읽는곰.</td></tr>
</table>

6) 가족 : 나의 아버지

<table>
<tr><td>동화 제목</td><td colspan="8">나의 아버지 (강경수 글 · 그림/ 그림책공작소)</td></tr>
<tr><td>대 상</td><td>유치, 초등저</td><td>인원</td><td>15명</td><td>시간</td><td>50분</td><td>영 역</td><td colspan="2">언어, 사회,
신체, 미술</td></tr>
<tr><td>목 표</td><td colspan="8">• 아버지에게 새로운 것을 배웠던 경험을 이야기해 본다.
• 나만의 퍼즐동화를 만들어서 친구들에게 소개할 수 있다.
• 나와 함께해 주는 아버지에게 감사한 마음을 가진다.</td></tr>
<tr><td>활동 단계</td><td colspan="7">지도 내용</td><td>준비물</td></tr>
<tr><td>도 입</td><td colspan="7">• 실뜨기 인사 나누기
– 실뜨기 '세기의 시합'으로 인사 나누기</td><td>실뜨기 실</td></tr>
<tr><td>전 개</td><td colspan="7">• 동화 들려주기
• 동화 듣고 이야기 나누기
– 동화 속 친구들은 아빠와 어떤 것을 함께했나요?
– 아빠에게 새로운 것을 배웠던 경험이 있나요?
– 동화 속 친구들이 속상해 할 때 아빠가 어떻게 해 주셨나요?
• 퍼즐동화 만들기
– 아빠께 감사한 일들을 생각해 보고 퍼즐 조각에 넣을 그림에 대해 이야기 나누기(예 : 아빠가 나에게 가르쳐 준 일은? 아빠가 나를 위해 해 준 일은? 언제 아빠에게 감사한 기분이 드나요? 아빠한테 ○○○을 배우면 어떤 기분일까? 등)
– 퍼즐 조각에 그림을 그려 완성하기
– 나만의 퍼즐동화 제목 정하기</td><td>상자동화
매체

빈 퍼즐,
네임펜,
사인펜,
색연필</td></tr>
<tr><td>마 무 리</td><td colspan="7">• 나만의 퍼즐동화 소개하기
– 나만의 퍼즐동화를 친구에게 보여 주고, 내용 소개하기</td><td></td></tr>
<tr><td>평 가</td><td colspan="8">• 아버지께 새로운 것을 배웠던 경험을 이야기해 볼 수 있었는가?
• 나만의 퍼즐동화를 만들어 친구들에게 소개할 수 있었는가?
• 아버지에게 감사한 마음을 가져 보는 시간이 되었는가?</td></tr>
<tr><td>관련 동화</td><td colspan="8">• 『나의 영웅 대디맨』 달리.
• 『아빠, 우리 고래 잡을까?』 노란돼지.</td></tr>
</table>

7) 친구 : 파리와 꿀벌

<table>
<tr><th>동화 제목</th><th colspan="7">파리와 꿀벌 (랜디 세실 글 · 그림/ 키즈엠)</th></tr>
<tr><td>대 상</td><td>유치, 초등저</td><td>인원</td><td>20명</td><td>시간</td><td>50분</td><td>영 역</td><td>언어, 사회, 미술</td></tr>
<tr><td>목 표</td><td colspan="7">• 올바른 태도로 친구와 이야기 나누는 법을 안다.
• 등장인물 인형을 만들 수 있다.
• 역할극을 할 수 있다.</td></tr>
<tr><td>활동 단계</td><td colspan="6">지도 내용</td><td>준비물</td></tr>
<tr><td>도 입</td><td colspan="6">• '벌이 윙윙' 손유희하기
– 손유희를 동작과 함께 리듬감 있게 표현하기</td><td></td></tr>
<tr><td>전 개</td><td colspan="6">• 동화 들려주기
• 동화 듣고 이야기 나누기
– 벌 때문에 잠에서 깬 파리는 어떻게 했나요?
– 파리는 왜 벌에게 화를 냈을까요?
– 날개가 떨어진 벌(파리)의 마음은 어떠했을까요?
– 벌과 파리가 어떻게 했다면 싸우지 않았을까요?
– 함께 날아올랐을 때 마음은 어떠했을까요?
• 이럴 땐 이렇게 말해요
– 제시된 그림의 상황을 생각해 보고 알맞은 말을 찾아 연결하기 (예 : 친구가 블록을 무너뜨렸을 때, 함께 놀고 싶을 때 등).
• 등장인물 종이접시 인형 만들기
– 종이접시와 색종이를 이용해 벌과 파리 몸통을 만들고 색종이로 날개와 손잡이를 만들어 완성하기
• 역할극하기
– 등장인물의 마음을 떠올려 보고 감정을 살려 역할극해 보기</td><td>손인형
동화매체

종이접시,
색종이,
테이프,
가위,
색연필</td></tr>
<tr><td>마 무 리</td><td colspan="6">• 역할극 소감 나누기
– 역할극에 참여한 소감을 이야기 나누기</td><td></td></tr>
<tr><td>평 가</td><td colspan="7">• 올바른 태도로 친구와 이야기 나누는 법을 알게 되었는가?
• 등장인물 인형을 만들었는가?
• 역할극에 적극적으로 참여하였는가?</td></tr>
<tr><td>관련 동화</td><td colspan="7">• 『길 아저씨 손 아저씨』 국민서관.</td></tr>
</table>

8) 우리 동네 : 위를 봐요!

<table>
<tr><td>동화 제목</td><td colspan="8">위를 봐요! (정진호 글 · 그림/ 현암사)</td></tr>
<tr><td>대 상</td><td>초등</td><td>인원</td><td>20명</td><td>시간</td><td>40분</td><td>영 역</td><td colspan="2">국어, 도덕, 미술</td></tr>
<tr><td>목 표</td><td colspan="8">• 이웃에 대한 작은 배려와 관심을 가질 수 있다.
• 보는 위치에 따라 달라지는 모습을 알 수 있다.
• 마음을 나누는 방법에 대해 이야기할 수 있다.</td></tr>
<tr><td>활동 단계</td><td colspan="7">지도 내용</td><td>준비물</td></tr>
<tr><td>도 입</td><td colspan="7">• '동글동글 세상에는' 손유희하기
• 위, 아래 등의 위치에 대한 이야기 나누기</td><td></td></tr>
<tr><td>전 개</td><td colspan="7">• 동화 들려주기
• 동화 듣고 이야기 나누기
– 수지에게는 어떤 변화가 생겼나요?
– 수지가 베란다에서 내려다 본 세상은 어떠했나요?
– 사람들은 수지를 위해 어떻게 하였나요?
– 왜 그렇게 했을까요?
• 친구 얼굴 그리기
– 정육면체에 다양한 방향에서 바라본 친구의 얼굴을 그려 보기
• 마음 나누기
– 주변에 몸이 불편하거나 우리의 도움이 필요한 이웃이 있나요?
– 내가 할 수 있는 일은 무엇일까요?</td><td>그림책

정육면체(종이),
연필이나 색연필</td></tr>
<tr><td>마 무 리</td><td colspan="7">• 마음 나누는 방법 발표하기
– 마음을 나눌 수 있는 방법을 발표해 보기</td><td></td></tr>
<tr><td>평 가</td><td colspan="8">• 이웃에 대한 작은 배려와 관심을 가질 수 있었는가?
• 보는 위치에 따라 달라지는 모습을 알고 그릴 수 있었는가?
• 마음을 나누는 방법에 대해 이야기하였는가?</td></tr>
<tr><td>관련 동화</td><td colspan="8">• 『아나톨과 형하가 함께 살아가는 세상』 씨드북.
• 『내 귀는 짝짝이』 웅진주니어.</td></tr>
</table>

9) 우리나라 : 맷돌, 어이가 없네!

<table>
<tr><td>동화 제목</td><td colspan="7">맷돌, 어이가 없네! (김홍신 · 임영주 글/ 지효진 그림/ 노란우산)</td></tr>
<tr><td>대 상</td><td>유치, 초등저</td><td>인원</td><td>15명</td><td>시간</td><td>50분</td><td>영 역</td><td>언어, 사회, 음률</td></tr>
<tr><td>목 표</td><td colspan="7">• 다양한 우리나라 옛 도구를 알 수 있다.
• 우리 옛 도구와 현재의 도구를 비교할 수 있다.
• 사물의 특성을 살려 구연할 수 있다.</td></tr>
<tr><td>활동 단계</td><td colspan="6">지도 내용</td><td>준비물</td></tr>
<tr><td>도 입</td><td colspan="6">• 옛 도구 수수께끼놀이
– 다양한 우리 옛 도구에 대한 설명을 듣고 무엇인지 맞춰 보기</td><td>수수께끼놀이 그림</td></tr>
<tr><td>진 개</td><td colspan="6">• 동화 들려주기
• 동화 듣고 이야기 나누기
– 헛간의 옛 도구는 무엇이었나요?
– 부엌의 믹서와 전기밥솥을 보는 옛 도구의 마음은 어떠했을까요?
– 장군이는 왜 절굿공이와 어이를 숨겼을까요?
• 사물 구연하기
– 동화 속에 나온 다양한 도구의 생김새, 쓰임새를 생각해 보고 알맞은 음색으로 구연하기
• '옛날부터 지금까지'(작사·작곡 김형아) 동요 부르기
– 동요를 듣고 따라 부르기
– 옛 도구가 무엇으로 바뀌었는지 이야기 나누기</td><td>테이블인형
동화매체

'옛날부터 지금까지' 음원</td></tr>
<tr><td>마 무 리</td><td colspan="6">• 내가 좋아하는 옛 도구
– 새롭게 알게 된 옛 도구나, 마음에 드는 도구가 있었는지 이야기 나누기</td><td></td></tr>
<tr><td>평 가</td><td colspan="7">• 다양한 우리나라 옛 도구를 알 수 있었는가?
• 우리 옛 도구와 현재의 도구를 비교하고 이야기할 수 있었는가?
• 사물의 특성을 살려 구연하였는가?</td></tr>
<tr><td>관련 동화</td><td colspan="7">• 『물렀거라! 왕딱지 나가신다』 노란우산.
• 『우리 옷 고운 옷 한복이 좋아요』 노란우산.</td></tr>
</table>

10) 환경 : 나는 늑대예요

<table>
<tr><td>동화 제목</td><td colspan="8">나는 늑대예요 (이현 글/ 박재현 그림/ 맹앤맹)</td></tr>
<tr><td>대 상</td><td>유치, 초등저</td><td>인원</td><td>15명</td><td>시간</td><td>50분</td><td>영 역</td><td colspan="2">언어, 과학, 미술</td></tr>
<tr><td>목 표</td><td colspan="8">• 먹이 사슬이 무엇인지 안다.
• 멸종 위기 야생 동물을 알고 보호하는 방법을 알 수 있다.
• 등장인물이 처한 상황에 따라 감정을 살려 구연할 수 있다.</td></tr>
<tr><td>활동 단계</td><td colspan="7">지도 내용</td><td>준비물</td></tr>
<tr><td>도 입</td><td colspan="7">• 동화 속 늑대 이야기 나누기
– 다양한 동화 속에 등장하는 늑대의 생김새나 역할에 대해 이야기 나누기</td><td></td></tr>
<tr><td>전 개</td><td colspan="7">• 동화 들려주기
• 동화 듣고 이야기 나누기
– 늑대의 꿈은 무엇이었나요?
– 늑대가 사라지자 어떤 일이 생겼나요?
– '살아 있는 것 중에 먹기만 하는 것은 없다.'는 뜻은 무엇일까요?
• 토끼풀 가족이 처한 상황에 따라 감정을 살려 구연하기
– 토끼풀 가족 만들기
– 토끼풀 가족의 상황에 맞게 구연하기
– 상황① : 토끼풀이 먹힐까 봐 불안해하는 상황
– 상황② : 늑대인 것을 알고 안심하는 상황
• 먹이 사슬 알기
– 서로의 먹이가 되며 순환하는 자연의 원리 이해하기
• 멸종 위기 동물 알아보기
– 주변에서 만나 본 동물에 대해 이야기 나누기
– 예전에는 있었지만 지금은 없는 동물에는 무엇이 있을까요?
– 동물원에서만 볼 수 있는 동물은 무엇일까요?
– 왜 멸종 위기 동물이 되었을까요?</td><td>그림자극
동화매체

색종이, 풀,
가위

동물 그림</td></tr>
<tr><td>마 무 리</td><td colspan="7">• 멸종 위기 동물을 구하자!
– 다양한 멸종 위기 동물을 구하려면 어떻게 하는 것이 좋을지 서로의 생각을 이야기 나누기</td><td></td></tr>
<tr><td>평 가</td><td colspan="8">• 먹이 사슬이 무엇인지 이해하였는가?
• 멸종 위기 야생 동물을 알고 보호하는 방법을 알 수 있었는가?
• 등장인물이 처한 상황에 따라 감정을 살려 구연하였는가?</td></tr>
<tr><td>관련 동화</td><td colspan="8">• 『야, 우리기차에서 내려!』 비룡소.
• 『도와줘, 늑대가 나타났어!』 길벗어린이.</td></tr>
</table>

8장 동화구연 수업의 이해 :: 문제

8장 동화구연 수업의 이해	1. 동화구연 수업의 특징	1) 문학에 대한 이해교육

문제1) 동화구연 수업의 특징으로 바르게 설명된 것은?
① 원고를 외우고 발표하는 것으로 구연 원고의 선택이 중요한 수업이다.
② 문학을 통한 감상표현 활동과 체험 활동을 통해 자신의 삶에 투영하여 스스로 수용하고 공감하는 수업이다.
③ 의미 읽기라는 감상표현 수업과 문학에 대한 이해 수업이 각각 이루어지는 수업이다.
④ 문학의 내용을 수용하고 공감하는 과정에서 타인의 단점을 알 수 있게 되는 수업이다.

문제2) 의미 중심 읽기에 따른 구연 지도 방법으로 잘못 설명된 것은?
① 지도하는 강사의 모습을 따라서 그대로 구연한다.
② 시·공간적 배경의 의미를 이해하면서 구연한다.
③ 등장인물의 심리적 감정의 변화를 이해하면서 구연한다.
④ 듣는 이의 삶에 어떠한 영향을 미칠 것인지 이해하면서 구연한다.

문제3) 동화구연 수업의 기대 효과에 대한 기술로 잘못된 것은?
① 등장인물의 성격을 이해하므로 자신의 성격을 입체적으로 파악할 수 있다.
② 문학 속에 몰입하게 되어 현실 세계에서 겪지 못하는 다양하고 폭넓은 간접 경험을 할 수 있다.
③ 등장인물의 삶을 이해하고 등장인물들의 삶을 따라 살아갈 수 있도록 한다.
④ 문학을 일상생활 속으로 접목하므로 타인에 대한 배려와 깊이 있는 소통이 이루어진다.

문제4) 다음은 무엇에 대한 설명인가?

〈보기〉 문학에 대한 감수성 일깨우기 – 문학에 대한 감상과 이해하기 – 문학적 경험하기 – 문학적 내면화하기

① 동화구연 수업 과정에 대한 설명
② 총체적 접근 방법에 대한 설명
③ 초등교육 과정에 대한 설명
④ 분석적 접근 방법에 대한 설명

문제5) 동화구연 수업의 설명으로 틀린 것을 고르시오.
① 동화구연 수업은 읽기와 읽어 주기가 함께 이루어져야 하는 수업이다.
② 동화구연 수업에서 읽기란 구연을 위한 준비 과정이다.
③ 동화의 내용을 감상하고 수용하여 공감하는 수업이다.
④ 동화구연 수업은 개인적인 특성을 강조하여 발표를 잘하기 위한 수업으로 진행한다.

정답	1. ② 2. ① 3. ③ 4. ① 5. ④

8장 동화구연 수업의 이해	1. 동화구연 수업의 특징	2) 감상표현교육

문제1) 동화구연 수업에서 감상표현에 관한 설명으로 알맞은 것은?
① 동화구연은 동화구연가의 구연을 감상하고 따라서 구연 연습을 하는 수업이다.
② 동화구연은 들은 것을 분석, 종합, 비판을 통해 자신의 의미로 내면화하여 구연하는 수업이다.
③ 상상력과 창의력에 좋은 수업으로 재미있는 듣기를 하는 수업이다.
④ 듣고 말하기 수업으로 말하는 방법을 배우는 수업이다.

문제2) 동화구연 수업을 위한 교수 활동의 요인으로 가장 거리가 먼 것은?
① 교사 ② 학부모 ③ 학습자 ④ 교육 환경

문제3) 동화구연의 교수학습 과정이 순서에 맞게 제시된 것은 어느 것인가?
① 내용 이해 – 원고 분석 – 문학 체험 – 구연 과정
② 원고 분석 – 내용 이해 – 구연 과정 – 안내 과정
③ 내용 이해 – 구연 과정 – 안내 과정 – 시범 과정
④ 구연 과정 – 문학 체험 – 원고 분석 – 내용 이해

문제4) 아동과 문학의 만남을 위한 동화구연전문가 역할 중 틀린 것은?
① 발달 단계에 적합한 내용이 담겨져 있는 동화를 선택한다.
② 발달 단계에 맞는 동화를 선택하여 바르게 학습할 수 있도록 중재한다.
③ 동화와의 학습 활동이 즐겁게 이루어질 수 있도록 해 준다.
④ 언어적인 표현만을 강조한다.

문제5) 감상표현교육에 대한 설명으로 틀린 것은?
① 동화구연은 정해진 활동 방법대로 진행한다.
② 동화를 듣고 감상한 것을 자신의 것으로 재구성하여 표현하는 과정이다.
③ 구연가는 감상표현교육의 학습 모델이 된다.
④ 동화구연의 구연 지도는 구연을 답습하는 것이 아니라 공감을 바탕으로 표현하도록 지도한다.

정답	1. ② 2. ② 3. ① 4. ④ 5. ①

8장 동화구연 수업의 이해	1. 동화구연 수업의 특징	3) 총체적 언어교육

문제1) 총체적 언어교육의 원리에 대한 설명으로 잘못된 것은?
① 학습에 관한 책임은 교사에게 있으므로 교사의 기준으로 선택하여야 한다.
② 언어의 실수의 허용함으로써 실제 경험의 중요성을 말한다.
③ 어문의 통합으로 아동의 필요와 요구에 따라 통합적인 언어접근을 한다.
④ 교실 환경은 언어학습을 촉진할 수 있는 환경으로 구성한다.

문제2) 총체적 언어의 의미에 대한 설명으로 틀린 것은?
① 언어의 기본 단위를 의미로 본다.
② 언어 영역의 듣기, 말하기만을 통합하여 교육한다.
③ 언어의 여러 영역을 통합적으로 교육하는 것을 의미한다.
④ 모든 교과를 통합하여 언어를 교육하는 것을 말한다.

문제3) 총체적 언어에 내재된 근본 믿음은 어떤 것인지 올바른 것은?
① 아동문학은 구체적이고 실제 사용이 가능한 보든 것을 경험해야 한다.
② 진정한 수업은 사고력 향상을 위한 인지발달 수업을 하는 것이다.
③ 언어가 가진 의미를 이해하고 이를 전체적으로 사용하여 생활 속에서 자연스럽게 이루어지도록 해야 한다.
④ 학습자 중심의 교육이기 때문에 학습자들의 자율로 내버려 두어야 한다.

문제4) 동화구연 수업에서 총체적 언어접근의 의미를 설명한 것으로 틀린 것은?
① 아동문학의 의미 읽기를 통해서 구연 지도를 한다.
② 언어교육을 통합하여 교육하는 총체적 언어접근법의 교육을 한다.
③ 문학을 통해 문자언어, 음성언어, 이해언어, 표현언어를 골고루 사용하여 진행한다.
④ 동화구연은 직접적인 언어 체험을 하는 것이기 때문에 국어교육과 관련된 수업만 한다.

문제5) 다음은 총체적 언어교육에 대한 내용이다. 연결이 잘못된 것은?
① 음성언어 = 듣기 + 말하기 ② 문자언어 = 읽기 + 쓰기
③ 이해언어 = 듣기 + 쓰기 ④ 표현언어 = 말하기 + 쓰기

정답	1. ① 2. ② 3. ③ 4. ④ 5. ③

8장 동화구연 수업의 이해	2. 동화구연 수업 시 교사의 역할	

문제1) 동화구연 수업 시 교사의 역할에 대한 것으로 적절하지 않은 것은?
① 학습자가 수업에 참여할 수 있도록 정서적인 안정감을 제공해 주어야 한다.
② 학습자들 간의 사회적 기술 향상을 위한 역할을 해야 한다.
③ 유아들은 주의 집중 시간이 짧으므로 최대한 이야기의 길이를 축소한다.
④ 학습자들의 수준을 파악하여 적절한 비계를 설정하여 사고를 촉진시켜 주어야 한다.

문제2) 교사가 갖추어야 할 자질 중 적합하지 않는 것은?
① 아동을 근본적으로 좋아하고 융통성이 있어야 한다.
② 아동에 대한 감정이입과 현재 수준을 수용할 수 있는 능력이 있어야 한다.
③ 교사 자신이 계속 성장할 수 있는 능력과 흥미를 갖추어야 한다.
④ 부모에 대한 배려는 조금 부족해도 된다.

문제3) 동화구연가의 역할에 대한 설명 중 바르지 못한 것은?
① 아동들이 성장하고 발달할 수 있도록 도와주고 기본적인 욕구를 충족시켜 줄 수 있는 양육자로서의 역할
② 아동들을 위한 교육 프로그램을 계획하고 교수 활동을 조직하는 교수자로서의 역할
③ 아동에게 바른 행동을 알려 주고 안내하는 지도자로서의 역할
④ 동화에 담긴 예술성을 전달하는 예술가의 역할

문제4) 교사의 전문적인 자질을 설명한 것 중 바르지 않은 것은?
① 아동의 성장과 발달에 관한 전문적인 지식이 있어야 한다.
② 교육 프로그램을 계획하고 교육 활동을 조직할 수 있어야 한다.
③ 교수-학습 자료에 필요한 교재나 교구를 제작할 수 있어야 하나 효과적으로 활용할 수 있는 능력은 중요하지 않다.
④ 적절한 교육 환경을 구성할 수 있는 능력이 있어야 한다.

문제5) 아동과 동화의 만남에 있어서 교사의 역할 중 적절하지 않은 것은?
① 관찰자로서의 역할
② 환경 조성자 및 상호작용자로서의 역할
③ 동기 부여와 격려자로서의 역할
④ 최고가 되도록 강조하는 역할

정답	1. ③ 2. ④ 3. ① 4. ③ 5. ④

8장 동화구연 수업의 이해	3. 동화구연 수업의 계획	

문제1) 동화구연 수업 후 교사의 자가 평가로 적절하지 않은 것은?
① 짜임새가 복잡하며 재미가 있는 이야기인가?
② 학습자의 주의를 집중시키기에 적당한 속도로 진행했는가?
③ 목소리를 잘 조정하여 이야기 분위기를 잘 전달하였는가?
④ 이야기를 읽어 주기 전에 충분한 준비와 계획으로 그 이야기와 친숙해 있었는가?

문제2) 교육계획안을 작성할 때 고려해야 할 점이 아닌 것은?
① 연령이나 인원, 학습자의 특성을 고려한다.
② 동화구연은 언어교육이기 때문에 이론보다는 실기 위주로 작성한다.
③ 생활주제가 학습자들이 직접 느낄 수 있는 것으로 선정되어 계획되었는가?
④ 활동을 위한 교사의 준비 계획이 학습자 과정 중심으로 계획되어 있는가?

문제3) 통합적 교육에서 고려해야 할 사항으로 적절하지 않은 것은?
① 듣기, 말하기, 읽기, 쓰기의 언어석인 교육을 모두 포함한다.
② 수업과 관련된 다양한 과목과 통합하여 전인교육을 한다.
③ 영유아부터 성인까지 모두 통합하여 수업을 진행한다.
④ 여러 영역을 통합할 때에는 동화의 내용을 고려해야 한다.

문제4) 다음은 수업계획서를 작성하기 위해 고려해야 할 사항 중 무엇에 해당하는가?

〈보기〉 교육 내용이 학습자의 심리와 가까운 것에서 먼 것으로 나아가도록 수업을 계획하는 것

① 다양성 ② 계열성 ③ 통합성 ④ 융통성

문제5) 수업계획서의 활동 내용을 기재할 때 고려할 사항으로 바른 것은?
① 다양한 영역의 활동을 모두 포함해야 한다.
② 초보자의 경우 교사 반응과 학습자 반응으로 나누어 작성하는 것이 좋다.
③ 학습자가 한 번도 경험해 보지 못한 활동으로 계획한다.
④ 수업 준비물은 교사가 준비해야 하므로 계획서에는 포함시키지 않아야 한다.

정답	1. ① 2. ② 3. ③ 4. ② 5. ②

동화구연론

참/고/문/헌/

강문희, 이혜상(1997). **아동문학교육**. 서울: 학지사.

강성화, 김경회(2009). **유아문학교육**. -이론과 실제-. 서울: 동문사.

강현자(2002). 동화구연가의 반편견 이해 수준과 구연동화에 나타난 편견내용 분석. 우석대학교 대학원 석사학위논문.

곽노의, 김경철, 김유미, 박대근(2007). **영유아발달**. 경기: 양서원.

권영례(1986). 이야기 제시방법이 유아의 주의 집중과 이해도에 미치는 영향. 중앙대학교 일반대학원 석사학위논문.

김광열, 송정범, 이태욱(2009). 디지털 스토리텔링 기반 프로그래밍 교육이 학습자의 동기 및 학업 성취도에 미치는 영향. **한국컴퓨터정보회**, 14(1), 47-55.

김광욱(2007). 사용가치와 교환가치를 통해 본 스토리텔링 패러다임 연구. 건국대학교 대학원 박사학위논문.

김규수, 안연경, 이종향(2015). **영유아사회교육**. 경기: 공동체.

김동례, 권순황, 선애순(2018). **아동문학**. 경기: 공동체.

김명정(2015). 스토리텔링에 기반한 유아 과학음악극 프로그램 개발 및 적용 효과. 중앙대학교 박사학위논문.

김세희(2006). **유아문학교육**. 경기: 양서원.

김소희, 이연우(2019). 매체를 활용한 동화구연활동이 만2세 영아의 언어발달에 미치는 영향. **열린유아교육연구**, 24(1), 129-155.

김신연, 최재선(2001). **아동문학의 이해와 활용**. 서울: 민속원.

김여경(2012). 반응중심 접근법에 기초한 문학활동이 유아의 이야기 이해력, 자기조절능력, 대인관계능력에 미치는 영향. 성신여자대학교 대학원 박사학위 논문.

김연남(2004). 유치원 교사의 동화구연활동 실태에 관한 연구 : 전라북도 공립유치원 교사를 중심으로. 군산대학교 석사학위논문.

김연숙(2009). 동화구연이 유아의 말하기 표현태도와 자아존중감에 미치는 영향. 전북대학교 교육대학원 석사학위논문.

김연운(2013). 스토리텔링 전략에 기반한 감성리더십 학습프로그램의 개발 및 적용 사례 연구. 서강대학교 교육대학원 석사학위논문.

김은심(2015). **유아 동작교육의 이론과 실제.** 서울: 창지사.

김은심, 박성혜, 정미정(2004). **동화구연의 이론과 실제.** 서울: 창지사.

김은아(2013). 명화감상에 기초한 스토리텔링중심 예술교육 활동의 효과. 원광대학교 대학원 박사학위논문.

김은혜(2015). 숲에서 스토리텔링활동이 유아의 자기표현 및 언어표현력에 미치는 영향. 인천대학교 교육대학원 석사학위논문.

김인숙(2004). 동화 제시방법(구연동화, 그림동화)이 유아의 상상력에 미치는 영향. 충남대학교 교육대학원 석사학위논문.

김재춘, 배지현(2009). 의미생성활동으로서의 스토리텔링의 교육적 함의. **초등교육연구.** 22(1). 61-82.

김정남(2011). 동화구연을 활용한 옛 이야기 들려주기 활동이 유아의 언어 표현력 및 사고력 발달에 미치는 영향. 경성대학교 대학원 석사학위논문.

김정희(2013). **스토리텔링의 담화적 특성과 어린이 문학.** 한국어린이문학교육학회, 추계학술대회 발표 자료집, pp 3-16, 10월 19일. 서울: 동덕여자대학교 국제회의실.

김종훈(1995). **어린이 언어발달과 말하기 지도.** 서울: 지문당.

김태연(2014). 동화구연프로그램이 다문화가정 영·유아의 어휘력에 미치는 효과. 가야대학교 행정대학원 석사학위논문.

김현아(2015). **김현아의 배우화술.** 경기: 태학사.

김현주, 김정희, 송연숙, 최애경, 박선미(2019). **영유아발달.** 서울: 동문사.

김현희, 박상희(1999). **유아문학교육.** 서울: 학지사.

김형숙(2009). 동화구연식 정보그림책 읽어 주기가 유아의 이해력과 언어표현력에 미치는 효과. 계명대학교 대학원 석사학위논문.

김희복(2017). **동화구연강사를 위한 인문역량코칭 연수자료.**

김희정, 강숙현(2016). **유아과학교육.** 경기: 정민사.

나보라(2011). 디지털 스토리텔링 수업 모형 개발 및 적용. 서울교육대학교 교육대학원 석사학위논문.

나정심(2003). 동화구연지도사의 양성과 발전방안에 관한 연구. 동아대학교 교육대학원 석사학위논문.

나정심(2016). **동화구연의 이론과 실제.** 부산: 그림마을.

나정심(2018). 동화구연전문가가 경험한 동화구연의 본질적 의미. 경성대학교 대학원 박사학위논문.

나정심, 김정남, 홍길회(2013). **현장교사를 위한 동화구연의 실제.** 부산: 문화콘텐츠개발원.

류혜원(2008). **동화구연의 이론과 실제.** 서울: 동문사.

류혜원(2016). **동화구연.** 경기: 공동체.

마쓰이 다다시(1996). **어린이 그림책의 세계.** 아상금 옮김. 경기: 양서원.

박경옥(2005). 동화구연의 언어교육 연구. 원광대학교 대학원 석사학위논문.

박경희(2016). 동화구연프로그램의 효과에 대한 메타분석. 전북대학교 교육대학원 석사학위논문.

박미숙(2010). 동화구연활동이 유아의 말하기·듣기에 미치는 영향. 경남대학교 교육대학원 석사학위논문.

박민수(1998). **아동문학의 시학.** 경기: 양서원.

박배식(1991). **아동언어교육.** 서울: 학문사.

박분희(2000). 동화전달 방법이 유아의 창의성에 미치는 효과. 대구가톨릭대학교 교육대학원 석사학위논문

박선희, 김수영(2007). 전래동화를 활용한 교육적 개입이 유아의 창의성과 친사회적 행동에 미치는 효과, **兒童學會誌, 28**(2), 193-204.

박선희, 김현희(2010). **유아문학.** 서울: 한국방송통신대학교 출판부.

박신자(2002). 동화구연 경험이 유아의 어휘력 및 언어표현력에 미치는 영향. 계명대학교 교육대학원 석사학위논문.

박영란(2000). 동화 제시방법이 유아의 동화 이해도에 미치는 영향: 그림동화와 구연동화를 중심으로. 전남대학교 대학원 석사학위논문.

박인기(2011). **스토리텔링과 수업기술**. 부산: 한국문학논총.

박찬옥, 서동미, 엄은나(2013). **유아사회교육**. 경기: 정민사.

박춘식(1993). **아동문학의 이론과 실제**. 서울: 학문사.

박혜경, 김영실, 김진영, 김소양(1999). **유아언어교육**. 서울: 양서원

서정숙, 남규(2006). **그림책으로 하는 유아문학교육**. 서울: 창지사.

서정숙, 남규(2014). **유아문학교육**. 서울: 창지사.

서정숙, 남규(2017). **유아문학교육**. 서울: 창지사.

서정오(1995). **옛 이야기 들려주기**. 경기: 보리.

석용원(1992). **유아동화의 구연교육**. 서울: 학연사.

석용원(1982). **아동문학원론**. 서울: 학연사.

석용원(1982). **동화구연의 이론과 실제**. 서울: 백록출판사.

송경자(2006). 문학반응 활성화를 위한 동화구연 활용방안 연구. 한국교원대학교 교육대학원 석사학위논문.

송명자(1995). **발달 심리학**. 서울: 학지사.

송정란(2006). **스토리텔링의 이해와 실제**. 서울: 문학아카데미.

신경림(2004). **질적연구방법론**. 서울: 이화여자대학교 출판부.

신남주(2017). 사회적 갈등 중심의 스토리텔링 유아인성교육 프로그램 개발 및 적용효과. 중앙대학교 대학원 박사학위논문.

신명호(1994). **그림책의 세계: 시각표현의 변천과 가능성**. 서울: 계몽사.

신명호(2009). **그림책의 세계**. 경기: 주니어 김영사.

신정아(2018). **아동문학교육**. 경기: 어가.

신현재(2009). **아동문학의 이해.** 서울: 박이정.

안소연(2014). **안소연의 성우 되는 법.** 서울: ㈜시대교육.

안은영(2005). 구연동화와 디오라마 동화가 유아의 언어능력과 자아존중감에 미치는 영향. 전북대학교 대학원 석사학위논문.

양소영(2010). 동화구연활동이 시각중복장애 아동의 정서지능에 미치는 영향. 순천대학교 교육대학원 석사학위논문.

예하미디어 편집부 저(2003). **문학의 이해(요점).** 서울: 예하미디어.

오선숙(2015). 동화구연프로그램이 치매환자의 우울증과 인지능력에 미치는 영향. 인천대학교 교육대학원 석사학위논문.

원경아(2009). 기초 디자인예술교육에 있어 스토리텔링에 기초한 창의력 학습에 관한 연구: 스토리텔링 실행학습개발과 학습방법 제시. **기초조형학연구, 10**(4), 183-193.

유정애(2002). 농구선수의 특성에 따른 코치의 지도행동 유형분석. 숙명여자대학교 대학원 석사학위논문.

유창근(2005). **차세대 문학의 이해.** 서울: 태양출판사.

윤금아(2017). **누구나 따라하는 동화구연 참, 쉽다.** 수원: 뜨락에.

윤세원(2013). 스토리텔링을 활용한 이야기 창작지도 방안 연구. 서울교육대학교 교육대학원 석사학위논문.

윤승희(2016). 스토리텔링을 활용한 배려증진 집단상담 프로그램이 초등학생의 공감능력과 친사회적 행동에 미치는 영향. 전주대학교 교육대학원 석사학위논문.

윤옥자(2001). 구연동화의 교육 방안 연구. 동아대학교 대학원 박사학위논문.

이경은(2010). 스토리텔링을 활용한 문학 감상 교육방안 연구: 천상병의 『귀천』을 중심으로. 단국대학교 교육대학원 석사학위논문.

이경희(1992). 동화구연을 통한 발표력 신장에 관한 연구. 중앙대학교 대학원 석사학위논문.

이규원(2002). **동화구연의 이론과 실제**. 서울: 동문사.

이규원(2011). **동화구연의 실제: 이론편**. 서울: 동화사랑.

이기문 감수(1994). **새국어사전**. 서울: 동아출판사.

이라금(2013). 동화구연 프로그램이 노인의 자기효능감과 자기표현에 미치는 효과. 경성대학교 대학원 석사학위논문.

이미숙(2012). 그림책을 활용한 동화구연활동이 유아의 표준 발음과 말하기 표현태도에 미치는 효과. 계명대학교 대학원 석사학위논문.

이미희(2010). 동화를 활용한 갈등상황 이야기 나누기 활동이 유아의 마음이론과 또래유능성에 미치는 영향. 위덕대학교 일반대학원 석사학위논문.

이봉연(2007). 동화구연을 활용한 그림책 읽기활동이 초등학교 아동의 읽기능력과 읽기 태도에 미치는 영향. 카톨릭대학교 교육대학원 석사학위논문.

이송은(2006). **누구나 할 수 있는 이야기 들려주기 동화구연의 이론과 실제**. 서울: 창지사.

이송은(2014). **유아문학교육의 이론과 실제**. 서울: 창지사.

이송은, 이윤숙, 허정숙, 장은진(2011). **동화구연의 이론과 실제**. 서울: 창지사.

이원수(2004). **아동문학 입문**. 경기: 소년한길.

이유미(2014). 스토리텔링기법을 활용한 창의성증진 미술교육 프로그램연구: 6-7세를 중심으로. 건국대학교 교육대학원 석사학위논문.

이은경(2002). **동화구연의 이론과 실제**. 서울: 창지사.

이은하(2015). **문학과 상상력**. 서울: 동문사.

이은화(2017). 스토리텔링 기반 유아핵심인성역량 프로그램 개발 및 효과. 경성대학교 대학원 박사학위논문.

이재철(2014). **아동문학의 이해**. 경기: 국학자료원.

이지현, 마송희, 김수영, 정정희(2013). **영유아를 위한 언어교육**. 경기: 공동체.

이찬숙, 김현경, 조경선, 김태영, 박은미, 조메리명희(2012). **(긍정적 행동지원을 활용한) 독서치료**. 경기: 양서원.

이채원(2013). 이야기책을 활용한 스토리텔링 프로그램이 초등학생의 대인관계 향상에 미치는 효과. 공주대학교 교육대학원 석사학위논문.

이현주(2015). 장애전문 어린이집에서의 동화구연교사교육프로그램에 대한 질적 연구. 공주대학교 교육대학원 석사학위논문.

임현희(2013). 동화구연활동이 지적장애아동의 어휘력 향상과 자아존중감에 미치는 효과. 영남대학교 교육대학원 석사학위논문.

장덕순, 조동일, 서대석, 조희웅(1997). **구비문학 개설**. 서울: 일조각.

장문경(2015). 또래갈등에 관한 스토리텔링이 유아의 또래 문제해결력과 언어 표현력 및 친사회적 행동에 미치는 효과. 충남대학교 교육대학원 석사학위논문.

장영주(2001). **구연 방법론**. 경기: 교육과학사.

장은희(2000). 동화전달 방법이 유아의 창의력 향상에 미치는 효과. 효성카톨릭대학교 석사학위논문.

장현주(2000). 동화구연활동이 유아의 기본생활습관에 미치는 효과. 계명대학교 대학원 석사학위논문.

장혜순(1997). **아동문학론**. 서울: 창지사.

장혜순(2002). **아동문학론**. 서울: 창지사.

장혜순(2012). **멀티미디어 시대의 영유아를 위한 언어교육의 이론과 실제**. 경기: 공동체.

전은구(2008). 스토리텔링을 통한 초등영어 의사소통능력 향상에 관한 연구. 원광대학교 교육대학원 석사학위논문.

정기철(2001). **읽기교육의 이론과 실제**. 서울: 역락.

정옥분(2004). **영유아발달의 이해**. 서울: 학지사.

조경자, 이현숙, 이문정, 곽아정(2013). **어린이 문학교육**. 서울: 학지사.

조민순, 한경님(2015). 동화 들려주기 방법에 따른 만 2세 영아의 언어적·비언어적 반응. **아시아아동복지연구, 13**(2), 19-53.

조부경, 고영미, 남인석(2015). **유아과학교육**. 경기: 양서원.

조정래(2010). **스토리텔링 육하원칙(신문을 활용한 스토리텔링 창작법).** 서울: 지식의 날개.

조정래(2013). **스토리텔링 멘토링.** 경기: 행복한 미래.

주명시(1994). 이야기(story)에 관한 연구. 장로회 신학대학교 신학대학원 석사학위논문.

지미자(2006). 동화구연 및 동시낭송활동 경험이 유아의 말하기 능력에 미치는 영향. 가야대학교 교육대학원 석사학위논문.

채종옥, 이경화, 김소양(2006). **아동문학.** 서울: 공동체.

최예정, 김성룡(2005). **스토리텔링과 내러티브.** 서울: 글누림.

최윤(2009). 동화구연 프로그램이 아동의 구어적 표현력에 미치는 영향. 광주교육대학교 교육대학원 석사학위논문.

최운식, 김기창(1988). **전래동화교육론.** 서울: 집문당.

최인학(1994). **구정설화연구.** 서울: 계몽사.

최충옥(2015). 결혼이주여성 대상 다문화 동화구연전문지도사 프로그램의 개발 및 적용에 관한 연구. 경기대학교 교육대학원 석사학위논문.

최혜실(2003). 디지털 스토리텔링. **정보과학학회지.** 21(2), 12-15.

한금남(2006). 스토리텔링을 활용한 문학반응 활성화 지도 방안. 서울교육대학교 교육대학원 석사학위논문.

한재숙(2014). 성인여성의 동화구연 프로그램 참여 동기가 자신감과 자기표현에 미치는 효과. 전북대학교 교육대학원 석사학위논문.

현은자(2013). **상호작용성의 관점에서 본 디지털북과 종이책의 스토리텔링.** 한국어린이문화학회, 추계학술대회 발표 자료집, pp 39-56, 10월 19일. 서울: 동덕여자대학교 국제회의실.

황은순, 김현경, 이보영, 오미경, 이지영(2013). **유아문학교육.** 경기: 공동체.

황정현(2007). **동화교육의 이론과 실제.** 서울: 도서출판 박이정.

황해익, 최미현, 천희영, 최혜진, 오경녀(2015). **유아사회교육.** 경기: 양서원.

Andrew, W.(1999). *Storytelling with children.* New York. Oxford University Press.

Bauer, Caroline Feller.(1983). *This Way to Books.* The H.W. Wilson.

Egan, Keran.(1986). *Teaching as Storytelling : An Alternative Approach to Teaching and Curriculum in the Elementary School.* The University of Chicago Press.

Egan, Keran.(1992). *Imagination in Teaching and Learning.* London Press.

Gail, E. Tompkins. & Kenneth, Hoskisson.(1995). *Contents, Teaching Strategies and Practices.* Oklahoma University. Hall. Inc.

Gardner, Howard.(1973). *The Arts and Human Development.* New York: Wiley and sms.

Giorgi, A.(1997). The theory, practice, and evaluation of the phenomenological methods a qualitatative research, *Journal of Phenomenology, 28* : 235-260.

Giorgi, A.(1984). The unfinished business of psychology. In D. Rogers(ed). *Foundations of Psychology: Some personal views.* New York: Praeger(pp.18-34).

Giorgi, A.(1985). *Phenomenology and psychological Research.* Pittsburgh: Duquesne University Press.

Nesbitt. Elizabeth.(1940). *Hold to that which Is Good.* Horn Book Magazine, January-February.

Nikolajeva, M.(1996). *Children's Literature Comes of Age.* 김서정 역. **용의 아이들: 아동문학의 새로운 지평.** 서울: 문학과 지성사.

Patton, M. Q.(1990). *Qualitative Evaluation and Research Method.* 2nd ed. Thousand Oaks, CA. Cage.

Piaget, J.(1952). *The Origins of Intelligence in Children.* New York :International Universities. (Original work published 1936).

Piaget, J.(1995). *Evolution, and Development. The Genetic epistemologist. Jean Piaget socitety.* Amsterdam: North-Holland.

Rolf, Jensen.(1996). The Dream Society: How the Coming Shift from Information to

Imagination will Transformation Your Business. *Copenhagen Institutes Articles from the Futurist, Vol. 30,* No. 3.

Sawyer, Ruth.(1976). *The Way of The Story Teller.* New York: Penguin Books.

Sawyer, Ruth.(1956). *Story Telling : Fifty Years A-Growing, in Reading without Bounders.* Frances Lander Spain, New York Public Library.

Schickedanz, J. A.(1986). *More than the ABCs : the Early Stages of Reading and Writing.* 이영자 역(1995). **읽기와 쓰기를 즐기는 어린이로 기르는 방법.** 서울: 이화여자대학교 출판부.

Vygotsky, L. S.(1978). *Mind in Society.* MA : Harvard University Press.

Wright, Andrew.(1995). *Story Telling With Children.* New York : Oxford University Press.

[그림책 참고 도서]

가만히 들어주었어. 글·그림 코리 도어벨트. 옮김 신혜은. 서울: 북뱅크 (2019).

가을이네 장 담그기. 글 이규희. 그림 신민재. 서울: 책읽는곰 (2018).

각시 각시 풀각시. 글 이춘희. 그림 소윤경. 서울: 사파리 (2006).

강아지똥. 글 권정생. 그림 정승각. 서울: 길벗어린이 (1999).

개미나라에 간 루카스. 글 ·그림 존 니클. 옮김 조세현. 서울: 비룡소 (2006).

거울 보는 박쥐. 글 스앤루. 그림 탕탕. 옮김 신윤섭. 경기: 고래이야기 (2009).

걸리버 여행기. 글 에리히 캐스트너. 그림 호르스트 렘케. 옮김 문성원. 서울: 시공주니어 (2005).

결혼식에 가는 길. 글 이브 번팅. 그림 이자 트라파니. 경기: 아이교육 (2008).

고릴라. 글·그림 앤서니 브라운. 옮김 장은수. 서울: 비룡소 (1999).

곤지곤지 잼잼. 글·그림 최숙희. 경기: 푸른숲주니어 (2013).

곰 사냥을 떠나자. 글 마이클 로젠. 그림 헬린 옥슨버리. 옮김 공경희. 서울: 시공주니어 (1994).

괴물들이 사는 나라. 글·그림 모리스 센닥. 옮김 강무홍. 서울: 시공주니어 (2002).

구름빵. 글·그림 백희나. 서울: 한솔수북 (2004).

궁금해! 나는 어떻게 태어났을까?. 글 양승현. 그림 김보밀. 경기: 소원나무 (2019).

궁디팡팡. 글·그림 이덕화. 서울: 길벗어린이 (2019).

깃털 없는 기러기 보르카. 글·그림 존 버닝햄. 옮김 엄혜숙. 서울: 비룡소 (1998).

깊은 밤 부엌에서. 글·그림 모리스 센닥. 옮김 강무홍. 서울: 시공주니어 (1994).

까꿍! 열두띠 동물 가면놀이. 글 마야. 그림 이은주. 서울: 이룸아이 (2018).

까막나라에서 온 삽사리. 글·그림 정승각. 서울: 초방책방 (1994).

까만 코다. 글 이루리. 그림 엠마누엘레 베르토시. 서울: 북극곰 (2015).

꽁꽁꽁. 글·그림 윤정주. 서울: 책읽는곰 (2016).

꽃할머니. 글·그림 권윤덕. 경기: 사계절 (2015).

꿀꺽!. 글·그림 하이디 매키넌. 옮김 라미파. 경기: 한울림어린이 (2018).

꿈틀꿈틀 애벌레 기차. 글·그림 니시하라 미노리. 옮김 김영주. 경기: 북스토리아이 (2014).

나는 늑대예요. 글 이현. 그림 박재현. 서울: 맹&맹 (2014).

나는 개다. 글·그림 백희나. 서울: 책읽는곰 (2019).

나니아 연대기. 글 C. S. 루이스. 그림 폴린 베인즈. 옮김 햇살과나무꾼. 서울: 시공주니어 (2016).

나의 아버지. 글·그림 강경수. 서울: 그림책공작소 (2016).

낙엽 스낵. 글·그림 백유연. 서울: 웅진주니어 (2019).

난 토마토 절대 안 먹어. 글·그림 로렌 차일드. 옮김 조은수. 경기: 국민서관 (2001).

내 팬티 예쁘지?. 글 프랜 마누시킨. 그림 발레리아. 옮김 마술연필. 서울: 보물창고 (2019).

내 말이 맞아!. 글·그림 카트린 섀러. 옮김 이동준. 서울: 예림당 (2008).

내 이야기는 내가 만들거야. 글·그림 미리 러셈 펠리. 옮김 김영선. 경기: 국민서관 (2019).

내 몸 탐험대. 글 비유비유. 그림 김은주. 경기: 비유비유 (2019).

놀라운 모리스와 똑똑한 쥐 일당. 글 테리 프래쳇. 그림 데이비드 와이엇. 옮김 김영선. 서울: 시공주니어 (2015).

누구 알이야?. 글 정은영. 그림 박미정. 경기: 계수나무 (2016).

눈 오는 날. 글·그림 에즈라 잭 키츠. 옮김 김소희. 서울: 비룡소 (1998).

눈사람 아저씨. 글·그림 레이먼드 브리그스. 서울: 마루벌 (2007).

늑대가 들려주는 아기돼지 삼형제 이야기. 글 존 셰스카. 그림 레인 스미스. 옮김 황의방. 파주: 보림출판사 (2002).

다르지만 틀리지 않아. 글 칼 노락. 그림 자우. 옮김 박선주. 경기: 책과콩나무 (2016).

단어수집가. 글·그림 피터 레이놀즈. 옮김 김경연. 경기: 문학동네 (2018).

대단한 수염. 글·그림 심보영. 서울: 시공주니어 (2018).

덩쿵따 소리씨앗. 글·그림 이유정. 경기: 느림보 (2013).

도깨비와 범벅장수. 글 이상교. 그림 한병호. 경기: 국민서관 (2005).

돼지책. 글·그림 앤서니 브라운. 옮김 허은미. 경기: 웅진주니어 (2001).

따라가면 안 돼요. 글 이혜용. 그림 서혜진. 서울: 문공사 (2008).

또 읽어 주세요!. 글·그림 에밀리 그래빗. 옮김 김효영. 서울: 비룡소 (2019).

또또와 사과나무. 글 나카에 요시오. 그림 우에노노리코. 옮김 이재은. 경기: 세상모든책 (2003).

레오, 나의 유령 친구. 글 맥 바넷. 그림 크리스티안 로빈슨. 옮김 서애경. 경기: 사계절 (2016).

로빈슨 크루소. 글 다니엘 디포. 그림 N.C. 와이어스 외. 옮김 김영선. 서울: 시공주니어 (2007).

만년샤쓰. 글 방정환. 그림 김세현. 서울: 길벗어린이 (1998).

만희네 집. 글·그림 권윤덕. 서울: 길벗어린이 (1998).

말괄량이 기관차 치치. 글·그림 버지니아 리 버튼. 옮김 홍연미. 서울: 시공주니어 (2010).

맷돌, 어이가 없네!. 글 김홍신, 임영주. 그림 지효진. 서울: 노란우산 (2017).

머리부터 발끝까지 사랑해. 글·그림 캐롤라인 제인 처치. 옮김 마술연필. 서울: 보물창고 (2015).

멍청한 늑대 룰루. 글 안 마리 샤푸통. 그림 에리카 디추카펠레. 옮김 강경화. 경기: 웅진씽크빅 (2000).

멸치 챔피언. 글·그림 이경국. 서울: 고래뱃속 (2018).

모두모두 잘 자라고 뽀뽀해. 글 앤 휫퍼드 폴. 그림 데이비드 워커. 옮김 마술연필. 서울: 보물창고 (2018).

모두의 태극기. 글 박수현. 그림 진수현. 서울: 책읽는곰 (2019).

모자가 빼꼼. 글·그림 마에다 마리. 경기: 보림 (2019).

몬스터 콜스. 글 패트릭 네스. 그림 짐 케이. 옮김 홍한별. 경기: 웅진주니어 (2012).

무당벌레는 내 친구. 애플비 편집부 지음. 서울: 애플비 (2011).

무릎위의 학교. 글 안순혜. 그림 송진헌. 서울: 샘터사 (2006).

무지개 물고기. 글·그림 마르쿠스 피스터. 옮김 공경희. 서울: 시공주니어 (1994).

무지개 물고기와 특별한 친구. 글·그림 마르쿠스 피스터. 옮김 김영진. 서울: 시공주니어 (2017).

물을 싫어하는 아주 별난 꼬마 악어. 글·그림 제마 메리노. 옮김 노은정. 서울: 사파리 (2015).

물의 공주. 글 수전 베르데. 그림 피터 H. 레이놀즈. 옮김 곽정아. 서울: 크레용하우스 (2017).

바가지 꽃. 글 정하섭. 그림 노인경. 경기: 웅진주니어 (2011).

바다와 하늘에서 만나다. 글 테리 팬. 그림 에릭 팬. 옮김 이순영. 서울: 북극곰 (2018).

바위나리와 아기별. 글 마해송. 그림 정유정. 서울: 길벗어린이 (1998).

바위로 이잡기. 송아주 글. 박규빈 그림. 서울: 하루놀(스푼북) (2018).

방귀마을 방귀잔치. 글 노병갑, 황경선. 그림 김미은. 서울: 예술놀이터 (2017).

백설공주와 일흔일곱 난쟁이. 글 다비드 칼리. 그림 라파엘르 바르바네그르. 옮김 이정주. 서울: 아르볼 (2017).

벌은 무슨 일을 해요?. 글 케이티 데이니스. 그림 크리스틴 핌. 옮김 김영선. 서울: 어스본코리아 (2018).

베개 애기. 글 송창일. 그림 이영림. 서울: 도서출판 개암나무 (2014).

별거 없어!. 글·그림 정진영. 서울: 낮은산 (2018).

별을 사랑한 두더지. 글·그림 브리타 테켄트럽. 옮김 김서정. 서울: 봄봄 (2018).

보물섬 독도네 가족들. 글 심수진. 그림 김영곤. 서울: 연두세상 (2018).

분홍 몬스터. 글·그림 올가 데 디오스. 옮김 김정하. 서울: 노란상상 (2015).

사금파리 한 조각. 글 린다 수 박. 그림 김세현. 옮김 이상희. 서울: 서울문화사 (2002).

사랑해주세요. 글 조이스 던바. 그림 소피 패터스. 옮김 윤여림. 서울: 한솔수북 (2005).

사소한 소원만 들어주는 두꺼비. 글·그림 선금자. 서울: 비룡소 (2017).

사실 나는!. 글·그림 재희. 서울: 한림출판사 (2019).

산타와 함께 춤을. 글·그림 이연주. 서울: 북극곰 (2018).

상어가 나타났다!. 글 천미진. 그림 한상언. 서울: 키즈엠 (2016).

색을 상상해 볼래?. 글·그림 디토리. 서울: 북극곰 (2018).

샬롯의 거미줄. 글 엘윈 브룩스 화이트. 그림 가스 윌리엄즈. 옮김 김화곤. 서울: 시공주니어 (2016).

세계도회. 글 코메니우스. 옮김 김은권, 이경영. 경기: 교육과학사 (1998).

세상에 둘도 없는 바보와 하늘을 나는 배. 글 아서 랜섬. 그림 유리 슐레비츠. 옮김 우미경. 서울: 시공주니어 (2017).

세상에서 가장 완벽한 눈사람. 글·그림 크리스 브릿. 옮김 이명진. 서울: 봄의 정원 (2016).

소피가 속상하면, 너무너무 속상하면. 글·그림 몰리 뱅. 옮김 박수현. 서울: 책읽는곰 (2015).

솔이의 추석 이야기. 글·그림 이억배. 서울: 길벗어린이 (1998).

수영장에 간 아빠. 글·그림 유진. 경기: 한림출판사 (2019).

아기야, 까꿍!. 김현 글·그림. 블루래빗. (2015).

아래에 무엇이 있을까요?. 글 클라이드 키퍼드. 그림 케이트 매클렐런드. 옮김 김영선. 경기: 보림 (2017).

아빠와 나. 오호선 글. 정진호 그림. 서울: 길벗어린이. (2019).

아빠와 토요일. 글·그림 최혜진. 서울: 한림출판사 (2018).

아빠와 함께 산책. 글·그림 볼프 에를부르흐. 옮김 김완균. 서울: 길벗어린이 (2017).

아빠한테 찰딱. 글 최정선. 그림 한병호. 경기: 보림 (2011).

아씨방 일곱동무. 글·그림 이영경. 서울: 비룡소 (2009).

악어오리 구지구지. 글·그림 천즈위엔. 옮김 박지민. 서울: 예림당 (2003).

안녕, 나의 등대. 글·그림 소피 블랙홀. 옮김 정회성. 서울: 비룡소 (2019).

안아 드립니다. 글 프쉐맥 베흐테로비치. 그림 에밀리아 지우박. 옮김 길상효. 서울: 씨드북 (2018).

안아 줘! 뽀뽀해 줘!. 글·그림 레슬리 패트리셀리. 옮김 마술연필. 서울: 보물창고 (2015).

엄마는 토끼 아빠는 펭귄 나는 토펭이!. 글·그림 에스텔 비용 스파뇰. 옮김 조정훈. 서울: 키즈엠 (2014).

엉덩이 친구랑 응가 퐁!. 글·그림 정호선. 경기: 푸른숲주니어 (2017).

에너지 충전. 글 박종진. 그림 송선옥. 경기: 소원나무 (2019).

열이 난 밤에. 글·그림 김민주. 서울: 책읽는곰 (2018).

옛날에 오리 한 마리가 살았는데. 글 마틴 워델. 그림 헬린 옥슨버리. 옮김 임봉경. 서울: 시공주니어 (2001).

오싹오싹 팬티!. 글 에런 레이놀즈. 그림 피터 브라운. 옮김 홍연미. 서울: 토토북 (2018).

왜×100. 글·그림 강경수. 서울: 시공주니어 (2017).

왜냐면…. 글·그림 안녕달. 서울: 책읽는곰 (2017).

우리는 짝이야. 글 여정은. 그림 서영. 서울: 길벗어린이 (2017).

우산. 글·그림 정지영. 경기: 책내음 (2016).

위를 봐요!. 글·그림 정진호. 서울: 현암사 (2014).

응가가 쑴풍. 글 조은수. 그림 조은화. 서울: 한울림어린이 (2018).

이상한 나라의 앨리스. 글 루이스 캐럴. 그림 헬렌 옥슨버리. 옮김 김석희. 경기: 웅진주니어 (2007).

익살꾸러기 사냥꾼 삼총사. 글 에드윈 워. 그림 랜돌프 칼데콧. 옮김 이종인. 서울: 시공주니어 (1999).

일년에 하루, 밤에 피는 꽃. 글·그림 라라 호손. 옮김 홍연미. 경기: 웅진주니어 (2019).

작은 집 이야기. 글·그림 버지니아 리 버튼. 옮김 홍연미. 서울: 시공주니어 (1993).

작은 친절. 글 팻 지틀로. 젠 힐 그림. 옮김 이정훈. 인천: 북뱅크 (2019).

잠 온다. 글·그림 이상교. 경기: 웅진주니어 (2015).

제주에는 소원나무가 있습니다. 글·그림 이보경. 경기: 키위북스 (2019).

지각대장 존. 글·그림 존 버닝햄. 옮김 박상희. 서울: 비룡소 (2007).

쩌저적. 글·그림 이서우. 서울: 북극곰 (2018).

쭉쭉쭉. 글 강정연. 그림 석지훈. 서울: 책읽는곰 (2018).

천로역정. 글 존 버니언. 옮김 유종남. 서울: 국민출판사 (2019).

치과의사 드소토 선생님. 글·그림 윌리엄 스타이그. 옮김 조은수. 서울: 비룡소 (2000).

친구가 미운 날. 글 가사이 마리. 그림 기타무라 유가. 옮김 윤수정. 서울: 책읽는곰 (2018).

코코코코, 코!. 글 애플비북스 편집부. 그림 강민정. 서울: 애플비북스 (2014).

크릭터. 글·그림 토미 웅거러. 옮김 장미란. 서울: 시공주니어 (2017).

테푸할아버지의 요술 테이프. 글 박은경. 그림 김효주. 경기: 고래이야기 (2016).

토끼 아저씨와 멋진 생일 선물. 글 샬롯 졸로토. 그림 모리스 센닥. 옮김 조동섭. 경기: 보림 (2000).

틀리면 어떡해?. 글·그림 김영진. 서울: 길벗어린이 (2019).

파리와 꿀벌. 글·그림 랜디 세실. 옮김 강형복. 서울: 키즈엠 (2013).

판다 목욕탕. 글·그림 투페라 투페라. 옮김 김효묵. 서울: 노란우산 (2014).

팥빙수의 전설. 글·그림 이지은. 경기: 웅진주니어 (2019).

팥이 영감과 우르르 산토끼. 글·그림 박재철. 서울: 길벗어린이 (2018).

하멜른의 피리 부는 사나이. 글 로버트 브라우닝. 그림 케이트 그린어웨이. 옮김 정영목. 서울: 비룡소 (2006).

호박씨를 먹이면. 글 김해원. 그림 김창희. 서울: 하루놀(스푼북) (2019).

화난 책. 글 세드릭 라마디에. 그림 뱅상 부르고. 옮김 조연진. 서울: 길벗어린이 (2017).

화내지 말고 예쁘게 말해요. 글 안미연. 그림 서희정. 경기: 상상스쿨 (2008).

화장실 로켓. 글·그림 핫토리. 옮김 민점호. 서울: 베틀북 (2019).

휘파람을 불어요. 글·그림 에즈러 잭 키츠. 옮김 김희순. 서울: 시공주니어 (1999).

흉내쟁이 곰 파랑이가 쿵!. 글·그림 엘리 샌달. 옮김 정경임. 서울: 지양어린이 (2012).

2035년에서 온 미래고양이 코야. 글 서은혜. 그림 김언희. 서울: 함께자람(교학사) (2019).

저/ 자/ 소/ 개/

■■ 나정심

- 교육학 박사
- 한국언어능력평가원 원장
- 전국태교동화강사

■■ 김소희

- 유아교육학 박사수료
- 한국언어능력평가원 동화구연지도사 1급 강사
- 부산광역시 육아종합지원센터 부모교육강사

■■ 장지영

- 부산광역시 학부모지원센터 교육강사
- 한국언어능력평가원 동화구연지도사 1급 강사
- 행정안전부 교육강사

■■ 이화영

- 교육학 박사
- 한국언어능력평가원 동화구연지도사 1급 강사
- 김해대학교 유아교육과 겸임교수

■■ 방은주

- 교육학 전공
- 한국언어능력평가원 동화구연지도사 1급 강사
- 동구여성인력개발센터 전문강사

■■ 김동규

- 울산광역시 중구청 동화구연강사
- 한국언어능력평가원 동화구연지도사 1급 강사
- 아토피·천식·알레르기, 흡연예방 교육강사

제2판

동화구연론

초　판 1쇄 발행 2020년 3월 6일
제2판 1쇄 발행 2024년 8월 9일

지 은 이 | 나정심 · 김소희 · 장지영 · 이화영 · 방은주 · 김동규
펴 낸 이 | 김기섭
편 집 인 | 이윤희 · 이현남
펴 낸 곳 | 창지사 www.changJisa.com
08589 서울시 금천구 가산디지털 1로 83 파트너스타워 1차 9층
전화 (02)719-2211~3
팩스 (02)701-9386
등　　록 | 1977년 4월 28일 · 제1-421호

ISBN 978-89-426-1895-8 (93370)

값 25,000원